· 经贸法律文库 ·

# 论公司实际控制人的民事赔偿责任

## Research on Civil Compensation Liability of the Actual Controller of a Company

姜婷婷　著



对外经济贸易大学出版社
中国 · 北京

**图书在版编目（CIP）数据**

论公司实际控制人的民事赔偿责任 / 姜婷婷著 . --
北京 : 对外经济贸易大学出版社，2024. 5
（经贸法律文库）
ISBN 978-7-5663-2600-3

Ⅰ. 论… Ⅱ. ①姜… Ⅲ. ①公司法—研究—中国②民事责任—赔偿—研究—中国 Ⅳ. ① D922. 291. 914
② D925. 104

中国国家版本馆 CIP 数据核字 (2024) 第 097301 号

**论公司实际控制人的民事赔偿责任**

**LUN GONGSI SHIJI KONGZHIREN DE MINSHI PEICHANG ZEREN**

姜婷婷 **著**

**责任编辑：** 邸蓓蓓

---

出版发行：对外经济贸易大学出版社
社　　址：北京市朝阳区惠新东街 10 号
网　　址：www.uibep.com
资源网址：www.uibepresources.com
邮政编码：100029
邮购电话：010 - 64492338
发行部电话：010 - 64492342
E-mail：uibep@126.com

成品尺寸：170mm×240mm
印　　张：16.5
字　　数：242 千字
ISBN 978-7-5663-2600-3
印　　刷：北京九州迅驰传媒文化有限公司
版　　次：2024 年 5 月北京第 1 版
印　　次：2024 年 5 月第 1 次印刷
定　　价：69.00 元

---

# 序

姜婷婷一直以来对于学术研究保持着浓厚的兴趣。扎实的法学基础和对于专业的挚爱使她从未停止探索的脚步，研究能力也在日积月累的思考与写作中不断精进。作为她的博士生导师，我指导与陪伴她在学术研究的道路上一步步成长，也见证了她学术成果不断丰硕的历程。

婷婷曾向我请教“民商法研究的根本为何”，我与她分享多年来的研究体会，即“探究权利义务与责任”。她领悟到其中的精髓，并将这一思维方式贯穿于学术研究的全过程，对于金融领域的法律问题提出了许多独到见解与可行性建议。她聚焦公司法与证券法领域的前沿问题，捕捉资本市场法治实践的脉搏，逐渐形成了自己的研究方向、学术观点与写作风格。

法学是一门社会科学，既要遵循科学研究的一般规律，也要探索良法善治的独特真谛。为促进经济的高质量发展与社会的全面进步，法学工作者必须勇于担当，深入研究制约经济高质量发展的法律疑难问题，源源不断地提供诚实信用、公平公正、多赢共享、切实可行的法治方案。而实控人（实际控制人）滥用控制权损害公司、中小股东（非控制股东）与第三人（债权人）利益的乱象不但损害了公司的核心竞争力，而且蚕食了中小股东的投资信心，更是危害交易安全的重大隐患。因此，全国人大常委会2023年12月29日修订通过的《公司法》专门规定了实控人的民事责任，并引起了社会各界的关注。

姜婷婷的专著《论公司实际控制人的民事赔偿责任》立足于中国公司治理的本土实践，大胆借鉴国际上成功的立法例、判例与学说，围绕实控人规制问题进行了全面系统的深入研究与延展思考。她在扎实的文献研究与实证研究的基础之上，对于明确实控人的法律角色地位、夯实实控人的义务与责任等问题提出了体系化的学术观点，这些观点对于追究实控人对公司、中小股东（非控制股东）与第三人（债权人）的民事赔偿责任以及促进公司治理的完善都具有重要的学术价值与实践意义。期待并相信本书对于推进实控人问题的深度研究、落实与完善新《公司法》有关实控人的法律规则提供有益的法理支持。

本书的写作过程随着新《公司法》的修订与出台而不断推进，是一部创新性、学术性与实践性融为一体的学术研究成果。全书结构紧凑、写作扎实、论证严谨、资料翔实，体现出一位青年学者对于法学研究的热爱与信仰。本书作为“经贸法律文库”的第一本专著，立足于经济金融领域的现实法律问题，从多个维度探讨并提出了切实可行的公司法解决方案，展现了对外经济贸易大学法学院立足于国家经济建设进程、研究前沿法律问题的学术担当与学科特点。

我作为导师，对婷婷的书稿先睹为快，特作此序。祝愿婷婷在学术道路上扎实前行，佳作频出！

徐海燕

2024 年 1 月于北京

# 前言

促进公司长远发展和加强投资者保护是公司治理的核心目标。公司之外的实际控制人（以下简称“实控人”）群体不断发展，对公司产生了强大的控制力，实控人问题凸显。新《公司法》由第十四届全国人民代表大会常务委员会第七次会议于2023年12月29日修订通过并公布，新增了关于实控人民事责任的规定，折射出回应现实所需的立法导向，也体现出我国实控人问题在《公司法》中的重要地位。

《公司法》中的责任划分一直以内部身份为前提，导致了追责外部控制主体的法律依据难寻。司法判例关于案件主体的描述往往将实控人与控股股东和董事、监事、高级管理人员（以下简称董监高）相并列，却缺少对于实控人身份以及与案件关联性的单独释明。实控人问题在司法实践中的模糊处理反映出我国法律对于实控人问题从概念到责任的体系性规制的缺失。新《公司法》对于实控人采广义概念，将控股股东纳入实控人范畴，实现了法律概念的周延。然而，若要在法律实践中真正解决实控人问题，就应更多关注未纳入公司内部责任体系框架的外部实控人群体。由此，在公司法语境下，如何进行实控人概念的狭义界定？是否需要将之与其他具有控制权且有内部身份的主体相区分？外部实控人有哪些利益相对方？与之相应，实控人对于不同主体的义务有何关联与差异？实控人的多种责任机制与责任承担方式之中，何者为先？对于实控人侵害不同利益主体的情形，追责路径又将如何？上述问题彼此独立而又相互关联，使外部实控人问题更为具象化和系统化，亦是本书进行实控人问题研究的落脚点与价值之所在。

我在本书写作过程中秉持着与时俱进的思维方式，也更加深刻地体会到法学研究应当是立足于大的时代背景之下的，亦应是立体的、生动的、有前瞻性的。本书紧扣公司实践发展的时代脉搏，以保护公司、中小股东（非控制股东）与第三人（债权人）的合法权益为基本立场，注重理论与实践相结合，对于新《公司法》中关于实控人的规定深入分析，并进行扩展性思考，拓展了实控人问题的研究思路，对于实控人规制的法律实践发展具有一定的研究贡献。

本书创新点有四：其一为研究主体创新，即将实控人与公司内部主体进行区分性界定；其二为研究路径创新，即采用受偿主体类型化的讨论模式；其三为研究视角创新，即讨论实控人义务的层次性差异；其四为研究落脚点创新，即探究实控人民事赔偿责任体系。创新之处也是本书独特的研究价值之所在。

实控人问题是典型的经济现象与法律规制相结合的实务性问题，实控人滥用控制权问题的法律适用对于从公司法上寻求相应的权利义务基础以及责任追究路径提出了迫切要求，而解决这一问题之根本在于从民商法理论以及公司法解释与完善的视角进行深入研究，并最终落脚于法律适用中的实控人民事赔偿责任问题，此亦为本书的写作思路。本书结构设定为七章，除去第一章导论和第七章结论之外，第二章至第六章为主体内容，采用总分的论述模式，其中第二章和第三章为总论，对于实控人的法律身份地位和民事赔偿责任的理论基础等共性问题进行学理分析，第四、五、六章为分论，分别讨论实控人对于公司、中小股东（非控制股东）与第三人（债权人）的民事赔偿责任。本书立足于我国新《公司法》的立法现状与公司治理实践发展需要，结合域外控制权规制的立法例、判例与学说进行综合分析，对于实控人问题进行深入思考并展开系统性研究，力求实现研究成果的本土化适用，探求符合理论逻辑和制度需要的实控人民事赔偿责任体系。

研究公司实控人民事赔偿责任问题的最终目的在于为实控人提供明确的行为边界，使之诚信作为，从而加强公司治理的规范性，推动商事实践的进步和经济的高质量发展。本书承载了对于实控人问题的深度思考，付梓作为对外经济贸易大学出版社“经贸法律文库”的第一本专著，我深感荣幸，亦期待能够为我国商事法律的发展贡献绵薄之力。

姜婷婷

2024 年 1 月于北京

# 目　录

# 第一章
# 导论

## 一、研究背景

### （一）公司治理现状

我国公司治理目标初始设定为政府与企业相分离，所有权与经营权相分离，排除公司内部人控制。出于维护个人隐私、保护商业秘密，或者规避反垄断规制等目的，公司之外的实际控制人群体不断发展，控制权逐渐演变为一种隐秘而强大的事实性控制力。控制权主体不具有公司内部治理的主体身份，却通过一定手段与公司产生连接，以外部身份获得控制地位。《中华人民共和国公司法》（以下简称《公司法》）中的责任分配以内部身份为前提，而非以具体行为作为责任划分的基础，基于既有内部治理分工的角色责任成为公司法关注的重点。控制权主体若不具备公司内部主体身份，则可能完全规避责任追究。[①] 尽管公司通过董事进行决策的公司独立性逻辑是清晰的，但在中国公司治理实践中，董事行为发生了异化，在一定程度上成为实控人延伸其控制公司权力的角色工具，董事会由此便成为实控人对于公司的控制权载体。[②] 实控人作为公司组织形式中不可或缺的主体，虽然在法律关系上处于公司外部，但对公司生存

① 赵旭东:《中国公司治理制度的困境与出路》，载《现代法学》2021 年第 2 期，第 96 页。

② 邓峰:《董事会制度的起源、演进与中国的学习》，载《中国社会科学》2011 年第 1 期，第 175 页。

发展起到至关重要的作用。公司法传统一直致力于避免内部人控制，加强对公司内部机关的约束，这一理念应在公司实践发展中有所调适，公司法规制主体应适当拓展到外部治理范畴。实践中，实控人侵害公司方式变动不居且形式多样，具体体现为侵占公司资产、干预公司运营、关联交易、关联担保、篡夺公司商业机会、压制弱势股东等行为，对公司及利益相关主体造成一定损害。诚然，《中华人民共和国证券法》（以下简称《证券法》）从市场角度对公司外部影响进行惩戒与规制，但证券法的公法属性和规制对象限于公众公司的局限性决定了其对于实控人的规制无论从确权抑或追责角度均难以周延。实控人问题虽然在《公司法》《证券法》等相关法律法规和制度文件中有所提及，但现有的碎片化规制方式，与现有制度体系相融性差，法律逻辑性不足，衔接不够，难以对实控人形成立法震慑与有效规制。

### （二）公司法领域实控人规制的内容缺失

在我国，公司股权集中现象普遍。“实控人”概念最早出现于中国证监会的部门规章之中，涉及上市公司股票发行、信息披露，以及重大资产购买、出售、置换等诸多事项，[①] 反映出实控人对于上市公司的运营实现了全面性控制。由于实控人这类行为主体掌握着上市公司控制权而又缺乏相应法律规制，行为失范现象比较严重，证监会只能发布大量规章以暂时性解决法律滞后于公司实践发展这一监管难题。2005 年《公司法》修改，将“实控人”正式确定为公司法律上的基本概念，用以涵盖“虽不是公司的股东，但通过投资关系、协议或者其他安排，能够实际支配公司行为的人”。立法对于实控人问题的关注不止于此，事实上，《公司法》《证券法》《刑法》等法律均对实控人进行了相应的规定，体现出对于这类实际控制主体的立法重视程度与监管力度均有所提升。2005 年《公司法》和《证券法》的联动修改将实控人滥用公司控制权的问题纳入法律规制范畴，并与相关司法解释、监管规则、自律规则共同构建起实控人行为规范

① 叶敏、周俊鹏:《公司实际控制人的法律地位、义务与责任》，载《广东行政学院学报》2007 年第 6 期，第 49 页。

的初步规则体系。[①]

2018 年《公司法》对于实控人施加的规制仅限于第 16 条关联担保和第 21 条关联交易的规定，却并未从公司治理视角关注实控人滥用控制权问题。2023 年《公司法》第 265 条修改了 2018 年《公司法》第 216 条的规定，采用了更为广义的实控人概念。此处应该是考虑到实控人在公司中主体身份的多样性，将股东身份的控制人也纳入其中，确保实控人概念的完整与周延。但是，广义上的实控人概念不利于发挥法律定义的引导性作用，对于实控人责任的判断存在一定程度的模糊性，因为拥有控制身份的主体包括股东、董事、法定代表人、外部控制人等，这些主体在《公司法》上的责权利并不相同。控制股东在主体性质上仍为股东，因此，控制股东与其他非控制股东一样受到《公司法》第 20 条关于权利滥用规则的规制，而实控人与股东存在主体性质上的差异，对于该条规定无法直接适用。2023 年《公司法》第 140 条新增规定，对于上市公司提出了披露实控人信息的要求，体现了公司法上对于实控人信息透明化的立法导向，但仍然无法解决非上市公司实控人的隐性控制问题。第 180 条第 3 款规定了无董事之名行董事之实的实控人比照董事负有忠实与勤勉义务，此处的实控人系第 265 条所采用的广义实控人概念，但无法适用于游离在公司内部治理之外的其他实控人主体。第 192 条规定了实控人利用公司董事、高级管理人员延伸其控制权的连带责任问题，一定程度上弥补了现有《公司法》在公司治理层面滥用控制权规制之不足，但并未提及实控人对债权人的责任。

我国公司法传统将规制的重点定位于控股股东、董事及高管的义务与责任，却未充分考虑实控人对于公司治理造成的重要影响，从而导致了实控人掌握公司控制权之时，并无《公司法》上预设的义务和责任与之相匹配。[②]2023 年《公司法》增加了实控人义务与责任的规定，在实控人法律规制层面有所迈进。

---

① 陈洁:《实际控制人公司法规制的体系性思考》，载《北京理工大学学报（社会科学版）》2022 年第 5 期，第 9—10 页。

② 陈洁:《实际控制人公司法规制的体系性思考》，载《北京理工大学学报（社会科学版）》2022 年第 5 期，第 10 页。

然而，新法对于实控人的新增规定尚处于起步阶段，且仅适用于实控人行董事之实以及实控人利用董事、高管损害公司或股东利益的特定场景，而既往公司法框架之下，实控人的责任规定更为有限，导致司法领域的法律适用依据不足，难以为涉及实控人的案件提供明确指引。尽管《全国法院民商事审判工作会议纪要》（以下简称《九民纪要》）第 11 项提出，实控人滥用控制权致使关联公司丧失人格独立性时，可以与公司承担连带责任，但《九民纪要》既非制定法，也非司法解释，无法作为裁判依据。

我国现行公司登记制度对于股东登记作出规定，即在股东名册上登记具有实质效力，但名册上的股东需要在公司登记机关登记，方有对抗善意第三人的效力。实控人得以滥用控制权损害公司、股东和债权人的利益，核心在于其身份的隐蔽性，使得处于信息绝对弱势地位的债权人难以追究其责任，其损害行为较之股东滥权尤甚。股东登记制度既是对股东身份的认可及其权益的固化，亦是对其滥用行为的有效防范与制约。实控人登记制度的缺失客观上使实控人身份在公司治理体系中得以隐藏，实控人没有明确的法律身份，却往往通过各种关系披上合法化的外衣，滥用控制权，行社会危害之实。

### （三）证券法领域实控人规制的理念性局限

在我国 2019 年修订后的《证券法》中，“实控人”共出现 27 次之多，或与控股股东相并列，或与董事、监事、高级管理人员相并列，体现出实控人在证券法中的重要主体地位。针对实控人通过欺诈上市、违规担保、非法转移资金、非法关联交易等方式掏空上市公司的乱象，[①] 证券法上的实控人责任亦涵盖了证券发行、交易及上市、信息披露、投资者保护等诸多方面。《上市公司收购管理办法》（2020 年修正）第 84 条从持股比例、表决权比例、足以决定董事会半数以上成员选任以及足以对公司股东大会决议产生重大影响等方面规定了上市公司控制权的判别标准，第 7 条规定被收购公司的控股股东或实控人不得滥用股

---

① 陈洁:《实际控制人公司法规制的体系性思考》，载《北京理工大学学报（社会科学版）》2022 年第 5 期，第 10 页。

东权利损害该公司或其他股东的合法权益。我国《公司法》并没有直接规定控制股东对公司和弱势股东的信义义务，然而，《上市公司章程指引》（2023 年修订）第 40 条第 2 款规定了控股股东及实控人对公司及其社会公众股东负有诚信义务；《上市公司治理准则》（2018 年修订）第 63 条规定控股股东、实控人对上市公司及其他股东负有诚信义务；《上海证券交易所上市公司自律监管指引第 1 号——规范运作》（2023 年 12 月修订）第 4.1.1 条和《深圳证券交易所股票上市规则》（2023 年 8 月修订）第 4.5.1 条均规定实控人应当遵守诚信原则，维护上市公司和全体股东的合法权益，维护公司独立性，不得利用对公司的控制地位牟取非法利益。这些规则初步树立了实控人负有诚信义务的法治理念，明确其在行使控制权的同时，亦应谋求公司和全体股东利益的共同发展，具有重大的立法和实践意义。《深圳证券交易所股票上市规则》（2023 年 8 月修订）事实上是目前对实控人概念规定得最为详细的文件，第 15.1 条第 5 项进一步明确了实控人的身份，即自然人、法人、其他组织，无论是否持有公司股权或股份，只要能够实际支配公司行为，均可以构成公司实控人。2019 年修订的《证券法》将实控人的法律责任由过错责任进一步明确为过错推定责任，且规定实控人与发行人承担连带赔偿责任，但对于二者承担民事赔偿责任的顺序并未作出安排。

尽管证券法领域对实控人的规制已经初具规模，但证券法上的实控人规则仅限于证券发行、交易以及发行人的信息披露等相关内容，而且，证券法并不能等同适用于非公开发行与交易的公司类型。申言之，证券法与公司法处于不同法域，因此，证券法意义上的实控人与公司法意义上的实控人并不完全等同。①《最高人民法院关于审理证券市场虚假陈述侵权民事赔偿案件的若干规定》第 20 条明确了证券市场虚假陈述侵权案件的“追首恶”原则，②压实了实

① 刘斌：《重塑董事范畴：从形式主义迈向实质主义》，载《比较法研究》2021 年第 5 期，第 85 页。

② 《最高人民法院民二庭负责人就〈最高人民法院关于审理证券市场虚假陈述侵权民事赔偿案件的若干规定〉答记者问》，来源：北大法宝数据库。

控人责任。“追首恶”背后的监管理念是实控人对于上市公司负有诚信义务，但实控人“掏空”上市公司、损害中小股东权益的行为在公司法层面缺乏有效制约。[①] 实控人诚信义务在公司法层面尚不明晰，却在证券监管规则层面得以确立，成为“追首恶”的理论基础，[②] 有违公司法与证券法之间一般法与特别法的逻辑关系。[③]

### （四）法律适用的障碍

实控人规制对于司法领域具有重要意义。笔者在中国裁判文书网以“实际控制人”为关键词搜索到自 2013 年至 2022 年的民事案件共计 282 099 件，刑事案件 26 512 件，行政案件 2 578 件，[④] 笔者对实控人相关案件的年度分布（表 1-1、图 1-1）与具体案由分布（表 1-2、图 1-2）进行统计，数据显示如下：

**表 1-1　2013—2022 年实控人相关案件数量统计表**　　单位：件

| 时间 | 民事案件 | 刑事案件 | 行政案件 |
|---|---|---|---|
| 2013 年 | 584 | 100 | 16 |
| 2014 年 | 3 088 | 443 | 34 |
| 2015 年 | 4 815 | 806 | 58 |
| 2016 年 | 12 917 | 1 853 | 136 |
| 2017 年 | 24 681 | 3 372 | 222 |
| 2018 年 | 37 899 | 4 568 | 411 |
| 2019 年 | 55 925 | 6 151 | 791 |
| 2020 年 | 62 002 | 6 383 | 766 |
| 2021 年 | 49 553 | 2 349 | 139 |
| 2022 年 | 30 446 | 476 | 4 |

① 《国务院关于股票发行注册制改革有关工作情况的报告》，来源：北大法宝数据库。

② 陈洁：《实际控制人公司法规制的体系性思考》，载《北京理工大学学报（社会科学版）》2022 年第 5 期，第 10 页。

③ 刘俊海：《建议〈公司法〉与〈证券法〉及三套外商投资企业法联动修改》，载《法律适用》2013 年第 12 期，第 3 页。

④ 数据统计截止时间为 2023 年 8 月 25 日。

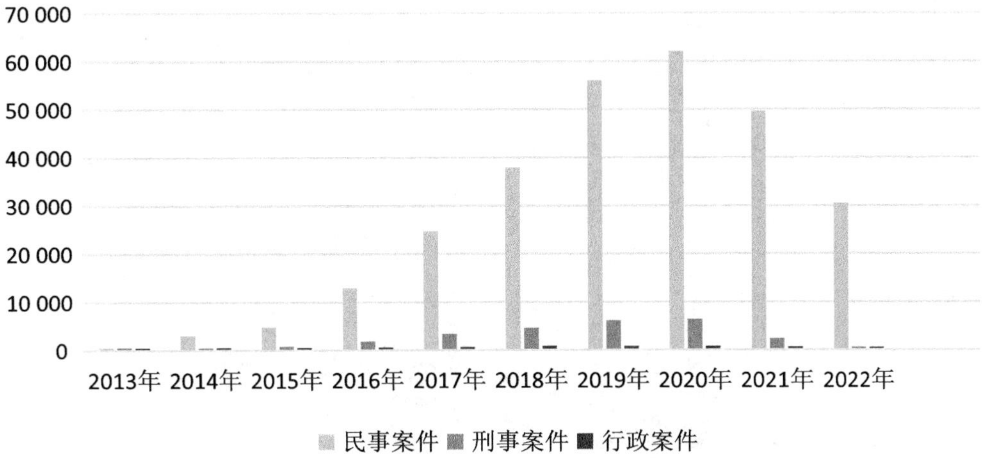


**图 1-1　2013—2022 年实控人相关案件数量比对柱状图**

**表 1-2　2013—2022 年实控人相关案件具体案由分类案件数量统计表**　　单位：件

| 时间 | 合同 | 担保 | 法定代表人 | 债权 | 股权 |
|---|---|---|---|---|---|
| 2013 年 | 214 | 70 | 78 | 50 | 0 |
| 2014 年 | 1 111 | 613 | 0 | 321 | 2 |
| 2015 年 | 1 783 | 902 | 621 | 458 | 0 |
| 2016 年 | 5 534 | 2 445 | 1 555 | 1 485 | 5 |
| 2017 年 | 10 924 | 4 200 | 3 195 | 2 906 | 1 620 |
| 2018 年 | 14 614 | 5 563 | 4 304 | 4 431 | 2 838 |
| 2019 年 | 24 701 | 8 501 | 6 692 | 6 165 | 4 635 |
| 2020 年 | 27 822 | 9 192 | 8 123 | 7 799 | 5 454 |
| 2021 年 | 22 450 | 6 780 | 6 172 | 5 792 | 4 132 |
| 2022 年 | 14 381 | 3 709 | 3 756 | 3 309 | 2 538 |

表 1-1 和图 1-1 反映出我国实控人案件数量自 2013 年至 2020 年显著增加，虽然 2021 年和 2022 年呈现出逐年减少的状态，但总体数量仍维持在较高水平，而且，关于实控人案件主要体现为民事案件，其数量远远高于刑事案件和行政案件。这也说明了实控人问题应更多从民商事领域寻求解决之道，如何

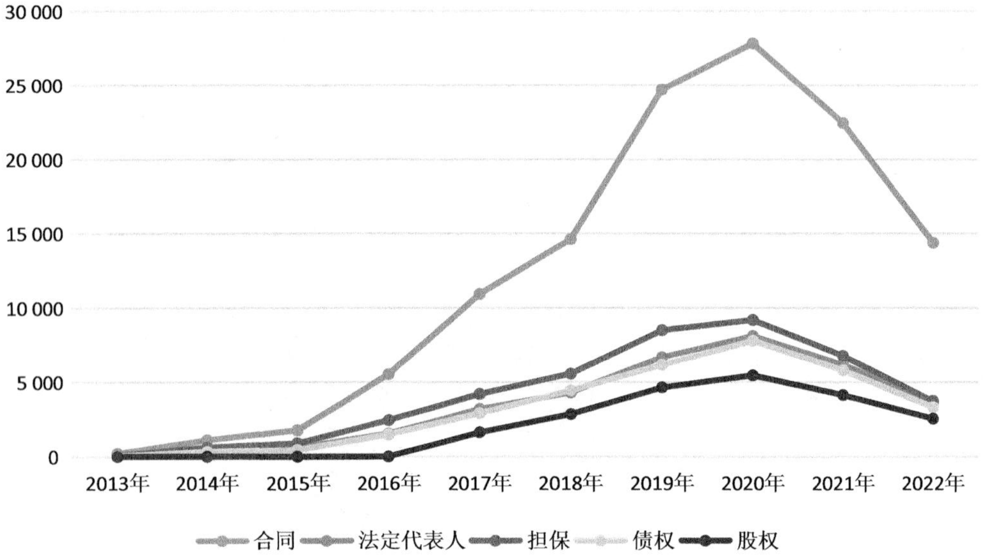


**图 1–2　2013—2022 年实控人相关案件具体案由分类案件数量统计折线图**

在私法范畴内对实控人进行有效规制，应作为本书的研究重点。表 1–2 和图 1–2 从具体案由上对实控人相关的民事案件进行细化分析，在与公司运营密切相关的合同、担保、法定代表人、债权、股权等五个方面，相关案例的数量变化与当年民事案件总量呈现出正相关关系，且每年在民事案件中的占比较为稳定，亦可见实控人与公司、股东、债权人利益密切相关，选取相关案例进行分析，对于研究实控人问题也具有一定的代表性意义。

实控人利用关联关系从事关联担保或关联交易损害公司利益为案例之典型，具体类型诸如公司为实控人提供担保的担保合同效力之争、股东代表诉讼要求实控人赔偿公司损失等。[①] 但既有案例的裁决思路却反映出实控人与控制股东的界限模糊、关联交易行为与损害赔偿关系的理论证成不够充分、非关联交易场景条款适用的不确定、民事赔偿责任承担顺序不明等问题，而且更多的实控人滥用控制权给公司、股东及债权人造成损失的案件，因入法路径不清晰而难

① 陈洁:《实际控制人公司法规制的体系性思考》，载《北京理工大学学报（社会科学版）》2022 年第 5 期，第 16 页。

以实现司法救济。例如，实控人无董事之名却在公司外部凭借控制关系滥用控制权，损害公司及相关主体利益的行为，仍处于法律规制的盲区。司法判例中在描述案件主体时，往往将实控人与控股股东和董监高相并列，但在案情分析中，却缺少对于实控人身份以及与本案关联性的单独释明。这其中可能存在一定的悖论。若实控人仅以公司董监高身份对公司行使控制权，那么其内部身份足以在公司法框架下追究责任，而不必强调实控人身份，此时，实控人身份并无意义；若实控人未以其董监高身份，而以外部控制身份操控其他内部主体实施控制行为，则其内部身份不应被过度强调，此时实控人身份在案件责任追溯中方才具有实际意义。然而，目前的判例中，并未体现出实控人身份的明晰界定，只是将其与其他主体一并列出，在判决理由中对于实控人及相关责任的表述往往相对模糊。实控人虽然在《公司法》已经形成的公司治理体系规定中并无专门性的地位，但不可否认的是，其已经作为一种经济现象愈发壮大而超出法律原有的预判，成为不得不被正视的对公司乃至资本市场稳定性具有重要影响的利益主体。

在司法实践中，多为在法律规定的有限行为特征之下对实控人追责的示例。实控人利用公司外部治理法律规制的不足，在幕布遮挡之下，肆意行使控制权的行为，在攫取利益的同时，亦极大地损害了公司、股东和第三人的权益，所带来的公司治理风险外溢的社会危害愈发严重。但从相关案件的司法判决来看，实控人的法律角色模糊致使其滥用控制权的负外部性无法通过寻求明确的法律依据进行判决予以消解。虽然《公司法》和《证券法》均表明了民事赔偿责任优先的立法态度，[①] 但对于这种民事赔偿责任优先的规定，需要坚实的民商法制度作为基础，方才可行。然而，即便《公司法》和《证券法》有民事责任优先的规定，民事责任法理研究与制度基础的不足和实控人责任问题在既往《公司

① 《公司法》第 263 条规定："公司违反本法规定，应当承担民事赔偿责任和缴纳罚款、罚金的，其财产不足以支付时，先承担民事赔偿责任。"《证券法》第 220 条也规定："违反本法规定，应当承担民事赔偿责任和缴纳罚款、罚金、违法所得，违法行为人的财产不足以支付的，优先用于承担民事赔偿责任。"

法》上的缺失，亦使得重大实控人案例往往以行政处罚或刑事责任等公法责任作为惩罚手段，而真正遭受损害的中小投资者却难以寻求民商事法律依据从而得到救济。

现行有关实控人的立法模式呈现为碎片化的补充性规范，2023 年《公司法》虽然在一定程度上关注到实控人责任的问题，但对于实控人控制公司的行为规制仍然无法形成完整的责权利相统一的制度体系。现有法律的制度漏洞，使得实控人民事赔偿责任缺乏可诉性、可裁性与可执行性，由此导致公司、股东及第三人利益受损时缺乏应有救济。在此背景之下，实控人民事赔偿责任的研究具有重要的理论意义和实践价值。

## 二、研究意义

我国公司发展传统既不同于英美的董事会中心治理方式，也不同于德国以关联企业为主的公司发展模式，在对两大法系实控人法律实践进行借鉴的基础之上，结合我国国情研究实控人规制问题尤为重要。

### （一）理论意义

公司法人人格独立和股东有限责任原则是公司制度的两大基石，实控人却往往以此作为规避法律追究的屏障。从现有研究成果来看，目前学界对于实控人的内涵界定不一，责任主体较为模糊。从公司治理角度而言，实控人与控股股东法律身份存在根本性的不同，追责理论基础也应有所差异，相应地，其权利义务与责任也应有所区别。控股股东的身份本质为股东，受到公司法关于股东权利义务的规制，与之相应的责任也较为明晰。而实控人并非公司内部治理的人员构成，应划定实控人与公司的边界，明确其外部人身份及相应的权利和义务，只有在其不当行使控制权时，方才有可能以责任主体身份成为公司法、证券法的规制对象。董监高参与公司内部治理，其在信义义务基础之上，遵循公司法和公司章程履职，是防范实控人操控公司的前道屏障。而实控人虽然不具有参与公司治理的外观，却具有实际控制能力，应将其与董监高相区隔，否则会影响公司内部治理的权力划分，破坏公司内部治理权能与外部治理相区隔的制度前提，造成主体界限模糊。如何在公司法中建立实控人的民事赔偿责任体系，在不动摇公司法设定的内部治理框架结构的前提下兼顾外部治理，从而为实控人民事赔偿责任的追究提供制度依据，是探寻实控人责任理论根源的重要使命。

近年来，中国营商环境法治化与资本市场实践均有新发展和新突破，国内对于实控人问题尚未形成由点及面的体系化研究。2018 年《公司法》第 216 条对控股股东和实控人分别定义，2023 年《公司法》第 265 条规定对于二者分别列示，表明了将实控人作为独立身份进行识别的立法态度。① 证券法贯彻“追首恶”的监管理念，对实控人的责任进行直接规定，这与证券法的公法属性紧密相关。相较而言，公司法的私法属性决定了其对于实控人的规制采取较为审慎的态度。若将公法上的追责原则不加区分地延伸到私法领域，亦会破坏私法领域对于树立真正的公司法人独立人格的基本努力。② 实控人滥用控制权中涉及的法律问题众多，而实控人责任是最为核心和本源性的法律问题。本书拟从学理出发，立足于中国资本市场发展实践需要，探究并完善中国实控人责任规制的理论逻辑。用民法中的诚信原则对实控人责任进行合理解释，③ 在一定程度上弥补公司关系契约的不完备，④ 似是破解这一理论难题的路径。何种责任理论能够支撑实控人责任的整体性建构，本书拟进行更为深入细致的研究。

---

① 陈洁：《实际控制人公司法规制的体系性思考》，载《北京理工大学学报（社会科学版）》2022 年第 5 期，第 10 页。

② 郑彧：《论实际控制人的法律责任：公法的路径依赖与私法的理念再生》，载《财经法学》2021 年第 3 期，第 17 页。

③ 朱慈蕴：《公司法人格否认法理与公司的社会责任》，载《法学研究》1998 年第 5 期，第 99 页。

④ 傅穹、王志鹏：《公司控制权滥用规制的法理基础与司法判断》，载《社会科学战线》2011 年第 5 期，第 190 页。

## （二）实践意义

随着近年来资本市场法治建设和司法实践的发展，实控人问题受到关注。公司控制权的分配是经济力量博弈的结果。探寻实控人民事赔偿责任的入法路径，回应了公司治理实践之需要，有利于维护公平正义，进而营造良好的营商环境，实现公司治理与推动资本市场稳健发展的正向循环。与在法律中强化董事义务的履行不同，实控人的特殊身份决定了其在现有法律中并未体现于内部治理的权利义务规定，法律规制的着眼点应在于对这一经济现象负面影响的消除，实控人的责任恰应成为有效规制的重点所在，而2023年《公司法》在修订过程中对于实控人责任的持续关注以及在最终立法中的落实，体现了我国公司法立法对于实践问题的回应。

2019年修订的《证券法》第85条对实控人的不实披露行为以“过错推定责任”加以规制，进而取代了2014年《证券法》规定的“过错责任”，提高了信息披露行为的监管力度。事实上，《证券法》适用的公司类别有限，监管机构对于公司组织架构及核心人员构成了解较为充分，对于实控人的规制具备较为充足的条件。然而，有限责任公司和非公众股份有限公司并非《证券法》的规制对象，人合性强于资合性的特点决定了公司较强的封闭性特征，实控人对外披露程度的不足决定了《证券法》基于信息充分披露的监管思路难以移植适用于上市公司和非上市公众公司以外的其他类型公司。此外，中小企业因其投资者规模有限、信息披露要求低、监管不足，实控人行为更为隐蔽，对于利益相关主体造成的损害往往更大、追责更难。

我国《公司法》关于实控人的规制体现出在原有基础上更为细化的立法趋势：2005年修法使“实控人”概念从无到有；2018年《公司法》规定将实控人与控股股东从概念上相区隔；2023年《公司法》对二者责任予以规定，虽属于零散化的制度补充，却也反映出立法在实践发展中的迈进。实控人的《公司法》规制是涉及《公司法》诸多制度的系统性问题，也是《公司法》修订中必须予以通盘考虑的问题。尽管2023年《公司法》专门增加第192条解决实控人滥用控制权的责任问题，但现有的修改显然未能在公司法理论、规范建构和司法实践之间，构造出实控人滥用控制权的规制理念和法律规范的协同转换。[①]我国《公司法》与《证券法》作为资本市场最为重要的基础性法律，对实控人问题尚未形成制度上的一致与衔接。《证券法》适用于上市公司和非上市的公众公司，其规定有特殊的监管考量，而《公司法》规制主体为在中国境内设立的全部有限责任公司和股份有限公司，相较于《证券法》而言，属于一般法，《公司法》的私法属性决定了其对于实控人的民事赔偿责任问题，应有更为基础而全面的规定，与《证券法》形成呼应。无论基于《公司法》视角还是《证券法》视角，对于实控人规制之目的都应是保护公司生存权与发展权，进而维护公司股东和债权人的正当权益。

实控人作为公司发展中的产物，虽然在法律关系上处于公司外部，对公司生存发展却起到至关重要的作用，应对其予以规制，从而匡正不当行为，使其存在符合理性。随着金融科技的进步与资本市场实践的发展，实控人行使控制权的方式也处于不断扩展之中。现有公司内部治理体系中，各主体已形成较为稳定的权利义务关系，实控人若不触及公司等相关主体的利益，亦不会进入法律规制的视野。因此，实控人研究的最终落脚点应在于责任规制，在不改变公司内部主体既有责权利配置的前提下，以责任判定的方式为实控人提供入法路径，从而对实控人行为实现事前、事中、事后三方面的引导与规制作用。申言之，在事前，明确的实控人责任可以产生威慑力，使其行使控制权时有所顾忌，起到事前防范滥权行为发生的作用，明确的实控人归责体系也会为投资者提供稳定的投资保障，从而对资本市场的投资行为起到切实的促进作用；在事中，根据责权利一致的原则，责任的确立以义务的厘定为前提，引导实控人在事中按照一定的行为标准行事，能够对其行为起到一定的规范作用；在事后，清晰的实控人责任入法路径可以为司法中的法律适用提供有效指引，充分实现事后救济，对实控人进行惩戒，并对受损主体利益进行修复，从而维护公司制度，

① 陈洁:《实际控制人公司法规制的体系性思考》，载《北京理工大学学报（社会科学版）》2022 年第 5 期，第 24 页。

为资本市场稳健发展提供法律保障。

实控人在公众公司与非公众公司均有存在的动机。公众公司虽然监管严格，但因投资者群体广泛，巨额控制权私益具有较大的诱惑力。而在非公众公司，虽然控制权私益相对低于公众公司，但因这类公司的社会关注性低，受监管制度约束不多，更易被实控人操纵，对于个人而言，控制权私益亦具有一定规模，因此，也是实控人滥权问题的多发地。基于我国现今的资本市场法治条件，以及公司历史传统沿袭下来的特点，实控人现象无法避免，短期之内也无法消除，应当接受其作为一类主体存在的必然性与普遍性。实控人对于资本市场的影响力大，滥用控制权的负外部性强，应当对这类主体进行单独规制。

对于实控人民事赔偿责任的合理界定与有效规制是防范违法行为、促进资本市场稳健发展的时代需要。本书聚焦实控人责任体系化研究，注重学理分析，发掘立法、执法、司法领域对于责任判定的任务分工与结果融合，在资本市场法治发展进程中动态研究实控人的民事赔偿责任，从而为增强实控人滥用控制权的可防、可控、可诉、可裁与可执行性提出建议。

## 第二章

# 以控制权为理论起点的实控人法律角色定位

## 一、控制权的本源

### （一）控制权的缘起

公司治理问题的根源在于所有权与控制权的分离。[①] 股东以其出资人身份成为公司的实际所有者，而公司的控制权则归属于经营者，这种权利分配也为公司法所确认并成为公司治理结构的理论基础。公司治理效果从根本上亦归因于公司控制权能否有效配置与正当行使。

对公司控制权的学理分析最早可追溯到伯利和米恩斯。20 世纪 30 年代，美国著名学者伯利和米恩斯在对美国公司进行实证研究的基础上，出版了具有里程碑意义的公司法著作《现代公司与私有财产》。书中指出，随着现代公司规模的扩大，股权分散，公司所有权和控制权出现分离，股东直接经营管理公司能力出现不足，需要委托职业经理人对公司进行管理，公司控制权旁落于公司经营者，由此出现了“经理革命”，进而产生所有权与控制权的分离。[②] 控制权以法定权力或事实影响的形式，得以对董事进行实际上的选择与安排，产生了代理问题之下股东与管理者之间的利益冲突。由此公司控制权问题开始引起理

① 李胜兰、黄健梅：《公司控制权行使的正当性分析——一种法律经济学视角》，载《中山大学学报（社会科学版）》2005 年第 3 期，第 94 页。

② ［美］阿道夫 · A. 伯利、加德纳 · C. 米恩斯：《现代公司与私有财产》，甘华鸣、罗锐韧、蔡如海译，商务印书馆 2005 年版，第 128—129 页。

论界的重视。这一论断后来被学者们进一步阐释、深化，随后詹森和马克林、法玛等学者从理论或实证角度对于委托代理和契约理论不断进行扩展性研究。①

## （二）控制权的学说

### 1. 委托代理理论

詹森和马克林于 1976 年提出的代理成本理论认为，所有权与控制权分离所产生的代理问题成为公司治理所面临的重要难题，难点即在于，职业经理人作为股东的代理人，其利益与被代理人的利益是不一致的，经理持股越少，开拓业务的动力越弱，将公司利益用于个人消费的愿望越强烈。詹森和马克林认为，代理理论视角之下，需要解决两个问题，其一为道德风险问题，即被代理人囿于监督成本过高，无法实时监督，代理人在此情况之下，可能以利己为目的而为损害被代理人利益之行为；其二为绩效评价问题，由于被代理人与代理人对于企业经营实践的信息不对称，被代理人难以对代理人的行为作出评价。②

代理视角之下，最终解决公司治理问题的关键在于约束机制与激励机制，以此实现控制权的有效分配与控制权的正当行使，从而促进公司治理效能的提升与公司治理目标的实现。委托代理理论为研究控制权私益问题提供了思路与理论基础。

### 2. 契约理论

契约理论是企业理论的发端。科斯在其经典论文《企业的本质》中开创性地提出了企业契约理论，认为企业由一系列非完全契约构成，契约约定的内容为当事人签约当时的主观认识所限，难以将未来可能发生的各种权利和义务列举穷尽，因此，现实中的契约往往是非完整性的，存在内在的不足。随后，阿尔钦、德姆塞茨发表论文《生产、信息成本和经济组织》，该研究在科斯理论的

---

① Michael C. Jensen &William H. Meckling, *Theory of the Firm: Managerial Behavior, Agency Costs, and Ownership Structure*, 3 Journal of Financial Economics 305, 305(1976);Eugene F. Fama & Michael C. Jensen, *Agency Problems and Residual Claims*, 26 Journal of Law & Economics 327, 327–328(1983).

② Michael C. Jensen &William H. Meckling, *Theory of the Firm: Managerial Behavior, Agency Costs and Ownership Structure*, 3 Journal of Financial Economics 305, 305–313, 351–352(1976).

基础上将企业视为一个契约组织，并指出企业契约与市场契约之间存在的差异，即在企业契约中，存在着享有剩余所有权的主体，该主体亦同时监管其他要素所有者并与之签约。① 几年后，詹森和马克林发表了《企业理论：管理者行为、代理费用与产权结构》，提出了企业所有权机构理论。② 这两篇论文通过企业契约理论，将新制度经济学的研究路径导入公司内部行为，标志着企业契约理论的诞生。1988 年，哈特在著名经济学理论杂志 *Econometrica* 上发表了《不完备契约与再协商》以及在耶鲁大学的 *Journal of Law, Economics and Organization* 杂志上发表了《不完备契约与企业理论》等论文，集中阐述了契约的不完备性是组织交易成本难以避免的根源，并提出合理分配剩余控制权对于降低企业内部交易成本将起到至关重要的作用。哈特认为，降低交易不确定性的着力点应当放在如何设计剩余控制权从而在决定企业重大决策时，与企业利益最相关的缔约方能够直接通过行使控制权降低其自身风险。③

完全契约理论以完美的市场环境和个人理性为前提，但这种理想状态在现实中并不可能存在，外在环境的复杂性、主体的有限理性、信息的不对称和交易成本的存在决定了契约的不完备性。而在公司长期契约中，会涉及公司本身、股东、债权人、董事、监事、高级管理人员、一般雇员等，复杂的人员结构及其理性水平、地位、能力差异决定了公司未来运行状态的难预测性。④ 不完备契约理论为公司法提供了存在的合理前提，即需要通过公司法的设计来弥补公司契约中的不完备之处，实质上达到填补契约漏洞的效果，例如公司法中的诚信原则和商业判断规则、公司章程的可修改性等，这也为在公司法上寻找并设计对于控制权的规制路径提供了合理性基础。

---

① A. A. Alchian & H. Demsetz, *Production, Information Costs, and Economic Organization*, 62 The American Economic Review 777, 794 (1972).

② ［美］米歇尔·詹森、威廉姆·马克林:《企业理论：管理者行为、代理费用与产权结构》，载盛洪主编:《现代制度经济学》(上)，北京大学出版社 2003 年版，第 173 页。

③ ［美］哈特:《企业、合同与财务结构》，费方域译，上海三联书店、上海人民出版社 2006 年版，中译本序一第 1—3 页。

④ 罗培新等:《公司法的法律经济学研究》，北京大学出版社 2008 年版，第 28 页。

### 3. 公司治理理论

公司治理理论是委托代理理论、不完备契约理论等的延伸，强调通过制度安排明确权利义务关系，实现有效决策，从而实现对经营者的制衡和激励，并保护利益相关者权益。公司治理理论为公司治理结构的建构提供了理论支持。公司治理研究形成了大量的理论研究成果，早期研究主要集中于公司内部机关即股东会、董事会和监事会之间的相互制衡以及管理层与经理层之间的关系，随着我国市场经济以及资本市场的建设与发展，关于股东与利益相关者的治理理论应运而生。①

在公司治理理论中，公司治理被归结为一系列制度安排，权利配置问题是该理论强调的重点之一。德姆塞茨认为，企业控制权“是一组排他性使用和处置企业稀缺资源（包括财务资源和人力资源）的权力束”。② 巴泽尔从产权相对性视角，强调法定权利与经济权利区分的必要性，提出权利的发展性理念。③ 我国学者张维迎认为，公司治理通过规定要素所有者关系，以契约实现控制权与剩余分配权的合理配置，从而解决代理问题。④ 周其仁认为，企业控制权就是排他性利用企业资产，特别是利用企业资产从事投资和市场营运的决策权。⑤ 而阿尔钦和德姆塞茨则认为，剩余索取者拥有剩余权力，可以独立于其他所有者的合同，从而与他们进行再谈判。⑥ 在国内外学者的研究中，公司治理制度需要明确公司控制人、服务对象、利益相关人、风险和利益分配等问题，确保控制权的合理配置与正当行使，从而实现公司的有效治理。

委托代理理论、契约理论与公司治理理论通过实证主义研究为控制权的存

---

① 黄蕴洁:《中国上市公司控制权私利研究》，中南大学 2010 年博士学位论文，第 22 页。

② Harold Demsetz, *The Structure of Ownership and the Theory of the Firm*, 26 The Journal of Law & Economics 375, 377(1983).

③ Yoram Barzel, *Property Rights and the Evolution of the State,* 1 Economics of Governance 25, 25 (2000).

④ 张维迎:《企业理论与中国企业改革》，上海人民出版社 2015 年版，第 111 页。

⑤ 周其仁:《“控制权回报”和“企业家控制的企业”——“公有制经济”中企业家人力资本产权的个案研究》，载《经济研究》1997 年第 5 期，第 36 页。

⑥ A. A. Alchian & H. Demsetz, *Production, Information Costs, and Economic Organization*, 62 The American Economic Review 777, 794 (1972).

在、行使与合理配置提供了理论依据，客观上也为控制权的约束与发展方向提供了指引。

## 二、控制权的性质厘定

### （一）控制权的属性判定

#### 1. 作为公司机关的公司治理权

控制权的常态是在公司内部各机关通过法定职权上的划分形成公司治理权，由此纵向意义来看，控制权是一种权力，这种权力非国家公权力，而是适用于公司内部的权力。

权力说认为，控制权是有能力管理和支配公司所有可供利用的资源的权力，是能够主导公司董事会人选进而得以管理公司业务的权力，[①]是能够主导公司业务经营及决策的权力。[②]另外，我国财政部 2014 年修订的《企业会计准则第 33 号——合并财务报表》第 7 条第 2 款也规定:“控制，是指投资方拥有对被投资方的权力，通过参与被投资方的相关活动而享有可变回报，并且有能力运用对被投资方的权力影响其回报金额。”公司的设立与经营活动，与社会产生千丝万缕的联系，公司法领域所认可的公司权力是为了保证公司实现其设立目的控制其决策和经营管理的私法性质的权力。

#### 2. 作为公司外部民事主体的私权

学界观点中，权利说将公司控制权认定为一种权利，该类学说之下又可细分为财产权利说和经营决策权利说。财产权利说认为，控制权是“控股公司以自己的意思支配和利用公司财产的权利”。[③]美国公司法学者格罗斯曼和哈特认

① 殷召良:《公司控制权法律问题研究》，法律出版社 2001 年版，第 15 页。

② 白慧林:《控股公司控制权法律问题研究》，北京大学出版社 2010 年版，第 17 页。

③ Lewis D. Solomon, Donald E. Schwartz & Jeffrey D. Bauman, *Corporations Law and Policy: Materials and Problems*, West Publishing Co.1988, p.996.

为，控制权是对最终契约中没有被限定的特殊用途资产进行使用的权利。[①]而经营决策权利说认为，控制权是股东基于控股地位而对公司的人事、业务及决策所享有的支配和控制权利。[②]有学者认为，控制权具有收益性，控制权的取得需要支付一定成本，而行使控制权也可实现对成本的补偿并获得一定的收益。[③]也有学者认为，公司以创造价值为基础，资源的财务性、关系性、知识性仅是控制权配置的基础形式，控制权配置的实质依据在于拥有上述一种资源或几种资源组合的主体对于公司赢利所发挥的作用，发挥作用最大的主体应获得更多的控制权。[④]也有学者认识到控制权的双面性，提出控制权既是源于股东资格的私权，又是公司治理的工具。[⑤]上述学者的学说从权利视角论证了控制权创造私有性收益的属性，所论观点与“所有权与控制权分离”的经济学发现是一致的。根据伯利和米恩斯的实证研究，控制权以所有权为起点，经股东委任给管理层而获得地位上的独立。既然所有权隶属于特定的民事主体，发端于所有权的控制权亦应具有私权之属性。但这些学说对公司控制权的讨论仍停留在公司内部治理之中，控制权所对应的主体和行为与权力说并无实质区分。

事实上，随着公司实践的发展，产生了脱离于公司内部治理关系的控制权，其行权主体处于公司外部，却可以基于其外部身份对公司产生控制性作用，作为公司外部民事主体，其与公司形成相对关系，此种控制权区别于公司内部机关的权力分工，是归属于特定民事主体且能够对公司发生实际作用的私权。讨论实控人作为公司外部的民事主体，行使的控制权从制度逻辑上应遵从公司法

① Sanford J. Grossman, Oliver D. Hart, *The Costs and Benefits of Ownership:A Theory of Vertical and Lateral Integration*, 94 Journal of Political Economy 691, 694(1986).

② 冯果:《论控制股的转让》，载《法律科学（西北政法学院学报）》1999 年第 3 期，第 93 页。

③ 周军、卢山:《论公司控制权的基本涵义和特征》，载《管理纵横》2011 年第 4 期，第 58 页。

④ 谢志华:《公司控制权的本质》，载《北京工商大学学报（社会科学版）》2019 年第 5 期，第 7 页。

⑤ 刘俊海:《论控制股东和实控人滥用公司控制权时对弱势股东的赔偿责任》，载《法学论坛》2022 年第 2 期，第 82 页。

的私法属性，由此，这种公权与私权的划分实则对控制权的发展历程形成了概念性的总结与类别上的分野，控制权的内部权力属性与外部权利属性得以界定。在此前提之下，明确其权利、义务与责任，为嵌入公司法规制框架之内做好理论准备与铺垫。

控制权作为权力亦是在公司内部治理结构的语境之下所认定的纵向体系的权力配置，但对于作为公司外部民事主体的控制人而言，其与公司之间形成了横向关系，实为民事法律关系中的平等主体，由此，公司外部控制权的权利属性界定亦具有合理性。

### （二）控制权的表现形态

#### 1. 公司治理权的表现形态

叶林教授认为，公司权力表明公司或其他权力拥有者自主作出决策的能力或权力，一旦公司凭借其权力作出某种行为，相对人就受到约束。[①] 公司内部治理中讨论的权力，关乎公司内部权力的配置，公司机关因此而产生对公司的控制权力。这种权力配置基于实在法而为，在公司法与公司章程的机关设置与分权规则之下，形成了法定权力，在此基础之上所生成的控制权，则具有了法定权力的形态。

#### 2. 外部控制权的表现形态

公司外部主体形成的控制权，相对于法定的内部机关权力，法律属性弱化、事实属性明显。实控人作为一种隐性主体存在于公司外部，相较于公司法中已经形成的完整性的股东、董事、监事和高级管理人员的职权体系，实控人的控制权在公司法中缺少特定性体现。2023 年《公司法》第 22 条“禁止非法关联交易”条款中规定了实控人不得利用其关联关系损害公司利益，这也反向说明了实控人以关联交易为具体控制行为表现的控制权是被公司法所允许的法定权利，除此之外，再无法定性的权利确认的体现。实控人与公司之间若存在控制

---

① 叶林：《公司治理制度：规则、理念与实践》，中国人民大学出版社 2021 年版，第 103 页。

权的约定，则此时控制权因合同关系而成为一种约定性权利，从而受到法律的保护。但是，控制主体之所以选择以外部实控人身份控制公司，主要原因在于其隐藏身份之目的，因此，实控人的控制权应更多体现为一种事实性的权利，只是因其控制权行使行为对公司及相关主体产生的影响，才使其身份纳入利益相关人视野。这种控制权实际处于公司治理体系之外，其隐性的存在决定了其合理的常态化运行并不会产生显性的必要，而只有在其异化时，才会触发关注，从而需要对控制权主体追究相应的法律责任。因此，实控人的外部控制权在公司法上的法定权利主要体现为关联交易，在合同法上体现为约定性权利，除此之外，主要以一种事实性外部控制权的形态而存在，单从权利正当行使的角度是不会受到法律的关注与束缚的。

## 三、实控人的主体性质

### （一）实控人在其他学科领域中的界定

作为语词的实控人，不仅是法学概念，亦是经济学、管理学、会计学等学科领域的研究对象。有学者从实控人的国有性质与自然人性质上论证了媒体负面报道对不同性质的实控人控制的公司现金分红行为的影响及其差别；① 有学者从实控人产权属性上研究不同股权性质公司在税收规避动机和能力上的差别；② 有学者从所有权累积效应上研究实控人所有权的增减，对于实控人内部控制制度和商誉的影响。③ 其他学科领域以实控人为研究对象的论文成果虽然较为丰富，但概念却并不统一，区分也未见周延，比如将实控人区分为国有性质与自

① 戚拥军、钟曼、包莉丽：《媒体负面报道、实际控制人性质与现金分红行为——来自 A 股上市公司的经验证据》，载《统计与决策》2021 年第 6 期，第 156 页。

② 谢香兵：《实际控制人性质、地方政府竞争与公司税收规避》，载《经济经纬》2015 年第 6 期，第 107 页。

③ 宋佳宁、高闯：《实际控制人所有权能否抑制商誉泡沫？——基于内部控制视角的解释》，载《财贸研究》2021 年第 4 期，第 109 页。

然人性质实则模糊了划分标准；对实控人的产权属性的划分或对所有权累积效应的研究，实则以实控人具有公司股东身份为前提，而未体现出实控人与股东在概念上的差别性，实控人仅成为不同语境下变换内涵的代名词。不同领域所涉及的不同规定，在充实实控人概念的同时，也加大了理解和认定实控人的难度。实控人在其他学科领域界定标准的模糊，影响了不同研究成果的有效连接与适用，也从客观上证明了从法学视角对实控人进行周延界定的必要性，而这也是对实控人进行有效规制的重要理论前提。

### （二）法学中的实控人

英国和美国的公司制度发达，经理人市场较为成熟，董事责任保险等制度较为完善，长期以来形成了董事会中心主义的局面。英国的影子董事制度将实控人纳入成熟的董事制度体系加以规制，有利于发挥董事的制度功能。美国民众崇尚市场竞争与民主制度，反对经济力量的过度集中，在公司规制上，利用判例法的灵活性，通过揭开公司面纱、深石原则、公司控制者理论以及对董事概念的扩大性解释，加强对于公司实际控制人的规制。英美国家由于判例法发达，对实控人以混同身份的方式通过案例推导作出相应的推理判决，有利于充分发挥法官的自由裁量权，弥补可预见性不足的缺点，从而实现法律规制的统一。① 而大陆法系基于成文法传统，广泛使用区别规制模式，并以关联企业立法为典型。这种模式概念明确、法律清晰，为控制人的行为提供可预见性标准，为法律适用提供明确的依据，有利于法律体系的确定性与稳定性。② 我国是成文法国家，并无成熟宽泛的董事制度可供实控人依附，也无判例法制度对实控人问题进行相对灵活的判定。我国公司法中，以预设之方式为各相关主体进行责权利配置，历史文化传统决定了实控人问题不仅限于关联企业，还包括自然人实控人等多个类型主体，这又与公司法律制度较为发达的德国有所不同。因此，在对两大法系实控人法律实践进行借鉴的基础之上，结合我国国情研究实

① 叶敏:《公司控制人的法律分析》，中国政法大学出版社 2015 年版，第 102—103 页。

② 叶敏:《公司控制人的法律分析》，中国政法大学出版社 2015 年版，第 95、97 页。

控人规制问题尤为重要。

公司控制权分配是经济力量博弈的结果，法律上无法为其权力分配进行预置，而只能顺应其发展趋势进行引导与规制。过多的责权利配置可能对控制权的发展造成束缚，适度的追责制度可以形成威慑与惩戒作用。实控人虽然作为一种经济现象出现，却因其对于公司治理及利益相关人的影响日增而成为法学领域关注的问题。2018 年《公司法》第 216 条将实控人界定为“虽不是公司的股东，但通过投资关系、协议或者其他安排，能够实际支配公司行为的人”，2023 年《公司法》第 265 条去除了“不是公司的股东”的表述，将实控人范畴进一步扩展至股东。法律概念界定更多地从宏观角度考虑控制公司的行为性质，以尽量广义的概念确保法律的包容性。但虑及实控人问题的研究主要存在于法律适用层面，目的在于解决滥用控制权行为致损的修复，在尊重法律采广义实控人概念的前提之下，以法律界定的行为特征为出发点，尝试从其概念的界定进一步探寻追究法律责任的路径确有必要。

关于实控人的概念，学界尚未形成一致观点，但通过对已有研究成果的梳理，实控人的轮廓已逐渐清晰。张圣怀教授根据实控人产生场景的不同将其区分为“通过追溯认定的公司控制权的终级持有人”以及“控制权发生转移之后的事实持有人”；① 叶敏教授将对内控制权与对外代表权的脱离作为实控人的共同特征之一；② 郭富青教授认为实控人特性在于没有法律授权却拥有支配公司行为的事实权力；③ 陈洁教授提出了实控人的广义概念，即其应涵盖控股股东之外，所有能够控制并实际上实施了控制公司行为的主体；④ 刘俊海教授主张根据

---

① 张圣怀：《中国上市公司控制权法律问题研究——缺陷与改良》，法律出版社 2007 年版，第 19 页。

② 叶敏：《公司控制人的法律分析》，中国政法大学出版社 2015 年版，第 175 页。

③ 郭富青：《论公司实际控制权：性质 · 渊源 · 法律导向》，载《甘肃政法学院学报》2011 年第 1 期，第 109 页。

④ 陈洁：《实际控制人公司法规制的体系性思考》，载《北京理工大学学报（社会科学版）》2022 年第 5 期，第 3 页。

控制权的法律属性与事实属性的不同，将控制股东与实控人明确加以区分。[①]关于实控人的界定，以事实持有控制权为共识，但具体内涵却因考虑角度的不同而有所差异。实践中，实质性控制力往往体现于对公司人事、财务、业务掌握控制权，[②]对公司股东会、董事会决策的作出有实质性影响力，甚至直接越过公司法、公司章程规定的决议程序，导致公司机关“傀儡化”，掌控公司印章等多样化的行为。[③]认定实控人的关键在于判断其能否对公司形成实质性控制力，通过间接投资关系、控制合约、事实上的影响力、交叉持股、交叉董事等一系列安排，控制公司的意思表达机制。[④]

2018年《公司法》第216条对实控人给出了明确的定义，将股东排除于实控人之外，尽管该表述体现出控股股东与实控人的来源差异，但这一概念界定却存在明显的法律漏洞。若投资者因投资而对公司产生实际控制权，却未达到《公司法》中所规定的控股股东的标准，则其可以游离于法律规制之外，不承担义务，亦可逃避责任。从这一角度而言，2023年《公司法》第265条采用最为广义的实控人概念，目的在于将所有享有控制权却在法律上不承担义务的特殊主体一并纳入“实控人”的概念之下，实现其在公司法框架下的规制。然而，2023年《公司法》第192条在规定实控人责任时，仍将控股股东与实控人分开表述，2018年《公司法》与2023年《公司法》在规定违法关联交易条款中也将实控人与控股股东和董监高分开表述，这也体现出《公司法》对于实控人作为独立于公司内部主体的外部主体身份予以认可的立法态度。从体系性解释角度来看，这两种不同的归类方式看似不统一，实则并不矛盾，二者的立法目的

① 刘俊海：《论控制股东和实控人滥用公司控制权时对弱势股东的赔偿责任》，载《法学论坛》2022年第2期，第96页。

② 如在（2016）豫07民终2888号“新乡市昊德机电有限公司、张某民间借贷纠纷案”民事判决书中，法院认为，“苗某平对昊德公司不仅有行政事务掌控权，而且对资金有绝对的支配权，符合公司法规定的公司实际控制人的构成条件，应认定为实际控制人”。

③ 叶敏、周俊鹏：《公司实际控制人概念辨析》，载《国家检察官学院学报》2007年第6期，第124—128页。

④ 周亮：《论滥用公司人格之实际控制人对公司债权人的责任》，载《南京大学法律评论》2007年春/秋季号，第200—201页。

与法条功能存在差异。概念性法条中，实控人更多体现为兜底性质，即将所有对公司具有控制权的主体都纳入公司法调整范围，避免法律漏洞；而涉及违法行为与责任的法条需要以法律适用为目的，为司法提供明确的指引，将不同主体明确区分开来，使实控人回归其狭义主体概念，以确立其独立承担责任的主体地位。德国康采恩法中对于企业的概念界定也与此类似。尽管功能主义理论认为，每一个从事有组织、有计划的经营活动的主体都应当被认定为企业，但普遍接受的是对企业概念的目的性解释。它以康采恩法目标为依据，并考虑建立统一管理的企业集团可能引发的特殊风险。目的性解释理论在方法论上主张，对康采恩法中的企业概念必须进行单独界定。现在人们普遍认为，即使在康采恩法中，企业概念也应当根据有关规定的精神和目的作不同定义和理解。比如在隶属型康采恩中，控制企业作为一方，从属企业作为另一方应当进行不同的界定。[①] 这类做法与实控人在我国公司法中的情形相类似，即虽然公司法上对于实控人采广义概念，但这一广义概念对于实控人规制而言只发挥了较小的作用，对其界定的目的应在于研究其责任的入法路径，因此，在法律适用上，应对其进行狭义界定，与公司内部控制主体相区分。

广义实控人若进行细分，各主体责权利有别，有内部法律身份的主体或至少有相应外观的主体与有控制权之实而无内部身份之名的主体，其身份内外有别，受到的法律规制亦无法直接等同适用。若在法律适用中施以广义实控人概念，易造成实控人概念的泛化，也不利于责权利的区别性判断与责任主体的差异化精准裁量。同时，也应看到，法律条文中将实控人与控股股东等利益主体并行列示，并非意味着追究责任之时，将实控人作为控股股东的同类型主体，使之法律责任与控股股东相等同。虽然实控人作为经济现象出现的初期，因其发展趋向不明，情况较少，而不必在法律适用时专门归类追责，但随着实控人主体的发展，立法中的区分性规定更显必要，与之相应的区分性法律适用也应成为实控人追责所关注的重点。即便通过学理分析证明实控人最终与控股股东

① ［德］托马斯·莱塞尔、吕迪格·法伊尔：《德国资合公司法》（上册），上海人民出版社2019年版，第849—850页。

承担相同的责任，主体性质的差异却决定了这只是殊途同归的效果，追责原理与过程的差异性才是实控人责任问题独立化的重点所在。

成都博源腾骧投资合伙企业与孙某国、肖某军损害股东利益责任纠纷案属于内部控制权主体滥用控制权损害股东权利的典型案例。[①] 孙某国系台沃公司董事长和法定代表人，同时也是公司的股东。其增资扩股等行为虽然经过公司内部正当会议及表决程序通过，但其客观上造成了原告股东的利益损失，从而引发了股东损害赔偿诉讼。本案虽非狭义外部实控人问题，但从广义实控人的范畴而言，其所涉及的控制权本质问题，对于本书进行狭义实控人研究亦有所启示。孙某国作为台沃公司的股东、董事长和法定代表人，对公司具有内部控制权，成为广义上的实控人，在法律适用上，这种实控人身份的认定并无实际意义，因为公司内部法权关系和责权利配置已相对完备，孙某国的内部身份所带来的控制权问题应当从公司内部治理角度寻求解决之道。而且，一审法院的法律适用系基于孙某国内部的控制身份，适用 2018 年《公司法》第 147 条第 1 款关于董监高忠实义务和勤勉义务的规定，二审法院并未对此进行否定。这也佐证了实控人法律适用问题研究的落脚点应在于解决外部控制主体控制权滥用的问题上。

通过对已有研究成果、相关立法和法律适用的分析，结合控制权的属性，本书认为，应以控制权所属的内外主体之不同，将实控人与具有法律授权或可以类比为法律授权身份的主体相区隔，从而对特殊的同质化主体进行单独考量，进而解决公司法结构中责权利体系缺失的实控人法律规制问题。申言之，本书认为，实控人应采狭义概念，在维护现有公司治理体系及内部主体责权利配置的前提之下，将其限缩解释为无法归入公司内部治理体系，不具有相应法律身份或类比性法律身份，而又对公司具有控制性影响力的外部主体，下文详述之。

---

① 四川省三台县人民法院民事判决书，(2019)川 0722 民初 65 号；四川省绵阳市中级人民法院民事裁定书，(2019)川 07 民终 1844 号。

# 四、实控人与相关主体之间的法律边界

## （一）身份竞合状态下实控人的追责身份界定

实控人可能具有多重身份，即既有公司外部主体的控制身份，又有控制股东甚至内部董监高等身份，特别是在人合性明显的封闭性公司，这种情况更为常见。在鞍山市鸿锦有限公司、蒋某安与焦某霞、鞍山市永利有限公司控股股东、实控人、董事、监事、高级管理人员损害公司利益赔偿纠纷案[①]中，被告焦某霞任鸿锦公司监事，并将其在永利公司的全部股份转让与其胞弟，却未撤回出资，从而成为永利公司的实控人，同时，被告焦某霞为永利公司执行董事兼经理、法定代表人。再审法院认为，其作为发起人成立经营同类业务的永利公司，并担任法定代表人、执行董事兼经理，违反了竞业禁止的法定义务，依照 2013 年《公司法》第 148 条的规定，应承担相应的法律责任。从该案判决中可见，在被告的多重身份中，其内部董事和经理身份对于其违反竞业禁止义务起到关键性作用，在此情况下，实控人身份并不能成为追责的理由。

鉴于实控人对于公司的控制行为依赖于对公司内部主体的控制来实现，因此，当实控人本身还担任公司内部职务，并因该内部身份对公司产生控制力之时，对于该控制主体的追责应立足于其内部主体身份在公司内部治理体系中寻求明确的法律依据；若实控人虽为公司内部主体，但其控制权的实现并非基于自己的内部人身份，而是基于其他控制途径，从而造成损害，此时实控人的外部主体身份成为其控制权得以实现的本源性身份。基于上述考量，在实控人内外部多重身份竞合的情形下，应辨识其究竟以哪种身份起到控制性作用，从而追究相应的主体责任。鉴于内部主体的控制作用在现有公司治理结构中已有相应的责权利体系进行规制，实控人问题应定位于外部主体身份进行研究，方具

① 辽宁省鞍山市中级人民法院民事判决书，（2015）鞍审民终再字第 6 号。

有必要性与现实意义。因此，本书所论及的实控人包含两种情形：其一，实控人虽为公司内部主体，但其控制权的实现并非基于自己的内部人身份，而是基于其他控制途径，从而造成损害，此时实控人的外部主体身份成为其控制权得以实现的本源性身份；其二，实控人仅有外部主体身份，并以之实现对于公司的控制权。上述两种情况产生的控制力均根源于实控人的外部主体身份，因此，应以实控人的外部控制性主体身份承担相应的法律责任。基于上述考量，自此将本书讨论的实控人主体范围锁定于具有控制权的外部主体身份，并以此范围作为下述讨论的前提。

## （二）实控人与股东的界分

### 1. 实际控制权与股权的基础性差异

股东基于出资产生股权，从而进入公司最高权力机关，因此，控制股东往往成为公司控制权讨论的焦点。但事实上，伴随着经济的发展，公司股权结构和治理模式不断丰富，公司控制股东之外的主体也能够支配和影响公司行为进而对公司产生控制作用。[①] 实控人的概念并非公司法所固有，而是资本流动性和追求利润最大化属性自然发展的结果，也是公司发展过程中的产物。公司法在设计之初，即已将股东在内部治理结构中进行了妥当安排，并对大股东与中小股东之间的利益平衡进行了制度设计。[②] 股东是公司法固有的规制与调整对象，而实控人作为主体概念却是因公司常态控制方式之异化而生。实际控制关系对原有的股权关系产生影响，也容易造成公司原有权力配置的失效。因此，实际控制权与股权从产生之初即存在基础性差异，与之相应，实控人亦应与股东相区分。申言之，实控人应当与掌握控制权的股东相区分。如此，需要对掌握控制权的股东类别进行考察，以实现区分上的周延。

---

① 徐来:《实际控制人法律制度研究——以上市公司为中心》，知识产权出版社 2016 年版，第 13 页。

② 徐来:《实际控制人法律制度研究——以上市公司为中心》，知识产权出版社 2016 年版，第 13 页。

### 2. 控股股东与控制股东的严格区分

随着股权结构的多元化，控股即掌权的固有观念发生了深刻变化，“控股股东”与“控制股东”已从内涵上分化为不同概念。控制股东的定义经历了从形式到实质，从绝对到相对的演变过程。[①]形式标准主要以持股绝对数量的多少以及是否持有超过半数表决权作为判定控制股东的标准，实质标准则是通过相对多数持股或其他方式实现对公司的控制来认定控制股东。[②]2023 年《公司法》第 265 条第 2 项虽然采用了“控股股东”的表述方式，但形式标准与实质标准兼而有之，[③]实则体现了控制股东的核心特征，即表决权与重大影响。“一股一票”和“资本多数决”的制度设计是识别控制权股东的经典工具，基于持股比例区分股东的逻辑仅适用于“一股一票”的股权架构。事实上，在传统股权架构中，中小股东并不必然是弱势股东，在双重股权架构下更是如此，创始股东享有一股多票的超级表决权，被称为“控制权小股东”。[④]由此，从《公司法》立法本意来看，实控人应与控制股东相区分，而控制股东涵盖了通过持股掌握控制权的控股股东。

### 3. 具有控制权的隐名出资人的控制身份界定

根据《最高人民法院关于适用〈中华人民共和国公司法〉若干问题的规定（三）》（以下简称《公司法解释（三）》）第 24 条第 1 款规定，隐名出资系由两个彼此相关的合同共同构成的特殊法律关系，其中，隐名出资人与显名股东之间的合同形成第一层法律关系，显名股东与目标公司之间的合同形成第二层法律关系。根据合同约定，实际出资人以隐藏身份出资并享有投资收益，隐名出资人与显名股东之间呈现出委托代理关系。由于隐名出资人与目标公司不存在

---

① 邓小明：《控制股东义务法律制度研究》，清华大学 2005 年博士学位论文，第 14—15 页。

② 王建文：《论我国构建控制股东信义义务的依据与路径》，载《比较法研究》2020 年第 1 期，第 96 页。

③ 形式标准为出资或持有的股份占公司资本总额或股本总额超过 50%，实质标准指出资或持有的股份虽未过半但能通过享有的表决权对股东会决议产生重大影响。

④ Henrik Cronqvist, Mattias Nilsson, *Agency Costs of Controlling Minority Shareholders,* 38 Journal of Financial and Quantitative Analysis 695, 695(2003).

法律关系，公司法只承认显名股东的地位。由此也说明，实控人可以直接出资，并通过这种隐名方式使其本身与公司之间并无法律上认可的关联。司法实践中，“股权代持”已成为此种特殊出资方式的惯常表述，本书从描述客观事实的角度出发，使用“隐名出资人”称谓，与《公司法解释（三）》规定中的“隐名出资人”表述相一致。

隐名出资样态各异，依出资原因不同，区分为规避法律型隐名出资与非规避法律型隐名出资。前者以规避法律对于投资主体或投资领域的限制性规定为目的；[①] 后者则是基于财不外露或者信赖专业投资机构或投资人的考量。以隐名出资情形是否为公司及其他股东所知作为标准，隐名出资又分为完全隐名出资与不完全隐名出资。[②]

虽然隐名出资人与公司之间并无直接合同关联，但依 2023 年《公司法》第 265 条第 3 项规定，[③] 若显名股东持有股权比例达到绝对或相对控股的程度，隐名出资人可能基于股权代持关系而成为公司实控人。2023 年《公司法》第 84 条第 2 款规定了若其他股东在同等条件下放弃优先购买权，则有限责任公司股东得以向股东以外的人转让股权，[④] 为实控人由公司外部主体转为内部主体提供了依据，但这一转让的有效性应以隐名出资人与显名股东之间就股权转让达成协议作为前提。[⑤]

隐名出资人与显名股东之间的股权代持关系恰与信托法律关系相契合。根

① 甘培忠、周淳:《隐名出资纠纷司法审裁若干问题探讨》，载《法律适用》2013 年第 5 期，第 20—21 页。

② 此类案件参见胡晓静、崔志伟:《有限责任公司隐名出资法律问题研究——对〈公司法解释（三）〉的解读》，载《当代法学》2012 年第 4 期，第 36 页及注 8。

③ 2023 年《公司法》第 265 条第 3 项规定，实际控制人，是指通过投资关系、协议或者其他安排，能够实际支配公司行为的人。

④ 根据 2023 年《公司法》第 84 条第 2 款规定，股东向股东以外的人转让股权的，应当将股权转让的数量、价格、支付方式和期限等事项书面通知其他股东，其他股东在同等条件下有优先购买权。股东自接到书面通知之日起 30 日内未答复的，视为放弃优先购买权。

⑤ 杨姝玲:《隐名出资人法律地位之辨》，载《河北法学》2021 年第 8 期，第 106 页。

据《信托法》将信托界定为一种特殊的财产安排，[①] 股权代持以信任为基础，此与信托类似。若将信托法律关系作为股权代持关系的内在法律逻辑，有利于厘清显名股东、隐名出资人、公司以及第三人之间的复杂关系。在信托法律关系中，信托财产由受托人管理，且独立于受托人的固有财产，受托人处理信托财产的目的在于为受益人的最大利益服务。[②] 在隐名出资法律关系中，隐名出资人作为委托人，以股权代持的方式使显名股东享有名义上的股权，而股权对应的财产转变为公司财产，隐名出资人成为该股权的最终受益人。而且，信托法律关系的委托人与股权代持关系的隐名出资人均具有非公开性，而以受托人和显名股东作为信托财产与股权的名义处分权人，并实施相应的法律行为，例如，与第三方订立合同、起诉、应诉等。[③]

控制股东与控股股东的区隔根源于其拥有股权的实际状态并不一致，二者存在交集，但其身份均是以在公司中登记在册的股权为基础。而对于隐名出资人而言，公司内部治理中并未明确其存在，只有显名股东登记在册，行使股东权利，隐名出资人仅能够支配显名股东的行为，而无法在公司内部治理中凭借法定股东权而直接行使权利。从这一角度而言，隐名股东实则为公司外部主体，只是通过控制内部股东而实现其利益。由此，应将公司内部控制股东身后掌握实际控制权的隐名股东归入实控人范畴，从而实现实控人作为公司外部人身份界定的周延。

---

① 根据《信托法》第 2 条的规定，信托是委托人基于信任将其财产权委托给受托人，由受托人按照委托人意愿以其个人名义，为受益人利益或特定目的进行管理或处分的一种财产安排。

② 《信托法》第 25 条。

③ 周小明:《信托制度：法理与实务》，中国法制出版社 2012 年版，第 97 页。

## （三）实控人与董事的界分

### 1. 实控人与形式董事的非同质性

我国公司法对董事范畴的界定奉行形式主义，[①] 仅承认经过选任所产生的形式董事。[②] 如同实控人与公司股东的源头差异，实控人与董事自产生之初即有不同，董事是公司法认定的公司内部成员，是由公司依法定程序选任产生的经营决策者或管理者，承担着重要的公司运转职能。二者产生原因不同，分处于公司内外，规制路径亦应有别。

域外立法例上形成了实质董事的立法模式，将事实上执行董事业务或操控公司的行为纳入董事义务与责任体系，其中以英国及英联邦国家公司法、我国香港和台湾地区公司法等为代表。[③] 英国《2006 年公司法》第 250 条规定，任何占据董事职位之人，不论其称谓为何，应认定为董事。[④] 与之类似，《澳大利亚公司法》第 9 条规定，公司董事指依法选任的董事、事实上执行董事职务者，以及能够控制董事行为之人。[⑤]《新加坡公司法》第 4 条规定，董事包括以任何名义行使公司董事职权之人，能够对公司董事或大多数董事下达指示或指令的人，以及候补或替代董事。[⑥] 我国香港地区《公司条例》第 2 条对董事的规定亦采实质界定，包括无论以何名义担任董事职位的人，以及法人团体的一众董事或过半数董事惯于按照其指示或指令（不包括以专业身份提供的意见）行事

① 根据 2023 年《公司法》第 178 条的规定，违反法定任职资格而选举、委派董事的行为，属无效委任行为。此种将董事范畴建构在正式董事身份基础之上的立法范式，可称之为董事的形式主义模式。

② 刘斌:《重塑董事范畴：从形式主义迈向实质主义》，载《比较法研究》2021 年第 5 期，第 82 页。

③ 刘斌:《重塑董事范畴：从形式主义迈向实质主义》，载《比较法研究》2021 年第 5 期，第 82 页。

④ Section 250, UK Company Act of 2006.

⑤ Section 9, Australia–Corporations Act 2001.

⑥ Section 4, Singapore Companies Act.

的人。[①] 前述各项域外法律的表述虽有差异，却包含了相似的内容，即将形式董事与实质董事纳入其中。有学者认为，相较而言，我国形式主义的界定方式范围过窄，无法涵盖存在选任瑕疵的董事、失格董事、逾期董事以及非为董事但为董事行为者，应在公司法中构建包括形式董事与实质董事在内的完整的董事范畴，进而对形式董事之外的实质董事追究责任。[②]

在我国现行公司法框架下，形式董事与控制股东、实控人无法构成完整的控制权义务主体，实质董事因其行为对公司治理的影响力亦应纳入义务主体范畴。但实控人概念关注对公司本身的控制与支配，实质董事行为聚焦于董事会内部，[③] 亦具有一定控制性，因此，需要具体分析考察实质董事从主体到行为偏离形式董事的异化性表现，以厘清实质董事与实控人的关系。

**2. 实控人与实质董事关系的考察**

（1）实质董事的类型划分

根据各国立法规定和司法实践总结，实质董事可分为事实董事与影子董事，事实董事指未经法定程序任命，而行为外观上行使董事职权之人，[④] 其要旨在于“不具有形式董事身份”以及“事实上从事了董事行为”。[⑤] Sorensen 认为，影子董事并无董事身份，也不亲自从事董事职权范围内的行为，而是以隐蔽身份操控公司董事行为，进行控制却避免承担责任。[⑥] 影子董事概念首次出现于1917 年的英国公司法中。英国《2006 年公司法》第 251 条规定，影子董事为控

① 我国香港地区《公司条例》第 2 条。

② 刘斌:《重塑董事范畴：从形式主义迈向实质主义》，载《比较法研究》2021 年第 5 期，第 82 页。

③ 刘斌:《重塑董事范畴：从形式主义迈向实质主义》，载《比较法研究》2021 年第 5 期，第 86 页。

④ 黄爱学:《论董事的概念》，载《时代法学》2009 年第 4 期，第 47 页。

⑤ 刘斌:《重塑董事范畴：从形式主义迈向实质主义》，载《比较法研究》2021 年第 5 期，第 93 页。

⑥ Anker Sorensen, *Directors' Liability in Case of Insolvency*, Kluwer Law International 44,44–45(1999).

制公司董事行为之人。[①] 英国法律对影子董事的行为界定可以概括为：大股东为免责，在幕后持续操纵董事行为；不具备董事资格却在事实上对公司董事会进行控制；持股公司持续操纵其子公司业务。[②] 英国法律对影子董事的定义反映了其对公司债权人保护的重视。

有学者认为，对实控人追责不应建立在其控制公司的逻辑之上，而应考察其与董事职务是否存在身份重合，从而以实质董事责任作为实控人责任的基础性考量。[③] 本书认为，根据我国《公司法》对实控人的定义，其与实质董事在部分事项上存在重合，然而，实控人作为公司法与证券法共同的规制主体，与实质董事制度相比有较大的路径差异。[④]

（2）实施控制行为的实质董事与实控人关系的区分性甄别

2023 年《公司法》第 180 条第 3 款规定，无董事身份的控股股东和实际控制人实际执行公司事务的，比照董事承担相应的忠实义务与勤勉义务。这一规定实质上对于事实董事进行了界定，由此，若行为人并不具有适格的董事身份却在事实上行使了相应的董事职权，也应当纳入董事责权利一体化的法律规制范畴，即事实董事应归入公司法中的董事制度体系一并规制。事实上，公众公司与非公众公司均存在此类情形，但非公众公司因其封闭性而存在更大的适用空间。[⑤]

对于影子董事而言，英国法院在判例法上有更为具体的界定。在 1994 年的 Re Hydrodam（Corby）Ltd. 案中，[⑥] 法院将对公司经营决策具有支配力与控制力，足以控制董事会决策的主体认定为影子董事，但这种控制力不必及于公司

① Sections 250, 251, UK Company Act of 2006.

② 赵金龙：《英国法上影子董事制度评述》，载《北方法学》2010 年第 1 期，第 143 页。

③ 郑彧：《上市公司实控人法律责任的反思与构建》，载《法学研究》2021 年第 2 期，第 106 页。

④ 刘斌：《重塑董事范畴：从形式主义迈向实质主义》，载《比较法研究》2021 年第 5 期，第 83 页。

⑤ 刘斌：《公众公司的公司法地位再审》，载《法学杂志》2021 年第 7 期，第 49 页。

⑥ Re Hydrodam (Corby) Ltd. (1994) B.C.C. 161, at 163.

所有行为。在2000年的Secretary of State for Trade and Industry v. Deverell案[①]中，法官认为，如果能够证明某一主体的支配和控制行为使得全部或部分董事对该行为产生服从或因而放弃自身出于董事职位的独立判断，则该主体可以被认定为影子董事，该案判决并未将董事会完全丧失独立性作为影子董事的判断标准，亦即，影子董事的认定不以董事会与支配控制行为人之间存在绝对服从关系为前提。[②]由于公司文化的同源性，我国台湾地区公司治理状况与大陆实质性相似。我国台湾地区于2012年修改“公司法”时新增第8条第3项之规定：“公开发行股票之公司之非董事，而事实上执行董事业务或实质控制公司之人事、财务或业务经营而实质指挥董事执行业务者，与本法董事同负民事、刑事及行政罚之责任。”依文义理解，该规定将对公司的实质性控制力作为影子董事的构成要件，从而使得影子董事与实控人范畴趋同。在立法技术上因偏离了影子董事的本源涵义而受到学界批评。[③]各国或地区立法根据本土的制度逻辑对影子董事的范畴进行取舍，我国台湾地区“公司法”以“对公司之控制力”作为影子董事的构成要件，而英国公司法则相对宽泛，只要对公司业务构成影响即可能被认定为影子董事。

在我国，幕后主体或操纵董事会或多数董事，或操纵少数董事，皆为常见情形。事实董事以外化性的行为行使董事职权，行为效果通过董事会体现，行为的控制性较弱，而若影子董事隐身于公司法认证的主体背后指使其行为从而控制公司，则其着眼点在于以外部隐性身份支配公司行为，行为性质已突破董事行为效果之边界，此时，董事职位已沦为其控制权的工具，而非其行为的依托平台。[④]然而，我国并未建立起如英美公司中发达的董事制度体系，无法将控制人主体全部纳入董事范畴进行规制，但其行为的控制性差异却决定了身份

① Secretary of State for Trade and Industry v. Deverell(2001) B.C.C.1057.

② Stephen Griffin, *Company Law: Fundamental Principles*, Pearson Longman 2006, p.291–292.

③ 曾宛如:《影子董事与关系企业——多数股东权行使界限之另一面向》，载《政大法学评论》2013年第5期，第18页。转引自刘斌:《重塑董事范畴：从形式主义迈向实质主义》，载《比较法研究》2021年第5期，第84页。

④ 事实董事的着眼点在于类比董事职权行事，以在董事会发挥作用。

认证上的不同。相较而言，我国公司制度呈现出一定的独特性，公司内部各主体从制度体系上相互关联却又各自独立，无法承载太多的归入主体，因此，对于实质董事应进行一定的内部区分，纳入相应的主体范畴。申言之，对公司产生控制权的影子董事应纳入实控人范畴，以公司外部人的身份对其进行规制。而且，产生控制权的影子董事若纳入董事范畴，承担董事责任，能够享受公司内部关于责权利的平衡设置，所承担的责任可能较轻，无法与其主观恶意相匹配，因此应当对其施以更为严格的规制，以避免其以隐性身份肆意滥权。

综上，本书认为，对公司形成控制性影响的影子董事应归入实控人范畴，而事实董事以及未对公司形成控制性影响的影子董事应纳入既有董事制度体系。2023年《公司法》第192条规定了特定情境下实控人与董事、高级管理人员的连带责任。[①]“指示”的表述方式体现了实控人利用他人的公司内部身份实施控制权滥用行为，也暗含了受利用的内部人员的工具人性质。此外，该条规定实控人与董事、高级管理人员承担连带责任，也体现了立法目的在于将实控人与内部人从责任上进行区分。若将对公司产生控制权的影子董事纳入董事范畴，则造成了实控人与董事在此种情形下的重合现象，进而无法实现实控人与董事承担连带责任的目的。

（3）实控人与董事责任体系相区分的必要性

有学者认为，在董事责任框架下，当实控人兼具董事身份时，应首先依据董事责任进行追责，并以此为基础，将隐居幕后操控经营管理者实现控制公司目的的实控人以及公司法上约束力较弱的控股股东纳入董事责权利体系之中进行强化规制。[②]对于英美公司股权分散的特点而言，董事会中心主义有其制度优势，将决策权和支配权集中于董事会，以董事会作为公司意志的体现，决定

① 根据2023年《公司法》第192条规定，实控人利用其对公司的影响，指示董事、高级管理人员从事损害公司或者股东利益的行为的，与该董事、高级管理人员承担连带责任。

② 郑彧:《上市公司实际控制人法律责任的反思与构建》，载《法学研究》2021年第2期，第102页。

公司经营活动，进而对董事科以对公司的忠实义务和勤勉义务，通过决策的规范化与职责的明晰化，强化董事的责权利体系，弱化其他主体控制公司的可能性。[①] 中国公司治理实践中，公司股权和控制权的集中化使得董事会异化为实控人控制公司的权力代表，从而影响到履职的独立性。[②] 事实上，实控人种类的多样化与多变性决定了这一设想无法将所有类型的实控人全部纳入董事体系进行规制，反而可能使实控人归责依据的明确性与合理性更加弱化，不利于真正实现对实控人的有效追责。

### （四）从实质董事到其他实质内部身份的性质类推

根据我国 2023 年《公司法》第 10 条第 1 款的规定，公司法定代表人由代表公司执行公司事务的董事或者经理担任。依据《民法典》第 61 条第 2 款的规定，法定代表人以法人名义从事的民事活动，其法律后果由法人承受。法定代表人是公司的代表，对外代表公司签署合同、参加诉讼活动等，一旦公司的法定代表人在合同上签字、盖章，即便公司认为公章系被擅自加盖，亦构成代表行为。法定代表人的越权行为，除相对人知道或应当知道外，该代表行为有效。由此，法定代表人因职务特殊性代表公司行为而具有一定控制权，亦具有被利用的身份价值。20 世纪末，随着多个公司丑闻相应被揭开，公司经理作为丑闻的核心人物使得人们逐渐认识到公司经理方为公司大权的掌控者，而享有法律赋权的董事实际上并未占据主导地位。[③] 事实上，随着公司权力在事实上逐渐下放到经理层，公司经理的地位愈加凸显。有学者提出，应当在“实质董事”之外另设“实质高管”概念，以使实质上行使高管职权者履行实质高管之义务，

---

① Margaret M. Blaire, *Locking in Capital: What Corporate Law Achieved for Business Organizers in the Nineteenth Century*，51 UCLA Law Review 387, 434(2003).

② 邓峰：《董事会制度的起源、演进与中国的学习》，载《中国社会科学》2011 年第 1 期，第 175 页。

③ 吴伟央：《论公司经理义务》，载《证券法苑》第 1 卷，法律出版社 2009 年版，第 93 页。

以避免在立法技术上出现体系性瑕疵。① 同为公司内部治理身份，以实质董事身份性质类推，理论上亦可存在实质法定代表人。由此，事实上的法定代表人因履行代表人行为，而不具有法律和公司章程认可的身份，应归入法定代表人身份予以规制。而隐身于法定代表人背后的控制主体，应区分为内部主体与外部主体，对于内部控制主体，应以其在公司中的实际身份予以规制，对于外部控制主体，应纳入实控人范畴，寻求入法路径。

事实董事或事实法定代表人这类事实主体身份得到认定的前提是，其在公司内部行使相应职权并形成常态，此亦表明公司对其事实上的职务身份进行了肯定，依此职务身份追责，符合公司期待，也符合内部治理的逻辑要求。而外部相对人的判断，并非这一事实身份的决定性因素，否则会造成公司内部分工受外部相对人的认知所左右，进而影响公司的独立性与内部法权分配的稳定性。因此，事实主体身份的认定应以其符合内部主体职权的常态化客观行为来推断公司对其的认可，而非通过外部相对人的主观判断进行确认。徐某与徐某春、沭阳凯澄起重机械有限公司等买卖合同纠纷案即为此例。② 二审法院认定，凯澄公司在 2013 年下半年以后由徐某全权负责处理，徐某国不再过问，且徐某个人银行卡可以直接收支凯澄公司款项，应当认定徐某在本案所涉买卖往来期间能够指挥凯澄公司进行意思表示，实际支配凯澄公司行为，而并非仅仅是经营管理凯澄公司。从理论上而言，狭义实控人不同于公司控制股东，二者身份存在本质性差异。此案中，徐某不再是单纯利用内部人的外部主体，而是在此一人公司中，经唯一股东即其父亲的默认，行使事实上的股东权而成为事实股东。此时，徐某实为广义上的实控人，狭义上的事实股东，将其认定为股东身份更为妥当，从而有效保护债权人利益。二审判决认定徐某属于事实股东，应承担股东责任，适用公司人格否认，对公司债务承担连带责任，实则将之纳入公司法较为成熟的股东责任体系进行追责，在法律适用上尽可能不动摇原有的公司

① 刘斌：《中国公司法的立法技术革新——以立法技术瑕疵评估为中心》，载《大连理工大学学报（社会科学版）》2021 年第 3 期，第 81 页。

② 江苏省盐城市中级人民法院民事判决书，（2020）苏 09 民终 210 号。

内部治理责任体系，具有理论正当性与可行性。

实控人区分之目的在于基于外部主体身份对公司内部治理施加的控制性影响进行单独规制。实质董事由于其行为本身与董事职责发生连接而可以将部分行为类别归入相应的董事规则，对于股东与其他可能产生控制性影响的主体归入制度体系的思路亦如是。对于具有公司内部人形式，或至少持续具有某类内部人相应行为外观的主体，比如事实控制股东、事实董事、事实高级管理人员，应尽量归入相应的公司内部身份。若控制主体仅有个别行为产生表见效果，则不应据此将其归入表见主体的责权利体系进行追责，否则既会破坏公司既有的治理结构，也会使得实控人相关制度空壳化，影响法律适用与实控人立法相呼应。申言之，偶然性表见行为的控制权主体若不具有长期的事实主体身份，这种行为表象上的相似性仅是其实现控制权的手段，并不足以说明公司对其事实主体地位的默许，将其纳入公司既有内部治理框架中则是不适当的。对实控人进行单独规制而不归入既有公司内部治理相对完备的主体责权利体系，能够维持既有体系的稳定性，以免过多的解释与突破造成法律适用的混乱。同时，对于实控人问题进行专项研究，也有利于实控人规制趋于清晰化、确定化。在现有公司治理框架中实现责权利的确定性分配，以确保既有公司法框架的稳定，而将处于公司外部且无长期性内部身份表征却对公司施加控制性影响的行为人纳入实控人范畴，如此，实控人的概念体系即是无重复的、周延的。

从域外法律规制来看，大陆法系控制权规制的立法与实践体现出区别规制的特点。这种规制方式将控制股东与董事按照公司治理结构中的预设身份进行了清晰的划分，与英美法系相比，在对于控制股东的限制方面，法律态度更为果断而明确。这可能与大陆法系股权较为集中的公司传统有关。这种方式有利于维护既有法律体系的稳定性，但在不同身份主体之间的理论化用方面，以及应对可能出现的新型控制人主体上存在着过于僵化的弊端。由此观之，我国将实控人主体身份纳入《公司法》中，并以行为特性为界定基础，体现了相对开放的立法态度，也增加了法律适用的灵活性。法律适用中，在实控人主体身份认定上，应持相对谨慎的态度，事实内部主体认定要以客观行为长期性为前提，归入内部主体责权利规制范畴，偶发行为不足以说明公司对其内部身份的默认，相对人主观认知不能作为决定性因素，应根据其长期的外部人身份将之归入狭义实控人范畴追责。

## 五、实控人的类型化区分

实控人控制形态变动不居，在商事实践中发展出多种形态的结构与复杂的利益关联，进而隐藏身份，实现控制目的。青岛卓迅包装科技有限公司、刁某照民间借贷纠纷案[①]体现了实控人掌握控制权途径的多样性。本案中，金某军因亲属关系而成为隐身于其母身后的实际控制人，又因卓迅公司为金龙公司员工所创建，而得以实际控制金龙公司，这种无法律关系的事实控制权为实际控制人滥用控制权的行为提供了一定的便利，存在控制权滥用的隐患。尽管随着公司制度的发展，实控人可能发展出更多种类与形式，但在现有形态之下，尽可能对其以类型化的方式进行列举，通过归类的方式为实控人身份提供辨识标准，可以为实控人的规制提供一定主体上的辨识依据，实现对号入座：对于控制权主体本身能够起到身份上的提示作用，警示其身份在法律上的可归入性，引导其行为的正向行使；对于法律适用而言，也有利于司法中依照标准作出实控人定性，从而进行相应的责权利评判。

### （一）基于基础法律关系的类型化区分

#### 1. 基于股权投资关系的实控人

股权投资关系为实控人的常态类型，可作进一步细分。一种为隐名出资人通过显名股东间接控制目标公司的双层结构模式，这类情况控制层级简单，主要发生在股东人数较少的有限责任公司之中；另一种为实控人通过较为复杂的间接持股层级关系控制目标公司。后一种情况又可细分为金字塔型实控人和多

① 山东省青岛市中级人民法院民事判决书，（2020）鲁02民终13289号。

层垂直结构型实控人。[①]

早在 1932 年，伯利和米恩斯就发现，通过金字塔型的股权安排，金字塔最顶端的控制人即可用少量投资控制一个庞大的企业集团。[②] 具体而言，实控人首先持有最顶端公司的股份以实现控制，该公司持有下一级两个或两个以上公司的能够实现控制力的股份，该级两个或两个以上公司可以再分别持有其他两个或者两个以上公司的股份而掌握控制权，该控制链可以视实际需要而继续延长，从而实现实控人以少量投资从顶端控制庞大企业集团的目的。金字塔结构是企业集团化的一种重要形式，该结构方式通过多层股权结构不断放大核心公司的控制力，再配合采取加大中间层公司的股权分散度、发行无表决权优先股或债券融资等途径来代替股权融资等方式，进而加快对末端公司的控制速度。[③] 金字塔结构的实际控制情况主要发生在公司集团或关联公司中。[④] 嘉兴鑫远建设工程有限公司与嘉兴广诚企业管理有限公司、郑某华清算责任纠纷案可为示例。该案中，法院认为，被告张某虽非梦之旅公司的股东，但其在梦之旅公司的唯一股东广诚公司占股 51%，通过此种投资关系能够支配梦之旅公司，应当认定为实际控制人。[⑤] 金字塔结构之下，公司控制权的集中愈加容易，集中方式也越发隐蔽。随着公司集团化趋势的加强，金字塔结构的主要功能是促使控制权更容易地集中到实控人手中。[⑥]

多层垂直结构型实控人，指采用自上而下多层、每层只有一个公司的垂直控制模式。在多层控制结构中，上层公司是其紧邻下层公司的控制股东，亦是其他下层公司的实控人。[⑦] 多层垂直投资结构也是建立企业集团的方式之一，

---

① 徐来：《实际控制人法律制度研究》，西南政法大学 2011 年博士学位论文，第 44 页。

② ［美］阿道夫 · A. 伯利、加德纳 · C. 米恩斯：《现代公司与私有财产》，甘华鸣、罗锐韧、蔡如海译，商务印书馆 2005 年版，第 82—85 页。

③ 叶敏：《公司控制人的法律分析》，中国政法大学出版社 2015 年版，第 56 页。

④ 虞政平、王朝辉、吴飞飞：《论公司人格否认规则对实际控制人的适用》，载《法律适用》2021 年第 2 期，第 92 页。

⑤ 浙江省嘉兴市秀洲区人民法院民事判决书，（2018）浙 0411 民初 3471 号。

⑥ 叶敏：《公司控制人的法律分析》，中国政法大学出版社 2015 年版，第 56 页。

⑦ 徐来：《实际控制人法律制度研究》，西南政法大学 2011 年博士学位论文，第 44 页。

可以规避投资风险。

资本市场发达程度与公司集团化程度都是影响控制权配置的重要因素，资本市场发达促进了控制权的流动，公司集团化保障了控制权趋于稳定，若一国资本市场对公司的影响程度不及强有力的企业集团包括金融集团、财团等经济势力时，控制权就可能更多地被控制股东或其他实控人所掌握，如德国和日本。[①]有学者通过经济学实证研究发现，在金融市场发展水平较弱的国家与地区，实控人更倾向于采用金字塔式控制方式，从而形成内部资本市场、缓解融资压力。[②]

持股平台模式也是股权投资的形态之一，通过特殊结构设计为创始人维持其实控人地位提供了解决途径。这里的持股平台一般是有限合伙企业，创始人在企业中担任普通合伙人，对企业经营管理全权负责，即享有百分之百的投票权，并对企业债务承担无限连带责任；而不参与日常经营的股东、风险投资人、股权激励对象担任持股平台的有限合伙人，以其认缴出资额为限对合伙企业债务承担责任。创始人仅具有普通合伙人身份，占有极少量目标公司股份或不持有股份，而投资平台占有绝对优势股份，合伙企业成为目标公司的绝对控制股东。如此，创始人通过控制合伙企业，成为目标公司的实控人，从而维持其作为创始人的控制地位。

**2. 基于特定协议关系的实控人**

特定协议关系主要包括控制权协议关系、委托代理关系和信托关系。其中以委托代理方式形成的实际控制关系中，代理人在代理权限内，以实控人名义实施民事法律行为，并对实控人发生效力。信托关系中，实控人作为委托人，将其资产委托于受托人，出资财产所有权发生转移，独立于实控人与受托人，而成为受控公司财产，实控人、受托人与受控公司之间形成信托关系，实控人最终受益，前述“股权代持”中关于信托关系的分析即为示例。特定协议关系

---

① 叶敏:《公司控制人的法律分析》，中国政法大学出版社 2015 年版，第 57 页。

② 江金锁:《市场环境、实控人控制方式与负债治理效应——基于中国上市家族企业的研究》，经济科学出版社 2014 年版，第 91—92、121 页。

的分类方式中，控制权协议内部控制关系相对复杂，以下详论之。

（1）表决权契约

表决权契约是指非股东主体通过与股东订立协议的方式取得股东持有股份的表决权，从而在股东大会投票以支配或控制公司的重大决策。表决权契约形式多样，包括但不限于股权信托、表决权征集、表决权协议等方式。非股东通过表决权契约来获得公司表决权，若表决权数量占绝对或相对优势，亦可对公司形成控制性影响。表决权信托是表决权信托的典型方式，基于信托法律关系，股权的收益权与表决权相分离，股东将股份表决权让与受托人享有，而若股份代表的表决权数量足够多，信托期限足够长，受托人则可以通过这种名义股东关系长期行使表决权，从而实现对公司长期的支配与控制。①

（2）公司支配协议

公司支配协议为控制人与目标公司之间订立的协议，控制人通过直接订立协议的方式取得目标公司控制权。公司支配协议包括管理合同、利益分享协议、公司托管协议和公司承包或租赁经营合同等多种形式。《德国股份法》对公司支配协议有明确规定，根据这种协议，控制公司可以给从属公司直接下达指令，只要控制公司对从属公司及其股东作出利益担保安排，它甚至可以给从属公司下达对其不利但对控制公司或集团内的其他公司有利的指令，从属公司必须服从。② 控制公司通过支配协议获得对从属公司经营的支配权与控制权，我国的公司承包经营与租赁经营合同本质上也具有公司支配协议性质。

（3）协议控制

控制权协议，又称为协议控制，此种实际控制形态的出现源于境内民营企业的外向型融资需求。2000 年新浪网率先采用协议控制模式赴美上市。在协议控制中，上市主体对于境内经营主体的控制并非通过直接或间接的股权控制关

---

① 郭富青:《论公司实控人的民事侵权赔偿责任——三重法律关系的路径透视》，载《商事法论集》第 21 卷，第 301 页。

② 郭富青:《论公司实控人的民事侵权赔偿责任——三重法律关系的路径透视》，载《商事法论集》第 21 卷，第 301 页。

系实现，而是通过包括资产运营控制协议、借款合同、股权质押协议、认股选择权协议、投票权协议、独家服务协议等一系列商业协议，控制境内经营主体，获取利润。在协议控制模式中，实控人通过境外上市主体实现控制权，控制的核心实体是与境外上市公司的控股子公司有着协议关系的利益实体，此即美国会计准则所称的可变利益实体 (Variable Interests Entity, VIE)，[①] 因此，协议控制模式又被称为 VIE 模式。

**3. 基于所有制关系的实控人**

依实控人控制企业的所有制关系之不同，实控人可以细分为国有实控人、民营实控人与外资实控人。

国有企业是我国最具特色的重要企业形态，也是我国历史原因所形成的主要的企业形态之一。根据《企业国有资产法》的规定，与国有股权行使相关联的主体包括国家、国务院及地方政府、各级国有资产监督管理机构、经批准或授权能够投资经营国有资产的国有独资企业和国有独资公司、[②] 国家出资企业、企业经营管理人员等。简而言之，国有实控人为国家、政府、监管机构、投资运营主体、国有企业、经营者等六个层级。有学者将之归纳为“多级双向”的委托代理关系，即国家所有权转变为企业的国有股权，实际控制权在以上六个主体之间，相邻层级基于委托代理关系而存续，从而在初始委托人和最终代理人之间形成一个“代理链条”，每个中间人均扮演着上一级代理人和下一级委托人的双重角色。[③] 也有学者将国家出资企业的产权结构，认定为国家统一所有基础上的信托架构，其中，全国人民是受益人，即实质权利人，国家是委托人，即实控人，国务院等主体是受托人。[④] 国有实控人具有一定的地位优势，其控制权的行使具有天然的优势，更易对企业进行控制，实控人的法律规制应及于国有实控人，对其行为进行有效规制具有重要意义。本书认为，将国有实际控

① 唐旗:《论对“协议控制”模式的监管》，载《证券市场导报》2012 年第 4 期，第 18 页。
② 即学界所指的国有资产投资运营机构。
③ 张培尧:《国有控股权行使法律制度研究》，中国法制出版社 2014 年版，第 39—40 页。
④ 刘俊海:《公司法学》( 第 3 版 )，北京大学出版社 2020 年版，第 435 页。

制模式解读为信托架构，符合“政企分离”的理念，有利于赋予企业更多的自主权，从而更好地理顺国有实控人与企业之间的关系。

民营企业与国有企业相对，是指没有国有资本参与的企业，由此，民营实控人即指非国有性质的具有支配与控制性影响力的企业。民营企业投资较为灵活，其作为市场化主体的天然逐利性也决定了民营实控人以其隐蔽身份规避法律规制的强烈动机。民营实控人往往通过设计复杂的结构隐藏自己的身份，实现对目标企业的控制，前述 VIE 架构则是民营实控人的重要控制形态之一。

我国对外资实控人的身份确认，体现于《最高人民法院关于审理外商投资企业纠纷案件若干问题的规定（一）》（2020 年修正）中，根据该规定第 15 条，未经外商投资企业审批机关批准的股权代持合同，其效力不受影响；实际投资者请求外商投资企业名义股东依据合同履行相应义务的，人民法院应当给予支持；双方未就利益分配进行约定，隐名出资人向显名股东就其从外商投资企业获得的收益请求交付的，人民法院应予支持。该规定确立了外资企业股权代持合同有效的裁判规则，[①] 也确立了实际投资人即隐名股东权益受到保护的法律地位。当隐名股东对企业的投资额足以对公司产生控制力时，则成为外商投资企业的实控人。

### （二）基于所处层次的类型化区分

在金字塔、多层垂直关系的控制模式中，根据实控人在公司控制链条上所处的层次，可以将实控人划分为中间实控人和终极实控人。这种分类有利于理清公司集团中的网络关系，对于公司、实控人履行披露义务意义重大。中间实控人是指处于多级控制链条中间环节的公司。处于中间环节的每一个公司，都是其紧邻下一级公司的控股公司，也是与其不相邻的下级公司的实控人，处于控制链条上的所有公司，都互为关联公司。终极实控人是处于公司控制链最顶端的主体，可以是自然人，也可以是法人或非法人组织，终极实控人对所有关

① 刘俊海：《论股权代持的法律性质和效力》，载《河北大学学报（哲学社会科学版）》2021 年第 5 期，第 133 页。

联公司都具有控制权。德国康采恩纵向与横向关联公司的形式形成了上下级的隶属型结构和平等的合作型结构，纵向康采恩即为公司集团。公司集团虽然实行统一康采恩领导，但集团中的各成员企业均具有法律上的独立性，各自拥有公司机关，并根据企业自身需要履行相应的机构义务。[①]

公司集团是实控人分层控制的典型形态，母公司通过间接持股子公司股份成为实控人，从而通过关联交易获取利益，因此，现代公司发展过程中，公司集团成为大型商业的重要组织形式，但对于公司集团而言，尚无法律上的清晰定义。在 Walker v. Wimborne 一案中，澳大利亚联邦最高法院将“公司集团”描述为“一组通过共同持股或交叉持股等途径联系起来的具有控股关系的公司的总体”。澳大利亚公司法兼受英国公司法与美国公司法的影响且极具特色，亦存在一些领先性制度。虽然澳大利亚公司法尚无关于公司集团的统一性概念，但其对于“关联公司”和“被控制实体”的规定，却可以为实控人关联交易行为的界定提供重要参考。[②]

《澳大利亚公司法》第 46 条规定，如果一家公司控制了另一家公司的董事会构成，或者在另一家公司的股东大会中持有或控制超过半数的投票权，或者持有另一家公司股份超过半数，则母子公司关系成立。其他条款进而对全资子公司与最终持股公司作出规定。[③]最终持股公司与其控制的所有子公司构成一个公司集团，公司集团中的各家公司互为关联公司。[④]这其中的“控制”含义模糊，且“半数”之规定亦过于僵化，从而给规避行为带来可乘之机。1998 年澳大利亚公司法修改，首次将“被控制实体”标准引入公司交叉持股场景之中，

---

① ［德］托马斯·莱塞尔、吕迪格·法伊尔：《德国资合公司法》（上册），高旭军等译，上海人民出版社 2019 年版，第 844 页。

② 黄辉：《现代公司法比较研究——国际经验及对中国的启示》，清华大学出版社 2020 年版，第 293 页。

③ 根据《澳大利亚公司法》规定，如果一家公司的全部资本来自另一家公司的投资，则前者为后者的全资子公司；如果一家公司持有其他公司的股份，而该公司中并无其他公司投入的资产，则该公司称为最终持股公司。

④ 黄辉：《现代公司法比较研究——国际经验及对中国的启示》，清华大学出版社 2020 年版，第 294 页。

并在第259E条对“控制”进行规定，即判断一个公司是否有能力对另一个公司产生法律或事实上的控制力，需要考察前者对后者的财务和经营政策等方面能够施加的影响力，以及施加这种影响力所采用的行为方式。而且，“实体”涵盖范围广泛，将公司、合伙企业、自然人等均纳入其中，“被控制实体”定义运用周延的语词概念将各种情形包罗其中，以避免相关控制实体规避法律的行为。①

澳大利亚公司法虽未就公司集团形成独立的规范体系，但却将公司集团内部的控制关系区分为关联关系标准和被控制实体标准。前者是传统的法律标准，类似于我国《公司法》对于控股股东的规定；后者明显受到了会计标准的影响，其目的在于克服前者的僵化与局限，赋予司法机关更大的自由裁量权，从而保障法律适用中的灵活性，类似于我国2023年《公司法》中对于实控人的规定（其中将2018年《公司法》第216条关于实控人的定义修改为涵盖了控股股东的广义实控人概念）。我国公司法上关于控股股东的概念与发展中的实控人概念并列存在于附则对于用词含义的解释之中，类似于澳大利亚公司法中关于公司集团概念的二元标准。本书认为，这种二元标准看似矛盾，实则起到了互补性作用，为公司集团的概念提供了较为周延的标准。对于符合“关联公司”概念的公司集团形态，适用“关联公司”标准，实现法律适用的确定性；对于其他控制性场景，适用“被控制实体”标准，从而确保法律对于各类控制行为的规制。

### （三）基于主体性质的类型化区分

依据主体性质差异，可将实控人划分为自然人类型和法人与非法人组织类型，这两种类型均可通过股权投资关系与特定协议关系形成实际控制权。法人与非法人组织需要通过转移财产所有权，以间接出资的方式构造信托法律关系，从而实现对目标公司的控制。而自然人可以通过间接出资方式控制公司并获取

① 黄辉：《现代公司法比较研究——国际经验及对中国的启示》，清华大学出版社2020年版，第295页。

利益，亦可以特定身份关系实现控制，自然人类型中则涵盖了特定身份关系形成的公司创始人、精神领袖类实控人与基于家庭成员的股权共有关系或家族亲缘关系的实控人。这其中，家族公司的实际控制关系最为常见。在家族公司中，家族成员的控制方式不仅限于股权投资，在公司运行过程中，亲属关系或其他人际关系也成为掌握控制权的基础，具体体现为父子、母子、夫妻、兄弟姐妹等家族亲属之间，一方通过对另一方的控制，对于另一方直接控制的公司形成间接的、事实上的控制权。我国民营企业中，家族控制公司的情况也较为常见，这种控制模式确保了家族利益的传承，但也易于与公司和股东利益产生冲突。

韩国的财阀集团是实现家族控制的典型方式。在韩国，家族控制财阀集团，财阀集团控制公众公司，进而实现家族对公众公司的控制。集团主席往往居于财阀公司首要位置，也是控制家族的领导者，集团中的职业经理为家族服务，而非将公司和股东利益置于首位。①

不同的类型化标准可以实现实控人不同种类的区分，但各种类型之间并非完全割裂，存在着主体性质、结构模式等不同程度的交叠。事实上，实控人类型难以列举穷尽，随着实控人的发展，其种类可能更为丰富。但无论如何，上述基本的分类标准为实控人的界定提供了一定指引，也有利于厘清实际控制权行使所产生的实控人与公司等利益相关主体的法律关系，从而为下文研究实控人民事赔偿责任的法律适用问题提供基础性思路。

① 张英:《财团兴衰与韩国的企业改革》，载《社会科学战线》2002 年第 2 期，第 29 页；林震:《论韩国现代化进程中的财阀问题》，载《亚太经济》2004 年第 2 期，第 24—26 页。

# 第三章
# 实控人控制权滥用之民事赔偿责任的理论基础

## 一、控制权私人收益合理性的法律认定

### （一）控制权私人收益的概念

经济学理论对公司控制权经济价值的认知经历了从无到有的发展过程。[①]伯利和米恩斯认为，在公司股权结构极度分散的情况下，股东普遍存在“搭便车”现象，控制权并无实质的经济价值。随着公司治理研究范围的扩展，大量研究发现，除美国、英国、加拿大等少数国家外，大部分国家和地区的公司所有权结构都较为集中，大股东的控制使投票权产生了经济价值，即控制权收益价值。[②]

尽管 JenSen 于 1976 年即提出了在职消费问题，认为经理通过对公司的控制权能够享受到货币收益和非货币收益，然而，格罗斯曼和哈特最先提出了控制权私益这一概念，将控制权私益及企业利润等共享收益均纳入控股股东的收益。[③] Bebchuk 等研究认为，控制权私益由两个核心要素构成；其一，占有主

① 马磊、徐向艺:《中国上市公司控制权私有收益实证研究》，载《中国工业经济》2007 年第 5 期，第 56 页。

② 贾明、张喆、万迪昉:《控制权私人收益相关研究综述》，载《会计研究》2007 年第 6 期，第 86 页。

③ Sanford J. Grossman, Oliver D. Hart, *The Costs and Benefits of Ownership:A Theory of Vertical and Lateral Integration*, 94 Journal of Political Economy 691,716(1986).

体为控制股东；其二，占有性质为独占性，即控制权私益对于其他股东而言不具有可分享性，而这种独占性即隐含了对于中小股东利益的侵占性。①

货币收益是控制权私益的主要实现途径，有学者将货币收益的实现途径分为两种，即挖掘隧道方式和构建金字塔方式。②挖掘隧道又可细分为两种情形，其一为控制股东以关联交易攫取公司资产实现控制权私益，③其二为控制股东通过稀释股票等更为隐性的方式损害弱势股东利益进而获取控制权私益。④虽然这两种形式的挖掘隧道行为都对中小股东利益造成侵害，但却不能完全受到法律的规制。Ehrhardt 研究认为，控制权私益中的非货币收益除乐趣收益之外，还应包括声誉收益，且家族企业和公司创始人对此更为看重。⑤

Claessens 等研究认为，构建金字塔式的控制结构可以实现控制权与现金流量权的分离，从而实现控制权私人收益。⑥王鹏和周黎安研究认为，金字塔结构的激励效应弱于控制权的侵占效应。⑦Dyck 和 Zingales 研究了一国法律制度对于公司控制权私益水平的影响，发现控制权私人收益高低与一国资本市场的制度规范程度呈负相关关系，这些制度涵盖了投资者保护、执法效率、会计

① Bebchuk, Lucian Arye, Kahan, Marcel, *Fairness Opinions: How Fair Are They and What Can Be Done About It*, 1 Duke Law Journal 27, 27(1989).

② 贾明、张喆、万迪昉：《控制权私人收益相关研究综述》，载《会计研究》2007 年第 6 期，第 90 页。

③ Simeon Djankov,Rafael La Porta, Florencio Lopez–de–Silanes, Andrei Shleifer, *The Law and Ecnomics of Self-dealing*, Working Paper(2005).

④ 贾明、张喆、万迪昉：《控制权私人收益相关研究综述》，载《会计研究》2007 年第 6 期，第 90 页。

⑤ Ehrhardt, Olaf and Nowak, Eric, *Private Benefits and Minority Shareholder Expropriation*, Humboldt University, Working Paper(2003).

⑥ Stijn Claessens, Simeon Djankov, Joseph P. H. Fan, Larry H. P. Lang, *Disentangling the Incentive and Entrenchment Effects of Large Shareholdings*, 6 Governance and Expropriation 2741, 2743—2744(2002).

⑦ 王鹏、周黎安：《控股股东的控制权、所有权与公司绩效：基于中国上市公司的证据》，载《金融研究》2006 年第 2 期，第 97 页。

准则、税收制度等多个方面。[①]LLSV对不同法系的控制权私益进行比较研究发现，与普通法系国家的公司相比，大陆法系国家公司的控制人的控制权私益水平更高，对中小投资者的保护更为不力。[②]Doidge等研究发现，美国发达的资本市场法律制度对于外国公司赴美上市的决策产生了一定的阻却作用，即当外国公司的控制权私人收益较高时，因为担心美国资本市场对于控制权的限制而降低了赴美上市的意愿，而且，公司控制股东的控制权私益水平在公司上市之后明显下降。[③]Edwards和Weichenrieder在研究中也发现，德国资本市场中也存在控制股东利用金字塔结构过度攫取控制权私益，进而损害公司利益的现象。[④]Xueping Wu和Zheng Wang研究指出，控制权私益的高低也影响到再融资方式的选择，当控制权私益较高时，控制股东为防止股权稀释，会倾向于选择配股方式以维持其控制利益的水平。[⑤]

控制权私人收益的独占性特征，使得控制人在获得控制权私人收益的同时，也造成了相应的外部影响。Chrisman J等在研究中提出，对于家族公司而言，职业经理人对公司的运营管理可能影响家族控制权的实现，与家族利益产生冲突。[⑥]过度追求控制权私人收益，降低企业价值，损害中小投资者权益，亦会使资源投入与公司决策偏离公司利益最大化目标。但控制权私人收益为零显然

---

① Alexander Dyck, Luigi Zingales, *Private Benefits of Control: An International Comparison*, 59 The Journal of Finance 537, 537—540(2004).

② La Porta, Rafael, López–De–Silanes, Florencio, Shleifer, Andrei, Vishny, Robert W., *Investor Protection and Corporate Governance*, 58 Journal of Financial Economics 3, 3(2000).

③ Craig Doidge, G. Andrew Karolyi, Karl V. Lins, Darius P. Miller, Rene M. Stulz, *Private Benefits of Control, Ownership, and the Cross-listing Decision*, 64 The Journal of Finance 425,425(2009).

④ Jeremy S. S. Edwards, Alfons J.Weichenrieder, *Ownership Concentration and Share Valuation*, 5 German Economic Review 143,155(2004).

⑤ Xueping Wu, Zheng Wang, *Equity Financing in a Myers-Majluf Framework with Private Benefits of Control*, 11 Journal of Corporate Finance 915,920(2005).

⑥ Chrisman J, Memili E, Misra K, *Nonfamily Managers, Family Firms, and the Winner's Curse: The Influence of Noneconomic Goals and Bounded Rationality*, 38 Entrepreneurship Theory and Practice 1103,1115(2014).

是过于极端的，也是不可行的，合理适度的控制权私人收益能够对控制人产生一定的激励作用，使其关注公司的生存与发展，因为其私人收益的取得与公司的发展情况密切相关。由此，强调合理范围内的控制权私人收益是必要的，也是可取的。①

### （二）控制权私益合理性的法律论证

阿瑟·考夫曼 (Arthur Kaufmann) 强调法是“实然与应然的适应”，② 公司控制权的配置与行使作为应然与实然状态也应于公司治理法规中有所体现。控制权行使的正当性是实然与应然结合的目标之所在，控制权的合理配置与正当行使应成为公司治理的核心关注点。Goshen 和 Hamdani 研究认为，控制权私益合理性的确认，实则对于经营者为公司发展作出的努力予以肯定，而这种正向激励也会促使经营者更好地服务于公司事务，作出更有智识的决策。当这些商业决策受到市场认可并胜出时，公司也将因此获得超过均值的市场回报。③ Dalley 提出，控制权溢价亦是资本市场中投资者进行股权交易的重要动机，对于控制权私益的不当限制将会损害投资者的积极性，进而对于股权收购产生抑制效应。④

美国公司法并不否认控制人因控制事实而获得控制权私益的行为，但若控制人违反对于公司的信义义务而对公司利益造成损害，则需要承担法律责任。⑤ Zetlin v. Hanson Holdings，Inc. 一案确立了“控股股东出售控股权的溢

① 贾明、张喆、万迪昉:《控制权私人收益相关研究综述》，载《会计研究》2007 年第 6 期，第 91 页。

② ［德］U. 诺伊曼:《考夫曼的生平与思想》，郑永流译，载《比较法研究》2002 年第 1 期，第 111 页。

③ Zohar Goshen, Assaf Hamdani, *Corporate Control and Idiosyncratic Vision*, 125 Yale Law Journal 560, 577–578(2016).

④ Paula J. Dalley, *The Misguided Doctrine of Stockholder Fiduciary Duties*, 33 Hofstra Law Review 175, 221 (2004).

⑤ 美国法律研究院:《公司治理原则：分析与建议》上卷，楼建波等译，法律出版社 2006 年版，第 378 页。

价收益并非对于其他中小股东滥权”的观点。[①] 只要不影响公司日常经营活动，控制人利用持股优势通过表决对公司事务施加影响的行为，可以被接受。

学者认为，股东获得有限责任保护，亦需注意保持与公司之间人格及财产的分离。[②] 股东出资且不干预公司内部经营，从而得以就其出资财产承担有限责任。[③] 作为分离说的主要代表人物，德国法学家威廉 (Wilhelm) 也认为，不具有公司董事身份的股东应负有不影响公司经营管理的谨慎义务，否则应对公司由此造成的不良后果承担法律责任。[④] 英美法与德国法学者普遍认为，控制股东实际控制权与影响力之存在，使其与公司和弱势股东之间存在一种事实上的信义关系，这也是控制股东诚信义务的理论基础，[⑤] 控制股东控制权的行使应以不损害公司、弱势股东和第三人的合法权益作为前提，应将控制权主体与其他相关利益主体的利益冲突降到最低程度。[⑥] 控制股东诚信义务实则对控制权行使划定了一定的边界，从而填补了资本多数决原则、表决权自由行使原则与有限责任原则等制度漏洞。[⑦] 实控人通过行使对公司控制权而追求控制权私人收益，其身份更为隐蔽，而行为影响力却不低于控制股东，理应承担一定的分离义务，不因其控制权而扰乱公司正常的管理秩序。

实控人是一类较为特殊的经济现象，其产生、发展与一国特有的公司发展历程、资本市场发展情况以及社会环境密切相关。我国公司法已经建立起较为系统的公司内部治理体系，然而，这种治理制度适用的普遍性仍有待商榷。对于某些中小型公司而言，控制权的正当行使对于公司发展的意义可能更为重大，

---

① 397 N.E. 2d 387 (N.Y. 1979).

② 郭富青:《论控制股东控制权的性质及其合理配置》，载《南京大学学报（哲学·人文科学·社会科学版）》2011 年第 2 期，第 67 页。

③ 虞政平:《股东有限责任：现代公司法律之基石》，法律出版社 2001 年版，第 318 页。

④ 范健、赵敏:《论公司法中的严格责任制度》，载《中国法学》1995 年第 4 期，第 69 页。

⑤ 宋从文:《公司控制权正当行使的实证分析》，载《法律适用》2009 年第 4 期，第 40—41 页。

⑥ 郭富青:《论控制股东控制权的性质及其合理配置》，载《南京大学学报（哲学·人文科学·社会科学版）》2011 年第 2 期，第 65—66 页。

⑦ 习龙生:《控制股东的义务和责任研究》，法律出版社 2006 年版，第 98—99 页。

这种情形下，应当考虑到实际需要而为实控人正当行权预留一定的空间，若其不违反法律强制性规定且不以损害公司及利益相关人利益为代价，实际控制权应是存在一定适用空间的。[①]事实上，并非所有的实控人都向往饱其私囊。对于控制权私人收益的合理维护与有效规制亦可能成为实控人引领公司攻坚克难的动力。实控人控制地位的取得往往对应着先期支付的高额成本，以及对公司业绩作出的贡献，因此，控制权私人收益的合理性应为法律所确认，并通过义务的加持，使实控人的控制权行使不损及各利益相关主体的正当权益。

## 二、实控人义务的理论证成

### （一）实控人的义务相对方

公司治理的终极目的在于维护公司的生存权与发展权。实控人作为公司外部治理的关键性主体，其控制权私益的获取借由对公司的控制行为而实现，控制行为得当与否也会直接影响到公司的利益甚至生存与发展，因此，实控人应对公司负有一定义务，以约束其行为，保护公司利益。

对实控人经济学上的实证研究表明，内部控制在促进企业社会责任履行的规范化和可持续性方面具有直接作用。[②]控制权的正当行使，一般仅涉及公司和股东利益的提升或至少无损，但控制权滥用，却可能影响到公司、股东，甚至其他利益相关者。日本著名经营社会学家富永健一教授提出的社会企业观认为，社会位于上位体系系统，企业位于下位体系系统，企业具有实现私利的功能，亦承担着部分社会责任，社会不应该是为企业的社会，而企业则应该是为社会的企业，这才是正确的企业认识观。因此，公司在追求经济利益的过程中，

① 郭富青:《论公司实际控制权：性质·渊源·法律导向》，载《甘肃政法学院学报》2011年第1期，第118页。

② 李志斌:《内部控制、实际控制人性质与社会责任履行——来自中国上市公司的经验证据》，载《法律适用》2013年第10期，第87页。

应兼顾社会利害关系人的利益，而且这种制度安排应及于所有为公司进行专业性资本、技能等投资的利益主体，包括股东、职工、债权人、消费者等。[①]因此，公司社会责任基于社会契约特质而具有了法律责任的属性，要求公司在为自身与股东逐利的同时，应承担起维护第三人利益的义务。从某种程度上而言，公司利益的受益人不仅限于外部实控人、公司本身、股东，还包括外部其他利益相关者（下文统称为“第三人”）。尽管第三人并无公司控制权可行使，亦无剩余索取权可资分享公司剩余利益，但是其自身权益却可能因公司控制权的行使而受到不利影响。

投资者购买公司发行的证券，以获取收益为目的，如何保证投资者获得回报是公司治理的关键性问题，关乎投资者的信任与公司融资的竞争力。如何限制控制权私益过度攫取公司利益，并有效防止其损害投资者特别是广大中小投资者权益，是公司治理需要关注的重点。实控人的隐蔽性与控制性决定了其获取控制权私益具有天然的优势，在缺乏投资者法律保护的极端情况之下，实控人会利用公司资源掠夺公司投资者利益，理性投资者则不会投资。公司以发行股票和债券作为主要融资方式，能否吸引广大投资者的关注与投资，关乎公司的生存与发展，取决于公司治理的规范与业绩的保障。实控人若滥用控制权损害公司利益，可能波及投资者收益的获得，投资者对于投资的法律环境与公司治理规范性的不信任会影响公司融资，不利于资本市场的稳健发展。因此，实控人的义务相对人不仅限于受其控制的公司，还应包括广大投资者，即股东和债权人，而债权人相对于公司与股东而言，作为公司外部主体，归属于第三人范畴。从公司治理与公司生存发展的角度考虑，实控人的义务相对方应包括公司、股东与第三人，方可实现利益相关主体区分的周延。下文也将以这三类主体作为控制行为所及的利益主体展开更为深入的研究。

---

① 赵万一：《公司治理法律问题研究》，法律出版社 2004 年版，第 347—348 页。

## （二）信义义务扩张的理论正当性

### 1. 实控人义务配置之必要性

（1）组织结构视角下的信义义务

Blaire 指出，董事会中心主义强调董事会拥有公司事务的决策权与支配权，并由此对董事配置了忠实与勤勉义务，对于公司投资者而言，董事会的强势地位能够在一定程度上抑制股东的控制行为。[①]Bainbridge 提出，股东会中心主义的核心在于董事会对于股东权利的优先性考量，从而在公司运行过程中确保股东利益优先于债权人等相关者利益。[②]董事会中心主义强化了董事会的职权，然而，也容易滋生管理者过度控制行为，影响投资者利益保护。股东会中心主义强调董事会的服务性功能，而强化股东的出资人地位，从而有利于公司运营过程中对股东进行有效保护。

肯尼斯·阿罗教授指出，组织治理的核心在于以责任制约权力滥用行为，从而促进执行行为与决策的一致性，进而实现组织发展的平衡。[③]董事和高管作为公司内部治理中不可或缺的运营者，其与公司存在着基于职务而生的信义义务，而对于控制股东和实控人而言，是否存在类似的信义义务，则是存在争议的。[④]公众公司股权分散，股东对公司影响力较弱，并无法律规制的必要性。[⑤]相较于中小股东而言，控制股东处于相对强势的地位。Henn 对于控制股东的义务进行了推导性论证，认为根据衡平法，控制股东因其控制权得以支配公司内部主体，理应因这种优势地位承担与受支配主体类似的忠实义

---

① Margaret M. Blaire, *Locking in Capital: What Corporate Law Achieved for Business Organizers in the Nineteenth Century*, 51 UCLA Law Review 387, 434 (2003).

② Stephen M. Bainbridge, *The New Corporate Governance in Theory and Pratice*, Oxford University Press, 2008, p.8–12.

③ ［美］肯尼斯·阿罗：《组织的极限》，陈小白译，华夏出版社 2014 年版，第 98 页。

④ Mary Siegel, *Fiduciary Duty Myths in Close Corporate Law*, 29 Delaware Journal of Corporate Law 377,390 (2004).

⑤ Iman Anabtawi, *Shadow Directors*, 62 UCLA Law Review, Discourse 95,95(2014).

务。[1]Arnold 提出控制股东的信义义务具有特定性，仅产生于公司收购等特定场景之中。[2]Miller 则认为，信义义务实则与股东自利权相矛盾，对股东科以信义义务实则是对于股东正当权利的不当约束。[3]

（2）实控人义务配置的必要性

从法理上而言，实控人享有对公司的控制权并借以获取控制权私益，而这一控制权的非正当行使，可能在不同程度上对公司、股东与第三人利益产生影响。因此，需要对实控人配置一定的义务，从而对其控制行为产生一定的约束，对该义务的违反则成为追究实控人责任的前提。

实控人是在公司产权结构和内部治理体系之外衍生出的经济现象。客观而言，只要实控人注意其行为边界，尊重公司独立性，不触及公司及利益相关人权益，对公司无负面影响，即为履行了基本性的义务。实控人作为外部事实控制主体而存在，对于内部人控制之弊端亦有一定的抑制作用。[4]公司法对于实控人的态度应遵循产权结构或客观经济发展的内在需求，通过合理手段进行规制，从而避免事实控制行为对公司产生不利影响，对各方主体起到利益平衡作用。随着实控人在公司治理场景中作为隐性控制主体的现象逐渐增多，不应再将其作为个别现象临时从立法技术上施以法律责任的规制，而应接受其作为能够影响公司治理架构的独特存在，从法理上深入研究，为其存在的合理性、可持续性与可归责性奠定坚实的理论基础，方能匡正这一经济现象对公司乃至社会发展的不利影响，使实控人的存在渐趋规范。而且，实控人问题因责任而生，归责之本质是使背离义务之人承受不利益，因此，必须对实控人义务的性质从

---

① Harry · G. Henn, *Handbook of the Law of Corporation and Others Business Enterprise Eagan Minnesota*, Westpublishing Company, 1970, p.477.

② M. Thomas Arnold, *Shareholder Duties under State Law*, 28 Tulsa Law Journal 213, 220(1992).

③ Sandra K. Miller, *How Should U.K. and U.S. Minority Shareholder Remedies for Unfairly Prejudicial or Oppressive Conduct Be Reformed*, 36 American Business Law Journal 579, 627(1999).

④ 陈洁:《实际控制人公司法规制的体系性思考》，载《北京理工大学学报（社会科学版）》2022 年第 5 期，第 8 页。

法理上进行厘定，方能使后续关于责任的讨论具备理论基础。

**2. 信义义务的历史追溯**

英美法系公司制度发达，公司法律文化根深蒂固，信义义务历史悠久，判例法与制定法兼而有之。[①] 美国的公司制度最为发达，信义义务作为其公司内部治理制度的基石，对董事、高级管理人员甚至控制股东施以高标准的法定义务，从而为相对弱势的公司、中小股东等利益相关主体提供倾斜性保护，以促进衡平正义法律价值之实现。[②] 不完备契约理论认为，面对不确定的世界，公司关系契约基本上都是不完备的，这种不完备性在公司运营中衍生出剩余控制权，该控制权对公司各利益相关主体产生巨大影响，并进而衍生出代理问题以及控制主体的道德风险。[③] 信义义务具有对公司契约不完备性的弥补功能，将各方对于控制权主体的信义预期从法律上加以固化，从而以威慑性的制度方案代替耗费成本的外部监督。[④]

股东将其资产投入公司转变为公司资产，董事对公司资产进行管理，在这一组织运作过程之中，董事的控制作用凸显，董事权力因而成为首要规制对象。董事与公司之间的关系与典型的信托并不完全相同，在信托关系中，受托人以自己的名义按照委托人的意愿处分信托财产，董事基于履职需要对公司财产进行处分，对于处分财产的权利状态不同，[⑤] 但这并不影响二者在履职上的相似性。因此，英美法系国家将董事与公司之间的关系归结为信托关系或代理关

---

① 郭富青：《我国公司法移植信义义务模式反思》，载《学术论坛》2021 年第 5 期，第 72 页。

② 郭富青：《我国公司法移植信义义务模式反思》，载《学术论坛》2021 年第 5 期，第 74 页。

③ 傅穹、王志鹏：《公司控制权滥用规制的法理基础与司法判断》，载《社会科学战线》2011 年第 5 期，第 190 页。

④ ［美］弗兰克・伊斯特布鲁克、丹尼尔・费希尔：《公司法的经济结构》，张建伟、罗培新译，北京大学出版社 2005 年版，第 103 页。

⑤ 葛伟军：《英国公司法：原理与判例》，中国法制出版社 2007 年版，第 198 页。

系。[①]信义义务并非成文法创设之义务，而是通过法官对法律或合同进行解读而确立的衡平法上的义务标准，其目的在于防止义务方损害到权利方的财产而导致权利方承担不利后果。[②]董事与公司之间基于公司财产而产生类似于信托的关系，从而对公司承担信义义务。[③]

早期判例确立了董事对公司承担义务的原则，通过类比手法将董事与公司的关系确定为信义关系，并以信托关系为基本法律逻辑推演出董事对于公司承担忠实义务与审慎注意义务。[④]后来，董事对公司的信义义务被公司制定法吸收，上升为成文法规范。美国《信托法第二次重述》第 170 条将忠实义务定义为受托人只能为受益人利益、不能为本人和第三人利益行事的义务。1986 年《英国破产法》第 214 条明文规定，董事对于其在公司破产临界期实施的过错交易行为给债权人造成的损失，须对债权人承担法定责任。[⑤]

美国各州在成文法层面均未规定控股股东对非控股股东承担信义义务，法院对此亦持保守态度，[⑥]即便予以肯定，也限定于狭窄的适用范围之内。在 Windmuller v. Standard Distilling Co. 案中，法院认为，不能因为股东持有相对多数股票而将其认定为其他股东的受托人，也不能认定其在董事选任或股权转让时对于其他股东负有信义义务。[⑦]特拉华州衡平法院认为，公司对于资产享有独立的所有权与支配权，因此，当股东对于某个事项行使投票权时，并不应当

---

① 冯果:《强化董事义务的若干法律思考——兼谈我国公司法的完善》，载《法制与社会发展》1997 年第 2 期，第 30 页。

② Wheeler v. Abilene Nat. Bank Bldg. Co., 159 Fed. 391 (8th Cir. 1908).

③ 郑彧:《上市公司实际控制人法律责任的反思与构建》，载《法学研究》2021 年第 2 期，第 99 页。

④ Percival v. Wright, 2 ch 421(1902). Feiner Family Trust v. VBI Corp., 2007 U.S. Dist. LEXIS 66916.

⑤ 郭富青:《我国公司法移植信义义务模式反思》，载《学术论坛》2021 年第 5 期，第 72 页。

⑥ Steven L. Emanuel, *Corporation*, Citic Publishing House, 2003, p.249–250.

⑦ 106 App. Div. 246 (N.Y. App. Div. 1905); Jerry B. Helwig, *The Fiduciary Duty of Controlling Shareholders*, 7 Western Reserve Law Review 467,469(1956).

对公司承担信义义务。[①] 也有学者提出，控制股东并不似公司董事一样需要在公司经营中以高度注意义务持续履职，但对其提名董事或高级管理人员的情形或者转让公司控制权的情形，应当负有审慎调查、合理注意义务以及持续监督的义务。[②] 以上观点体现出控制股东承担信义义务的共性，只有当控制股东行使控制权行为对于公司核心事务产生不正当的支配性影响时，才可能被追究违反信义义务的责任。[③]

特殊情形下，信义关系也会向股东与股东之间拓展，这种信义关系主要存在于控制股东与弱势股东之间。在该种信义关系中，实则将控制股东拟制为受托人，因之对公司的支配与控制性影响，令其对公司承担类似于董事的信义义务。[④] 在封闭公司中和公司濒临破产的特殊情况下，董事与个别股东、董事与债权人之间也会出现不对等关系，判例法将视具体案情例外地判决董事对个别股东或债权人承担信义义务。[⑤] 美国 1919 年 Southern Pacific. Co. v. Bogert 一案中，最高法院大法官认为，控制股东行使控制权时，应当对公司、中小股东、董事、职员承担信义义务。[⑥]1969 年，Jones v. H. F. Ahmanson & Co. 一案的判决以及加州最高法院的维持判决，均确认了控制股东对于公司和弱势股东的信义义务。[⑦] 判决认为，控制股东基于大额资本份额与多数表决权而获得优于中小股东的支配地位以及对公司的控制权，依照衡平法中处于优越地位之人应负忠实义务的原理，对公司具有控制权的控制股东亦应担此义务。Donahue v.

---

① Northern Counties Sec. Ltd. v. Jackson & Steeple Ltd., 1974, 1 W. L. R. 1133, 1144 (Ch.).

② 宋从文:《公司控制权正当行使的实证分析》，载《法律适用》2009 年第 4 期，第 42 页。

③ Marcel Kahan & Edward B. Rock, *When the Government Is the Controlling Shareholder*, 89 Texas Law Review 1293,1321(2010).

④ 张开平:《英美公司董事法律制度研究》，法律出版社 1998 年版，第 176 页。

⑤ Kinsela v. Russell Kinsela Pty Ltd.,10 ACLR 395(1985–1986).

⑥ Southern Pacific Co. v. Bogert, 250 U.S. 483(1919); Craig Doidge, G. Andrew Karolyi, Karl V. Lins, Darius P. Miller and Rene M. Stulz, *Private Benefits of Control, Ownership, and the Cross-listing Decision*, 64 The Journal of Finance 425,425(2009).

⑦ 1 Cal. 3d 93(1969).

Rodd Electrotype Co . 案的判决对于确认控制股东的信义义务具有里程碑意义。[①] 该案中，公司在股份收购过程中，对于控制股东与弱势股东采取了不同的对待方式。上诉法院判决指出，被告公司必须在废除股权收购交易与对中小股东股份提供同等收购价格两者之中择一而为之。[②] 该案中，上诉法院实则以控制股东的身份作为信义义务的判断标准。与此不同，特拉华州最高法院采用了客观经营标准，将商业判断规则、实质公平原则以及适用于特殊场景的中间标准原则，作为判断控制股东是否对公司负有信义义务的标准。[③]

#### 3. 信义义务的有序扩张

英美法系公司法研究根据信义义务的产生方式将控制股东的信义义务分为两类，一类为直接式，即控制股东基于受托人的优越地位，对中小股东负有信义义务，此为衡平法上的义务；另一类是间接式，即基于董事和高级职员对公司及股东所负有的信义义务，而认定通过董事和高级职员得以支配公司的控制股东也应负有信义义务。[④] 为实现对实控人的有效规制，信义义务应从主体、对象与内容上实现有序扩张。在主体上，既有信义义务主体仅限于公司内部治理结构中的董事、高管等在法律上有明确权力配置的主体，其往往以“受人之托、忠人之事”的思想，按照公司内部治理的权力配置履行岗位职责。而实控人对于受控制行为影响的利益相关主体而言，是终极性的受托人，应当纳入承担信义义务的主体范畴，由此，信义义务扩展至公司外部主体，具有正当性。

---

① 328 N.E. 2d 505(Mass. 1975). 公司对于一名控制股东的部分股份以一定价格进行收购，而对于另一小股东提供的股份，却拒绝以同样价格进行收购。对此，上诉法院强调，公司股东与股东之间均应相互承担最大的善意与忠实义务，控制股东不得利用自身优势地位排挤其他弱势股东。

② 朱慈蕴:《资本多数决原则与控制股东的诚信义务》，载《法学研究》2004 年第 4 期，第 111 页。

③ The Delaware Law of Corporations and Business Organizations(1996) § 4.9.

④ 冯果:《控制股东信义义务：一个悬而未决的理论课题》，2005 年 2 月 19 日在日本同志社大学举行的“中国公司法律制度研讨会”上提交的论文，转引自郭富青:《论公司实际控制人的民事侵权赔偿责任——三重法律关系的路径透视》，载《商事法论集》第 21 卷，第 299 页。

在对象上，实控人行使控制权影响的对象范围理论上应当包括公司内外各相关利益主体，尽管诸如职员、公司社会责任对应主体等在实践中应更多依赖于其他法律手段进行规制，但这并不妨碍其成为控制行为的相对方，信义义务的对象范围因为控制权对公司的影响力而确有扩展。在内容上，两大法系公司法关于公司负责人信义义务的规定相似度较高，概括而言即对公司承担忠实义务与注意义务。[①] 相较而言，实控人对于控制公司的行为方式更具有多样性与不确定性，由此，信义义务范畴相对更为抽象而广阔，方能应对复杂多变的控制行为。综上，信义义务向实控人的扩张是必要的，也是合理的。

实控人的控制权不能脱离法律规制存在，而须在法律框架内合法行使。英美法系采混同规制模式，不直接将控制股东作为单独类别进行区分，而将其融入既有的公司治理结构和董事责任制度，以达到间接性的规制效果。这种模式的良好运行依赖于董事责任制度的包容性与判例法的成熟性，而这些与我国的公司治理结构与成文法的法律传统并不一致，但其对于控制股东信义义务认定的谨慎性以及避免打破以董事为公司治理中心的对于既有公司治理文化的尊重，为我国对实控人的责任规制提供了可资借鉴的理念。

信义义务是矫正不对等社会关系的有效法律手段。[②] 关键资源理论认为，受托人对委托人的关键资源行使自由裁量权时即形成信义关系。[③] 在信义法律关系中，受托人基于受托职责对于受托财产享有控制与支配的权力，根据委托人的意愿为受益人利益服务，由此，也存在受托人滥用权力损害委托人或受益人利益的风险；委托人或受益人较之受托人处于弱势地位，自我救济能力不足，需要法律介入以实现保护。[④] 为控制权主体配置信义义务，实则对控制权主体施加一定的约束，从而避免可能出现的控制权滥用问题，因此，应当将信义义

① 周友苏：《新公司法论》，法律出版社 2006 年版，第 388—389 页。

② 郭富青：《我国公司法移植信义义务模式反思》，载《学术论坛》2021 年第 5 期，第 73 页。

③ Smith D G. , *The Critical Resource Theory of Fiduciary Duty*, 55 Vanderbilt Law Review 1399, 1402(2002).

④ Tamar Frankel, *Fiduciary Law*, Oxford University Press, 2010, p.5-6.

务作为控制权滥用规制的首要法律策略。[①] 给实控人配置信义义务，实则为其控制权的行使匹配了相应的风险，以此约束促使控制权主体谨慎行为，并激励其在约束之范围内有效行权。[②] 考虑到公司控制权主体与控制权相关利益各方之间利益冲突、代理成本、不完备契约的存在，以及控制权滥用行为的多样性与复杂性，将既有公司法内部治理中的信义义务扩展到公司外部治理的实控人规制之中，以衡平正义之理念解决控制权滥用问题，化解控制权滥用风险，具有充分的理论正当性。

## （三）实控人义务的本土化选择

### 1. 信义义务的法律表达之比较

公司控制权利益之大，必然加剧公司当事各方对其非法争夺、交易以及滥用的道德风险。[③] 英美法系国家与大陆法系国家对于控制权的规制主要体现于对控股股东的规制，且已经发展出较为成熟的义务规则，但采取的具体法律对策有所差异。[④] 美国特拉华州公司法通过一系列判例确立了控股股东的信义义务；[⑤] 英国法创设了不公平损害制度，将控股股东认定为受托人，从而基于“公平”标准履行注意义务。[⑥] 在大陆法系国家，多采用诚信义务的解释路径，而信义义务仅是诚信义务在具体案件中的表现形式。例如，法国以“多数者不得滥用权利原则”为基础，对控股股东科以忠实义务，以限制多数股东在股东会

---

① 傅穹、王志鹏:《公司控制权滥用规制的法理基础与司法判断》，载《社会科学战线》2011 年第 5 期，第 189 页。

② 蔡立东:《公司自治论》，北京大学出版社 2006 年版，第 86—87 页。

③ 傅穹、王志鹏:《公司控制权滥用规制的法理基础与司法判断》，载《社会科学战线》2011 年第 5 期，第 188 页。

④ Leon Anidjar, *A Macro-level Investigation of Transatlantic Controlling Shareholder's Fiduciary Duty*, 42 Legal Studies 1, 5(2022).

⑤ Sinclair Oil Corp. v. Levien, 280 A. 2d 717(Del. 1971); Zahn v. Transamerica, 162 F. 2d 36,42–43(3d Cir.1947).

⑥ Luca Enriques, Tobias H. Troeger, *The Law and (some) Finance of Related Party Transactions: An Introduction*, European Corporate Governance Institute (ECGI)–Law Working Paper, 411(2018).

上表决权的行使；[①] 德国法院也将董事对公司的忠实义务扩大适用于控股股东，[②] 而且，当中小股东对于决定公司存亡的重要事项具有事实上的控制权时，德国法院也将这一忠实义务临时扩展及于中小股东。[③] 事实上，对于控股股东的义务配置本源，无论是英美法系基于衡平法的信义义务，抑或大陆法系源于债法的诚信原则，皆为抽象的法律技术之载体，是实现法律价值的工具。对于实控人而言，其义务的配置与控股股东类似，皆源于对控制权规制之目的。尽管2023年《公司法》第180条第3款增加了公司“实际控制人不担任公司董事但实际执行公司事务”情形下的义务规定，但这种事实董事的情形从主体规制的角度实则归入了董事范畴，而不属于本书讨论的外部实控人规制问题。鉴于外部实控人在我国《公司法》项下义务空白的现状，需要赋予法官在法律适用中的自由裁量权，这种自由裁量权需要将人类共同的价值准则即公平正义运用于具体案件，而这种价值准则的具体表述则依赖于本国的法律传统。

我国的学界论述中，大多将控股股东和实控人的义务表述为“信义义务”，而证券监管规则中多采用“诚实信用”的表述方式。2010年出台的《上海证券交易所上市公司控股股东、实际控制人行为指引》（已失效）即为示例。[④] 该规定对于控股股东和实控人的诚实信用、正当行权提出了明确的行为指导，将其行权目的与公司发展相连接，体现出我国在公司控制权人规制方面的重要进步。

---

① Celine Gainet, *Controlling Shareholders' Fiduciary Duties Owed to Minority Shareholders-A Comparative Approach: The United States and France*, 3 Entrepreneurship, Finance, Governance and Ethics 137,158(2013).

② Carsten Gerner-Beuerle, Michael Anderson Schillig, *Comparative Company Law*, Oxford University Press, 2019, P.625-630.

③ Carsten Gerner-Beuerle, Michael Anderson Schillig, *Comparative Company Law*, Oxford University Press, 2019, P.631-632.

④《上海证券交易所上市公司控股股东、实际控制人行为指引》第一章总则第1.4条规定："控股股东、实控人应当遵守诚实信用原则，依照法律法规以及上市公司章程的规定善意行使权利，严格履行其做出的各项承诺，谋求公司和全体股东利益的共同发展。"第1.5条规定："控股股东、实控人不得滥用权利，通过关联交易、利润分配、资产重组、对外投资等方式损害上市公司及其他股东的利益。"

### 2. 诚信义务的缘起与本土适用

1804 年的《法国民法典》第 1134 条最早以成文法的形式正式确立了诚实信用原则，然而彼时该原则仅为合同法原则，直到 1861 年的《巴伐利亚王国民法典草案》和 1866 年的《德累斯顿草案》，诚实信用原则才被认定为债法的一项基本原则，并最终在《德国民法典》第 242 条中得以确认。1907 年的《瑞士民法典》对德国法模式进行了突破，将诚实信用原则由仅适用于债法的基本原则拓展至作为民法的一项基本原则加以规定。《瑞士民法典》第 2 条规定："任何人都必须诚实信用地行使其权利，并履行其义务。"自此，诚实信用原则的适用对象由义务人扩张到包括权利人在内的普遍性主体，适用的法律关系也由债权债务关系扩展至一般性民事权利义务关系。20 世纪以来，诚实信用原则在大陆法系民法中得以迅速发展，并逐渐成为一项帝王原则。[①]

在我国，诚实信用原则是《民法典》明确确认的原则，根据《民法典》第 7 条规定，民事主体从事民事活动，应当遵循诚信原则，秉持诚实，恪守承诺。诚实信用原则以其高度的抽象性与概括性成为重要的民法原则，既为民事主体从事民事活动提供行为指引，又为司法机关处理民事纠纷提供解决思路。在诚实信用原则的指导下，民事主体开展民事活动应当以此作为行为准则，善意不欺、恪守信用地行使权利、履行义务。我国《民法典》采民商合一的立法体例，商法作为民法的特别法，也应以诚实信用原则为基本性原则，鼓励商事行为益人利己。王利明教授认为，诚实信用原则主要目的在于防止行为主体从事有损商事道德之行为，[②] 亦即，诚实信用原则对于规范商事交易行为具有重要意义。对于实控人而言，诚实信用原则为责权利的配置提供了指导性的法律原则。实控人在行使对公司的事实控制权时，应恪守诚实信用原则，虑及公司长远发展的利益追求，履行增益性义务。所谓权利之所往，乃诚信义务

---

① 王利明:《论公序良俗原则与诚实信用原则的界分》，载《江汉论坛》2019 年第 3 期，第 130 页。

② 王利明:《论公序良俗原则与诚实信用原则的界分》，载《江汉论坛》2019 年第 3 期，第 130 页。

之所至。①

基于诚实信用原则填补法律漏洞与合同漏洞的功能，发展出了多项新原则，禁止权利滥用原则即在此列。②《德国民法典》实施以来，权利的社会化观念开始形成，人们开始意识到对于私权限制的必要性。《德国民法典》第 226 条规定，“权利的行使，不得专以加损害于他人为目的”，由此开创了禁止滥用权利的立法先河。但该原则的适用将权利人以损害他人为权利行使之唯一目的作为前提，若还具有其他目的，则不构成权利滥用。从比较法上来看，为保障权利行使不背离其设定目的，各国在立法层面已经对民事权利的行使作出了若干限制性规定，但由于权利行使纷繁复杂，无法列举穷尽，就需要一个一般性原则对权利的正当行使进行概括性规定，这就产生了禁止权利滥用制度。③《日本民法典》第 1 条第 3 项开宗明义，将禁止权利滥用纳入民法基本原则。我国《民法典》总则编第五章第 132 条也规定了民事主体不得滥用民事权利损害国家利益、社会公共利益或他人合法权益，此处即隐含了禁止权利滥用原则的适用，应当将其理解为民法的基本原则之一，同时亦应适用于商事法律中对实控人的规制，成为平衡实控人控制权行使的基本性义务，并作为责任承担的必要前提。

诚实信用义务作为增益性义务，提升了实控人义务的高度，对于实控人控制行为提出了较高要求，由此，对于义务相对人的范围也应有所限缩，避免诚实信用义务的泛化给实控人造成过重负担。诚实信用原则的内涵较为抽象，内容随社会发展而变化，难以发挥行为底线的作用。相较而言，禁止权利滥用则体现为一种对于基本性财产权利进行保护的底线性思维，其标准更为具体，适用范围也更为广阔。以此原则，能够突破诚信义务对于相对性关系的强调，

① 刘俊海：《论控制股东和实控人滥用公司控制权时对弱势股东的赔偿责任》，载《法学论坛》2022 年第 2 期，第 83 页。

② 王利明：《论公序良俗原则与诚实信用原则的界分》，载《江汉论坛》2019 年第 3 期，第 133 页。

③ 王利明：《论禁止滥用权利——兼评〈总则编解释〉第 3 条》，载《中国法律评论》2022 年第 3 期，第 2 页。

而将实控人义务扩展至更多的公司相关利益主体，从而拓展了实控人义务的宽度。

根据2023年《公司法》第265条之定义，实控人本质为能够实际支配公司行为之人，考虑到第三人是公司外部主体，实控人与之法律关系较远，互不干涉应成为义务考量的出发点，因此，只要实控人控制公司的行为不触及第三人利益，即为履行义务，也即遵循了禁止权利滥用之义务。但对于公司和股东而言，实控人的义务应不止于此。由于实控人控制公司的行为通过对公司产生影响进而获益，公司受到的影响亦会传导于股东，进而与股东利益产生必然的关联。

我国民法主要继受大陆法系法律传统，又蕴含了中国社会发展实践的创新之处。实控人规制也应顺应这一立法背景与趋势，在法律适用中注重与立法理念和术语的一致性。实控人虽然处于公司之外，但其行使控制权的行为对公司、股东和第三人利益产生影响，因此，对其他人负有广义上的受托义务。诚实信用原则主要适用于权利行使和债务履行[①]，禁止权利滥用主要是对各权利主体发挥行为底线的作用，对于实控人义务，应以诚实信用和禁止权利滥用为基本原则。在此基础上，以诚实信用义务提升实控人义务的行为高度，以禁止权利滥用义务增加实控人义务的确定性并拓展实控人义务适用的宽度。对于实际行使公司内部职权而实现控制权的实控人，应当按照其内部身份适用既有公司治理制度上的行为规制，而对于以外部主体身份实现控制权的实控人，应以诚实信用义务和禁止权利滥用义务作为一般性原则，进而根据具体场景进行特定性义务的考量。

---

① 此债务履行指具有直接债权债务关系的相对人之间，因此，实控人对于债务人并无诚信义务。王利明:《论公序良俗原则与诚实信用原则的界分》，载《江汉论坛》2019年第3期，第129页。

## 三、控制权滥用行为的追责前提

### （一）公司中的二元法权关系

公司内部法权分为横向权利与纵向权力，体现出鲜明的“权利 + 权力”的二元构造。其中，权利按照横向路径在股东、债权人及平等主体之间进行分配，具有当然的私权性质，而权力按照纵向路径在公司内部治理机关之间进行配置，具有公司内部的公权性质。二者的配置目的有所不同，横向权利配置目的在于实现各私权主体的经济利益，而纵向权力配置的目的在于促进公司生存发展权的实现。① 事实上，公司中权利与权力的区分也是社会经济关系在商事组织中的具体体现。② 权利与权力之间具有密不可分的关系。公司内部权力机关的产生派生于股东私有性股权所产生的表决权利，公司权力对于公司和相关利益主体具有服务性质，即以公权为私权提供利益保障；权利约束权力并对其进行监督，以防止公司内部权力的行使损害私权主体的利益。③ 权利与权力之间的区别也应引起重视。公司治理中的权力虽为公权性质，但其行使关乎众多主体利益，因而具有共益性；而股东、债权人等私权主体的权利属于个体性权利，具有明显的私益性质。二者行使的自由度也有所差异，权利由个人在合规范围内行使，可转让可放弃；而公司内部机关的权力行使属于履职行为，既为职务行为，则对公司和利益相关人负有责任，不得放弃或转让，否则即为失职，需要承担法律责任。④

① 郭富青:《公司法权形态二元配置的法理解析》，载《甘肃政法学院学报》2010 年第 2 期，第 51 页。

② 《中国大百科全书》（法学），中国大百科全书出版社 1984 年版，第 485 页。

③ 郭富青:《公司法权形态二元配置的法理解析》，载《甘肃政法学院学报》2010 年第 2 期，第 51 页。

④ 郭富青:《公司法权形态二元配置的法理解析》，载《甘肃政法学院学报》2010 年第 2 期，第 54—55 页。

公司是具有拟制法律人格的商事主体，其权力能力来源于法律、章程和协议等的授权，通过法人治理结构来实现，并以分权制衡作为权力配置原则。法定权力明确了各机关之间的权力边界，章定权力实质上体现了公司权力的自我治理，① 权力配置协议对公司的控制权和经营管理权作出重新安排，形成公司集团，进而影响成员子公司的治理结构和经营方式。② 作为私法中的组织法，公司法采用授权性、禁止性和限制性法律规范进行权力分配，③ 授权性规范在有限条件下进行利益划分，④ 禁止性规范调整权力分配方向，限制性规范为权力分配设定范围。禁止性和限制性规范作为强制性规范，明确地为逐利行为设定标准，从而以可预见性的后果设定形成威慑力，进而起到阻却违法的效果。⑤

## （二）控制权滥用对于公司内部法权配置的影响

现实对法律的偏离是一个多国共有的普遍性问题，⑥ 德国司法也体现出对于过度追求控制权私益的否定性态度。1922 年，德国莱比锡法院在一项判决中指出，股东行使权力之时，不得一味追求特别利益而不顾及公司利益，否则即构成对公序良俗的违反。⑦ 也有其他大陆法系国家将民法中的禁止权利滥用原则作为确立控制股东义务的理论基础，以此规制控制行为，从而防范控制股东利

---

① ［马来西亚］罗修章、王鸣峰：《公司法：权力与责任》，杨飞等译，法律出版社 2005 年版，第 117 页。

② 郭富青：《公司法权形态二元配置的法理解析》，载《甘肃政法学院学报》2010 年第 2 期，第 62 页。

③ 郭富青：《公司法权形态二元配置的法理解析》，载《甘肃政法学院学报》2010 年第 2 期，第 59 页。

④ John Austin, *The Province of Jurisprudence Determined*, 31 Philosophy 165, 166(1956).

⑤ 甘培忠：《公司控制权的正当行使》，法律出版社 2006 年版，第 271 页。

⑥ 王保树：《股份公司组织机构的法的实态考察与立法课题》，载《法学研究》1998 年第 2 期，第 44 页。

⑦ 郭富青：《论控制股东控制权的性质及其合理配置》，载《南京大学学报（哲学·人文科学·社会科学版）》2011 年第 2 期，第 69 页。

用优势地位损害公司和弱势股东的利益。[①]

实控人的出现打破了公司法权的二元配置模式，其在实务中拥有着控制公司的大权，在法律上却游离于责任规制之外，这有违权责一致理论，体现出公司治理结构法律设计的应然与实然状态的差异，造成了公司法与公司经营现实之间的差距，对于维护公司法所奠定的二元法权关系的稳固性提出了挑战。控制人对公司拥有主要权力要素，[②]内部控制人享有组织法上的权力，而外部实控人则拥有私权性质的控制权。

控制股东权力的膨胀易导致角色的错位，过度追逐私利却罔顾公司的整体利益和其他利益相关者的权益，股权的异化发展为控制权的异化，进而破坏公司内部既有的法权关系。[③]实控人对于二元法权关系的影响则更为明显。实控人是公司外部主体，却对公司形成控制权，其不在公司内部治理的法律关系考量范围之内，没有公司法上完整的责权利配置，却享有控制权私人收益。公司法上的权力配置以静态理想型的公司为规范对象，而具体到现实公司的动态运转情形，原有的理想状态往往被突破，法律赋予控制权的主体事实上无法控制公司，而无法定身份的主体却可能掌握公司的实际控制权。公司控制权作为一种动态性经济权利，其天然的逐利性使其具有致损的可能性。[④]股权分散公司中，股东搭便车的现象往往导致内部控制权的缺位，而在股权集中的公司，若公司、章程或协议所进行的权力初次分配或再分配不够周延，亦会影响公司的原有权力制衡结构，给公司外部主体以可乘之机。实控人的出现，一定程度上填补了公司法的真空地带，对原有理想化法权关系进行了外部性补充，有利于

① 甘培忠:《论公司控制股东的法律地位及权力制衡》，载沈四宝等主编:《公司法与证券法论丛》，对外经济贸易大学出版社 2006 年版，第 60 页。

② 郭富青:《论控制股东控制权的性质及其合理配置》，载《南京大学学报（哲学·人文科学·社会科学版）》2011 年第 2 期，第 61 页。

③ 郭富青:《论公司实际控制权：性质·渊源·法律导向》，载《甘肃政法学院学报》2011 年第 1 期，第 117 页。

④ 李胜兰、黄健梅:《公司控制权行使的正当性分析——一种法律经济学视角》，载《中山大学学报（社会科学版）》2005 年第 3 期，第 97 页。

公司在本土环境中更好地生存发展，[①] 但也有可能产生破坏性效果，使得理想化的法权配置发生扭曲和异化。

### （三）控制权滥用导致损害结果

与公司内部法权行使的直接性、确定性与稳定性相比，外部主体的实际控制权具有一定的隐蔽性、不确定性和临时性。公司法需要在公司运行过程中不断应对从应然到实然，从主体、行为到结果的各种动态性变化。实控人伴随着公司的发展而出现，法律无法将此种经济现象强制性消除，却可以探究与其配套的制度措施，施加影响，避免异化性影响所产生的不利益。此种不利益即为实控人滥权行为对公司、股东和第三人利益所造成的损害结果。当损害造成对受损主体权益状况不利的改变，受损主体遭受的具体不利应当得到相应的补偿，因此，该损害是和主体相关联的。换言之，若被侵害主体没有遭受损失，则他的请求权在内容上落空，无损害之侵害并不产生赔偿，对于实控人而言，只有其滥权行为对利益主体造成实际损失，方才具备讨论责任的前提。对于实控人的控制权，仅配置信义义务尚不足以产生足够的约束，因为此种义务认定的逻辑起点在于不损及其他主体利益的“禁止权利滥用”的底线思维，即便考虑实控人对公司存在增益性质的诚实信用及信托义务，这种增益与控制公司所带来的巨大利益亦无法相提并论。孟德斯鸠有云：“权力者都容易滥用权力。”[②] 救济法将抽象的法律规则转化成具体的法律结果。只有对实控人滥用控制权行为所致损害配置相应的法律责任，才有可能形成足够的威慑作用，[③] 对非常态控制行为的异化性影响起到阻止或修复的作用，从而保护公司、股东和第三人的利益。

---

① 郭富青：《论控制股东控制权的性质及其合理配置》，载《南京大学学报（哲学·人文科学·社会科学版）》2011 年第 2 期，第 63 页。

② ［法］孟德斯鸠：《论法的精神》，张雁深译，商务印书馆 1982 年版，第 138 页。

③ 郭富青：《论控制股东控制权的性质及其合理配置》，载《南京大学学报（哲学·人文科学·社会科学版）》2011 年第 2 期，第 67—68 页。

## （四）责权利的因果关联

公司治理具有社会性，对一国经济发展产生重要影响，应遵循经济法原则。以刘文华教授为代表的中国人民大学经济法学派率先提出责权利效相统一是经济法的总原则，并将其作为经济法基本原则的理论基石。[①] 这一原则在经济法学者的研究中也呈现出不同的重点，并得以发展深化。以刘瑞复教授为代表的学者提出的"责权利相统一原则"是代表性观点之一。该观点认为，责权利相统一不仅对于经济主体自身适用，在经济主体之间以及经济主体与国家之间也同样适用。"权"指与义务相匹配的经济权利，"利"指因权利而生的经济利益，"责"指因滥用权利违反义务而承担的不利法律后果。责权利密切相关，权利是获取利益、承担责任的前提和基础，利益是行使权利的原动力，责任是正当行使权利的保障。[②] 经济法作为社会法，具有公私交融的属性，站在社会本位的角度，追求社会效益，循此逻辑，责权利效的原则亦应为公司治理所遵循。

与此同时，公司作为重要的民商事主体，具备显著的民事法律关系主体的私权属性，亦应适用民事法律关系三位一体论。根据该理论，民事法律关系由民事权利、民事义务和民事责任构成，三者作为民事法律关系的重要内容，以对立统一的逻辑实现共存。具体而言，民事法律关系包括双方主体之间的权利义务关系和权利责任关系，这两种关系具有时序性而不会共存，权利义务关系在先、权利责任关系在后，中间须经历一个转化的过程。[③]

法律经济学派的关系契约理论与不完备契约理论为实控人的责权利配置及其正当性提供了理论基础。一方面，麦克尼尔将企业组织视为关系性契约的典型，根据其主张，企业本身就是契约关系的产物，而这种契约关系来源于市场和企业之间的互动性活动，亦即，企业在市场的活动构成契约关系的本源。[④]

① 高桂林、李帅:《责权利效相统一是经济法的总原则——论刘文华教授为代表的人大经济法学派对经济法基本原则的理论贡献》，载《广西社会科学》2013 年第 4 期，第 78 页。

② 刘瑞复:《经济法学原理》，北京大学出版社 2000 年版，第 107—108 页。

③ 丁海俊:《论民事权利、义务和责任的关系》，载《河北法学》2005 年第 7 期，第 119 页。

④ 罗培新等:《公司法的法律经济学研究》，北京大学出版社 2008 年版，第 24 页。

另一方面，不完备契约理论认为，公司是各参与方之间所签订的长期契约，由于契约的不完备性，投资者对目标公司进行投资，但控制股东、实控人却要行使控制权从公司获得收益，控制人与目标公司在利益上可能产生矛盾与冲突，这类控制主体的身份与控制行为及其给公司治理带来的影响虽然未得到公司法的明确肯定，却已发展为公司治理的现实状态，成为公司运行的必然逻辑。① 于是，公司法可以发挥其对于公司契约漏洞的填补作用，一方面，承认实控人控制权正当行使之合理性，避免对其进行过度干预；另一方面，为其配置适当的义务，特别是从法律上对其进行规制，使控制权滥用行为入法，从而解决实控人责权利不匹配的之问题。

公司内部治理中，机关设置与权力配置的根本目的在于实现公司权利的分配与制衡。我国 1993 年《公司法》第 6 条规定，“公司实行权责分明、管理科学、激励和约束相结合的内部管理体制，”其分权与制衡的理念，体现了责权利相一致的原则，值得延续与发展。此处讨论的“责权利”中的“责”即“责任”，应从广义上理解为涵盖义务与责任的不利益，公司内部控制权行使与公司外部控制权行使的根本目的皆为追求利益，与此相应的责任亦应成为其重要约束。二者区别之处在于，公司内部治理的控制权，已为公司法与公司章程所预见，在法定框架之下进行相应的责权利设置，判别与规制依据可循；而作为一种事实隐性存在的公司外部控制权无法在现有公司法框架下寻找规则支持，其利益与责任也并无明确的法律预设进行判别，但两类控制权所应遵循的责权利一体化的原则却应是一致的。

申言之，我国《公司法》对于股东、董事、监事、经理等均规定了明确的权力、义务与责任，使得责任追究有了明确的前置性基础，而对于实控人而言，并无权利义务的公司法预设，却在规制关联交易的第 22 条将其设置为与股东和董监高相并列的责任主体。立法上的安排体现了实控人作为外部主体，不宜纳入内部治理框架的态度，但实控人在责任部分出现，足见其滥用控制权对于公

① 赵旭东:《公司治理中的控股股东及其法律规制》，载《法学研究》2020 年第 4 期，第 97 页。

司治理造成的影响，及实控人责任问题纳入法律规制的必要性。这种责权利配置的不足，使得实控人追责路径不够清晰。由此，对于外部控制权的发展，应基于责权利事实上的因果关联，找寻合理的入法路径进行规制，匡正其责权利的失衡，使外部控制权的存在趋于合理。公司治理并非静态存在，而已发展成为公司内外部主体及其行为互动的模式，从内外两个维度讨论公司控制权的性质与责权利的因果关联，方能实现对问题考察的全面与逻辑上的周延。

实控人的责权利应在一体化框架之下进行考量，即实控人因控制公司而成为公司法中的概念主体，其因公司利益而产生控制权私益。由此，实控人与公司具有最为紧密的联系，而实控人的控制行为对公司产生最为直接的影响，进而影响到股东与其他公司利益相关主体，而实控人与除公司之外的利益主体并无直接行为上的联系。因此，实控人的责权利相一致应作如下解读：实控人对公司具有控制权，获得控制权私益，此为实控人权利；实控人应对公司负有诚信义务，此为实控人义务；实控人因违反权利和义务对其应当预见的公司利益共同体所造成的损失负有损害赔偿责任。由此，可将实控人的责权利进行平衡性配置，避免实控人因义务过重导致行权谨慎，也避免实控人对利益相关主体造成损害从而承担较重的赔偿责任。

## 四、实控人的追责思路

### （一）民事赔偿责任的请求权基础

#### 1. 请求权基础的学理阐释

请求权是重要的民法概念，也是相对复杂的权利体系，包含两层内容：一是与支配权相对应的民事权利类型意义上的请求权，这是对基本权利类型性质的界定，如债权作为请求权，与物权、人格权等绝对权性质的支配权相对应；二是民法方法论意义上的请求权，这类请求权实质功能在于为民事主体受损权益提供救济与保护，具体可以细分为民事权利本身包含的固有请求权和权利受到侵害而新生的侵权请求权。[①] 申言之，若实控人违反与公司的约定而造成公司损失，则基于违约产生民事赔偿责任，此应理解为固有的请求权，若无法定或约定情形下对公司造成损失，或造成其他利益主体的损失，则产生了侵权请求权。我国当前的民事裁判以法律关系思维为主导，[②] 其方法特征可以概括为法律关系先于诉讼请求，事实认定先于法律适用，时间顺序先于构成要件，但是，法律关系思维的用武之地并非司法裁判，而是体系构建，而民法的首要目的是解决纠纷，其本质是体系化的纠纷解决方案。[③] 作为裁判技术，请求权基础思维与法律关系思维存在着根本性差异，主要体现于检视路径的不同。请求权基础思维在事实认定之前，先找寻适用的规范，而法律关系思维与之截然相反，但二者也存在着补强的关系。如果说对实控人的类型化区分是以法律关系思维通过对实控人控制方式事实的认定为实控人在现有法律体系中进行定位，那么，请求权思维则是在此前提下，为实控人的追究确定责任基础。

请求权思维肇始于德国，王泽鉴教授最早将其系统引入汉语法学思维。[④] 王泽鉴教授认为，为一方当事人向另一方当事人进行主张提供依据的法律规范，即为请求权规范基础，亦即请求权基础，请求权关系的基本模式为“一方向另一方提出主张所依据的法律规范”[⑤]。当事人得以主张的请求权，依其内容，可归为基于物权的请求权、基于合同的请求权、类似合同的请求权、无因管理的请求权、不当得利与侵权请求权，[⑥] 上述请求权亦可归纳为物权请求权与债权请求权。本书研究的实控人控制权，系基于股权关系、特定协议关系、所有制关系等产生，以此观照，损害赔偿不仅因违约法律关系而产生，也可能存在于因

① 杨立新、曹艳春:《论民事权利保护的请求权体系及其内部关系》，载《河南省政法管理干部学院学报》2005 年第 4 期，第 56 页。

② 杨立新:《请求权与民事裁判应用》，法律出版社 2011 年版，第 348 页。

③ 吴香香:《请求权基础（方法、体系与实例）》，北京大学出版社 2021 年版，第 44—45、49 页。

④ 吴香香:《请求权基础（方法、体系与实例）》，北京大学出版社 2021 年版，第 2 页。

⑤ 王泽鉴:《民法思维：请求权基础理论体系》，北京大学出版社 2009 年版，第 41、55 页。

⑥ 吴香香:《请求权基础（方法、体系与实例）》，北京大学出版社 2021 年版，第 11 页。

侵权行为遭受损害而生的法定债务关系之中。[①]因此，违约法律关系与侵权法律关系均可作为向实控人追责的请求权基础。

接下来的问题是，当违约请求权与侵权请求权基础发生竞合时，决定权归属于何人。以《民法典》第186条的规定为例进行文义解读，[②]受损方可以在两种请求权中择一行使，即受损方具有请求权基础的选择权，若其选择行使一种请求权并得到实现，那么另一种请求权即告消灭。[③]然而，请求权思维引导之下的法庭报告技术表明，法官审查所有可能存在的请求权基础，而并不局限于当事人提出的请求权基础。[④]事实上，选择请求权基础并非当事人的义务，而是法官的职权，当事人只需要提出“请求对方返还某物”或“请求对方赔偿的具体损失金额”等具体诉求即为完成了诉讼主张。[⑤]这就要求法官必须检视同一诉求所对应的全部可能的请求权基础，避免遗漏。因此，受损方需要提出具体的诉求，也可以选择性地提出该诉求的请求权基础，而法官则有义务检视所有的请求权基础，进而决定判决所依据的请求权基础，即对于诉求的请求权基础，法官有决定权。由此，存在如下三种可能性：第一，合同请求权基础成立而侵权请求权基础不成立，原告胜诉；第二，侵权请求权基础成立而合同请求权基础不成立，原告败诉；第三，所有可能的请求权基础均不成立，原告败诉。申言之，同一诉讼请求可能对应不同的法律适用基础，这种适用理由的选择并非当事人的义务，也非其所能决定的事项，请求权基础的选择本质上属于法律适用问题，是法官的职责所在。[⑥]

---

① ［德］海因·克茨:《德国合同法》(第2版)，叶玮昱、张焕然译，中国人民大学出版社2022年版，第3页。

② 根据《民法典》第186条的规定，义务人因违约行为损害对方人身权益、财产权益，违法行为本身同时符合违约要件与侵权要件，从而产生违约责任与侵权责任的，受损害方有权选择请求其承担违约责任或侵权责任。

③ 《中华人民共和国民法典(实用版)》，中国法制出版社2020年版，第155页。

④ 吴香香:《请求权基础(方法、体系与实例)》，北京大学出版社2021年版，第29页。

⑤ 朱庆育:《民法总论》(第2版)，北京大学出版社2016年版，第564页。

⑥ 吴香香:《请求权基础(方法、体系与实例)》，北京大学出版社2021年版，第29—30页。

在请求权基础发生竞合的情况下，同一事实引发的、内容相同的诉请可被数项请求权基础所支持，此时应以诉讼经济为标准，构成要件越少的请求权基础，检视顺位越在先。[①] 本书立足于实体法研究实控人的民事赔偿责任，对于司法审判中的程序法问题，不再深入讨论。

**2. 立法例中的请求权基础**

德国将合同与侵权法律行为均归于债务关系，《德国民法典》第二编即为“债务关系法”，由此产生如何理解债务关系的问题。《德国民法典》第 241 条第 1 款规定了债权人基于债务关系有权请求债务人给付，第 2 款进而补充说明，债务关系依其内容可以使每一方负有顾及对方权利、法益与利益的义务。这种债务关系也可以称为法律上的特别联系。债法的核心功能在于为个人实现自身利益提供法律手段，最为重要的形式即为合同，通常旨在改变物权性的法益归属。此外，债法还旨在保护个人法益与权利免遭第三人的侵害，并为所发生的损害与不正当财产转移提供合理性的补偿。以上表述体现出债法通常涉及对于财产利益的满足。因此，损害赔偿不仅适用于约定债务关系——违约责任，也适用于法定债务关系——侵权责任。[②]

侵权法的本质即为侵权损害赔偿之债。[③] 我国侵权责任法以大陆法系为体，英美法系为用，广泛吸纳本国司法经验，[④] 具有较强的适用性。我国《民法典》对侵权责任法进行改革，实现了侵权责任法向债法的回归。《民法典》侵权责任编将第二章的标题由“责任承担”改为“损害赔偿”，从而体现出损害赔偿在侵权责任承担方式中的突出地位，为侵权责任回归债法进行了立法上的铺垫。侵权请求权主要目的在于对损害进行救济，并以损害赔偿为基本方式，《民法典》侵权责任编这一标题的调整体现出我国立法对于损害赔偿请求权作为侵权

① 吴香香:《请求权基础（方法、体系与实例）》，北京大学出版社 2021 年版，第 11 页。

② ［德］迪尔克·罗歇尔德斯:《德国债法总论》（第 7 版），沈小军、张金海译，沈小军校，中国人民大学出版社 2014 年版，第 3—4 页。

③ 杨立新:《侵权责任法》，法律出版社 2021 年版，第 7 页。

④ 杨立新:《侵权法论》，人民法院出版社 2005 年版，第 309 页。

请求权保护民事权益之基本功能的认可，从而认定了其作为债法组成部分的地位。[①]

### 3. 违约责任的相关理论

#### （1）违约责任的构成要件

根据适用上的普遍性与特殊性，违约责任的构成要件区分为一般构成要件与特殊构成要件。从一般性上讨论，违约行为以及不存在法定或约定的免责事由广泛适用于所有违约责任的认定。其中违约行为特征在于，以合同关系当事人为违约行为主体，以有效合同关系为违约行为认定的前提，以违反合同义务对违约行为进行定性，以侵害合同债权作为违约行为的后果。对于免责事由而言，法定的免责事由主要指不可抗力，约定的免责事由主要指免责条款。而特殊构成要件，则指各种具体违约形式所要求的责任构成要件。例如，损害赔偿责任构成要件除上述一般构成要件之外，还包括了损害事实以及违约行为与损害之间的因果关系等要素。[②] 具体到实控人的违约损害赔偿责任，则可能因为商事领域的特殊性而被配置更为特殊的构成要件。事实上，法定或约定的免责事由中隐含了违约责任的特殊要件，这就涉及对于违约责任归责原则的探讨。

#### （2）违约责任归责原则之讨论

英美法中率先将严格责任作为合同法的唯一归责原则。[③] 我国《民法典》第 577 条规定了存在违约行为一方应承担相应的违约责任，第 579 条也规定了合同一方未履行金钱债务的，另一方可以请求其支付。上述规定体现出我国《民法典》合同编对于严格责任的立法确认，即将严格责任作为违约责任的一般性归责原则，但这并不意味着在违约责任中否认过错责任的归责原则。事实上，我国《民法典》合同编的多个条文均涉及过错责任的规定，[④] 这也体现了我

---

① 杨立新:《侵权责任法》，法律出版社 2021 年版，第 13—14 页。

② 王利明、杨立新、王轶、程啸:《民法学》，法律出版社 2017 年版，第 651—652 页。

③ 崔建远:《合同法应当奉行双轨体系的归责原则》，载《广东社会科学》2019 年第 4 期，第 227 页。

④ 例如，《民法典》合同编第 584 条的合理预见规则、第 591 条的防止损失扩大规则、第 592 条的与有过失规则、第 604 和 605 条的风险分配规则，均体现出立法上对于过错的关注。

国《民法典》合同编以严格责任为一般归责原则、以过错责任为特殊归责原则的立法态度。

崔建远教授曾经提出我国合同法应实行违约责任归责原则双轨制的观点，并指出，将归责原则表述为过错责任抑或无过错责任并非问题的关键，法定免责事由、抗辩事由及抗辩权类型的多寡，以及风险负担规则的覆盖面和合理性方为归责原则的实质所在。[①] 事实上，在特定场景下，过错责任原则有利于强化经济主体的责任感，落实利益衡量原理，并更好地实现风险分配。[②] 在围绕公司这一商事组织体而生的实控人问题上，适当采用过错责任的归责原则更有利于实现合同法原理与商事制度的有效衔接，从而符合资本市场法治建设的现实需要。

违约责任存在之前提是双方之间较为清晰的法律合意，双方权利义务已在合同中有所规定，因此，以违约责任追究实控人的民事赔偿责任具备一定的法律基础，在司法中具备较好的可诉性与可裁性。而侵权责任基于因违法行为所生的法定权利义务关系，此前并无双方合意，相对而言，讨论可能较为复杂。

**4. 侵权责任的相关理论**

（1）侵权制度的缘起

侵权制度被视为复仇制度的一种文明替代品，这个制度是以报偿正义观念为基础的。最初的损害赔偿，实质是对受害人放弃复仇权的一种报偿，而非填补受害人的损失。[③] 公元前 2000 年左右，《汉谟拉比法典》就规定有一项侵权者必须向受害者支付损失赔偿的清单。古代社会的侵权法反映报偿正义的道德诉求，作为一种和平调处纷争的规则体系，通过向受害人提供补偿取代复仇制

---

① 崔建远：《合同法应当奉行双轨体系的归责原则》，载《广东社会科学》2019 年第 4 期，第 225 页。

② 崔建远：《合同法应当奉行双轨体系的归责原则》，载《广东社会科学》2019 年第 4 期，第 231 页。

③ 渠涛：《从损害赔偿走向社会保障性救济——加藤雅信教授对侵权行为法的构想》，载梁慧星主编：《民商法论丛》第 2 卷，法律出版社 1994 年版，第 289 页。

度，从而抑制了人的复仇动机，实现了其向文明进化的第一步。[①]

（2）侵权责任的构成要件

对于过错责任所认定的侵权责任而言，主要分为法国民法主张的损害事实、因果关系和过错的三要件说，以及德国民法主张的行为的违法性、损害事实、因果关系和过错的四要件说。[②]其中，德国的四要件说将内在的主观过错与外在的客观行为违法性作为两个相对独立的构成要件，而法国的三要件说基于"主观过错只有外化为不法行为才有法律意义"这一考量，将二者作为一个整体进行考虑，通过对分别适用这两类要件学说的侵权案件的考察，得出的结论基本一致。我国《民法典》第1165条第1款是关于过错侵权责任一般条款的完全条款，[③]该条款全面列举了过错侵权责任的四个构成要件，即过错、侵害行为、损害及因果关系，这也符合我国民法理论以德国法为渊源的法律传统。[④]侵权损害赔偿请求权的行使以侵权行为造成损害为前提。[⑤]明确侵权责任的要件对于实控人赔偿责任的法律适用问题具有重要意义，因其直接影响到滥用控制权的判定问题。

在成都博源腾骧投资合伙企业与孙某国、肖某军损害股东利益责任纠纷案[⑥]中，原告腾骧企业向法院提出诉讼请求，认为被告孙某国利用其在台沃公司内部董事会和股东大会的控制地位违反法律及公司章程的规定，为顺利借款需要提供担保而恶意增资，给原告造成巨大损失，包括可分配利润的减少和所持股份价值的减少，应承担民事赔偿责任。一审法院判决驳回原告的诉讼请求。

---

① 张铁薇:《侵权法的哲学基础》，法律出版社2022年版，第78页。

② 张新宝:《侵权责任法》（第5版），中国人民大学出版社2020年版，第24—25页。

③ 《民法典》第1165条第1款规定，行为人因过错侵害他人民事权益造成损害的，应当承担侵权责任。

④ 张新宝:《侵权责任法》（第5版），中国人民大学出版社2020年版，第26页。

⑤ 具体而言，一旦发生侵权损害事实，被侵权人一方即产生损害赔偿请求权，依法得向侵权人请求赔偿损失，侵权人则产生了对其造成的他人损失进行赔偿的责任，应被侵权人请求，对其行为造成的损害进行相应赔偿。

⑥ 四川省三台县人民法院民事判决书，（2019）川0722民初65号和四川省绵阳市中级人民法院民事裁定书，（2019）川07民终1844号。

二审法院认为，一审对于事实认定不清，发回重审。这其中涉及滥用控制权的判定标准究竟是行为标准、结果标准还是目的标准，抑或三者兼而有之。本案中，一审法院认为，台沃公司是非上市公司，关于股权激励，法律和行政法规并无具体的禁止性规定，台沃公司董事会和股东会召集程序、表决方式和决议内容均为合法有效。一审法院对于控制权滥用仅以行为的程序合法作为控制权滥用的判定标准，却未考虑孙某国增资的行为目的及损害结果，这种判断标准的不完整性导致了事实认定的局限，从而影响到判决结果。明确侵权责任要件应作为以侵权责任为请求权基础的实控人法律适用问题的必要前提，下文关于侵权责任的讨论也将以过错侵权责任的四要件为基础而展开。

**5. 违约责任与侵权责任的区别**

违约责任指合同当事人违反法定义务、合同约定义务而应承担的责任，侵权责任指行为人因其过错侵害他人财产、人身造成损害，以及无过错致损，依法应当承担的责任。违约责任与侵权责任存在如下区别：其一，从违反义务的性质看，违约责任源于对双方约定义务的违反，侵权责任源于对《民法典》侵权责任编所设定的任何人不得侵害他人财产和人身的普遍性义务以及其他法定义务的违反；其二，在侵害对象上，违约行为侵害的是具有相对权性质的合同债权，侵权行为侵害的是绝对权如物权、人身权等；其三，从债的产生时间来看，违约行为发生以当事人之间存在合同权利和义务，即合同之债为前提，而侵权行为致损之后，双方才发生了损害赔偿之债的关系；其四，就侵害后果而言，违约赔偿限于可预见损失，侵权责任的损害赔偿范围应包括其所造成的实际损失；[①] 其五，违约责任源于合同自由，充分体现了当事人的意思自治，而侵权责任因一方侵权致损而产生新的损害赔偿之债，双方对此并无约定，从这一点来看，侵权责任具有法律强制性；其六，违约责任不以损害为必备要件，且双方意思自治的空间较大，而侵权责任以损害为必备要件，损害赔偿是追究侵权责任的最主要目的。在此意义上，损害赔偿责任之于侵权较之违约意义更为

① 王利明、杨立新、王轶、程啸：《民法学》，法律出版社 2017 年版，第 233—234 页。

重大，对侵权损害赔偿责任法律规制的研究应作为实控人滥权致损规制研究的重点所在。

### （二）民事赔偿责任优先的合理性论证

#### 1. 实控人的法律责任

法律就其规制关系的不同，形成公法与私法的区分。公司法归属于商法，亦是民法之特别法，因此归入私法范畴，但对于违反强制性或禁止性规定的行为主体，除以民法规制外，还应特设行政责任或刑事责任予以处罚，以维护社会稳定和交易安全，因此，公司法还具有公法的性质。[①] 公司控制权的配置本身不应作为公司法中的强制性规范，但对于公司实控人的责任，应当予以明确规定，并适度扩展至公法惩戒范畴，通过私法与公法相结合，为实控人提供行为指引，维护正当的公司治理秩序和相关人利益。

民事责任、行政责任和刑事责任，是法学中不可或缺的责任机制。三者以国家强制力为保障，通过攫取财产、取缔资格、剥夺自由等手段使违反义务之人承担不利益，使法秩序回归正轨，或以此不利益形成威慑力，促使义务人履行法定义务或约定义务。[②] 上述法律责任总体而言各自独立，基于不同违法性质，分属于不同的法律部门，构成要件与责任形式均有所区别。但在财产责任的承担上，三者又有一定的共性，如民事责任中的财产补偿责任，与行政处罚中的财产罚及刑罚上的财产刑，追究责任之目的均为使违法行为人承担经济上的不利益。从现有法律规定以及问题属性上看，实控人的财产责任涉及不同法律部门，在公司法、证券法、刑法领域均有所规制，但侧重点有所不同，行政责任与刑事责任更加侧重于对违法违规主体的惩戒作用，而民事责任着眼于对相关主体的利益补偿。

上市公司实际控制人的规制主要体现于监管层面，由证监会进行行政处罚

① 梁宇贤:《公司法论》，三民书局 1990 年版，第 8 页。

② 冯珏:《我国民事责任体系定位与功能之理论反思》，载《政法论坛》2022 年第 4 期，第 72 页。

或追究实控人的刑事责任进行惩戒，但这种处罚使实控人承担的经济上的不利益可能远低于实控人获益，且一些违法违规行为具备一定的隐蔽性，行政部门往往难以取证，客观上也带来了一定的执法困难；串连式的违法违规活动尤其难监管，获益者众多，监管无法形成违法行为的全覆盖。[①] 因此，仍有大量违法违规行为无法得到有效规制，从而无法对实控人形成较强的约束和警示作用。从另一角度而言，集体诉讼制度理论上应作为一种更有震慑力的制衡方式。刘俊海教授认为，应当激活民事诉讼制度。事实上，实控人不当获取的巨额利益往往来源于中小投资者，从资本市场法律规制的根本目的出发，实控人责任规制的重点应在于对中小投资者进行民事赔偿，从而有效落实对于中小投资者的利益保护。由于中小投资者人数众多，且事关个人利益，对于不法行为的关注动力与敏锐程度往往强于监管，且对于中小投资者损害赔偿的全覆盖往往形成巨大的赔偿金额，由此，民事赔偿责任制度威慑和客观上的惩戒效果往往强于行政处罚。

**2. 实控人的民事责任**

（1）实控人民事责任的选择性确认

《民法典》第 179 条规定了包括赔偿损失等在内的多种民事责任承担方式。实控人的责任作为公司治理问题，属于商事主体责任范畴，尽管在我国民商合一的立法体制之下，应统一纳入《民法典》的规制范畴，但商事主体因其追求经济利益的特殊属性，应作为特殊的民事主体选择性适用能够保护自身经济利益的民事责任承担方式。

《民法典》第 120 条规定："民事权益受到侵害的，被侵权人有权请求侵权人承担侵权责任。"该条确立了被侵权人的侵权请求权。在《民法典》第 179 条规定的 11 种民事责任承担方式中，停止侵害、继续履行、返还财产、赔偿损失、支付违约金均与经济利益相关，但功能有所不同。停止侵害主要是要求行为人不实施某种侵害，其作用在于及时制止侵害，防止侵害后果的扩大。继续

① 吕斌：《"管"住上市公司实控人》，载《法人》2018 年第 1 期，第 18—19 页。

履行属于违约责任承担方式，当事人订立合同的目的直接体现于对合同标的的履行，因此，当事人一方不能自觉履行合同的，另一方有权请求违约方继续履行或请求人民法院、仲裁机构强制违约当事人继续履行合同。返还财产责任由行为人无法定原因或约定原因不法占有他人财产而产生，行为人侵害他人财产权益，应予返还。赔偿损失是指行为人因其不法行为对其他主体造成损害而以一定数额的金钱弥补受损主体相应损失的责任承担方式，赔偿损失因其补偿损害的功能而运用最为广泛。违约金只适用于合同当事人有违约金约定或者法律规定违反合同应支付违约金的情形，通常而言，双方约定的违约金的具体金额根据造成的损失可能存在一定的浮动性，即若违约金低于造成的损失，受损一方可以请求法院适度增加违约金的金额；反之，若违约金高于造成的损失，违约方可以请求法院酌减违约金的金额。由是观之，违约金的目的也是实现损害补偿的目的。[①]

事实上，上述分析的五项财产性民事责任承担方式，目的均是维护受损主体的经济利益，但方式各有不同。停止侵害与继续履行均是通过对相对方行为的约束进行规制，返还财产和支付违约金本质上也是对受损财产的补偿，其补偿不足之处仍需要通过赔偿损失的责任承担方式来实现。因此，赔偿损失作为民事责任承担方式，对商事活动的约束和对商事主体的利益修复最为直接，反映了在商法语境下和商事活动场景中追究商事主体民事责任的终极目的。而且，停止侵害、继续履行、返还财产和支付违约金的救济手段所涉违法场景均较为简单直接，在民事领域适用性强，但实控人滥用控制权行为往往通过关联交易、侵占公司财产等手段实现，涉及公司与广大投资者利益，滥权手段与损害利益均较为复杂，一旦发现，往往已造成相关利益主体的损害，需要进行利益补偿，并牵涉到责任划分、损失确认等诸多法律问题。赔偿损失直接以财产补偿方式作为承担责任的手段，金额增减灵活，在适用上更具普遍性、灵活性与实用性。

在《民法典》第 179 条规定的 11 种民事责任方式中，辨识侵权责任方式，

① 《中华人民共和国民法典（实用版）》，中国法制出版社 2020 年版，第 406 页。

可采如下办法。如前述，《民法典》侵权责任编第二章以标题形式确认了损害赔偿作为侵权责任基本方式之地位，因此，损害赔偿是侵权责任的基本方式。《民法典》第 237 条和第 238 条规定了恢复原状和损害赔偿请求权，均加上“依法”二字，且没有规定这两种请求权受诉讼时效的限制，可以推定这两种责任方式为侵权责任方式。《民法典》第 196 条规定“不动产物权和登记的动产物权的权利人请求返还财产”，不适用诉讼时效规定。由此推定，排除在外的不登记的动产物权返还财产，应当受到诉讼时效的限制，进而属于侵权责任方式。此外，《民法典》第 995 条规定，“停止侵害、排除妨碍、消除危险、消除影响、恢复名誉、赔礼道歉请求权，不适用诉讼时效的规定”，也体现出其保护绝对权的民事责任性质。基于上述分析，只有损害赔偿、恢复原状、未登记的动产物权返还财产是侵权责任方式。有学者指出，《民法典》将排除妨碍、返还财产、消除危险作为保护绝对权的民事责任，区别于违约责任与侵权责任，且认为应将侵权责任限定于恢复原状和基于物的绝对权不可恢复情形下的损害赔偿责任，[①] 这也是一种确定侵权责任的思考路径，基于该路径得出的结论将侵权责任限定于损害赔偿和恢复原状，与基于诉讼时效的推导路径具有殊途同归的效果。即便两种途径对于未登记动产物权返还财产的民事责任属性认定有所差异，但由于未登记动产物权返还财产与恢复原状系以有体物为基础的责任方式，而实控人责任问题并不关涉有体物之损害，因此，该两种责任方式不应纳入实控人民事责任的考量范畴。基于以上分析，应将实控人的民事责任确定为损害赔偿责任。

侵权损害赔偿请求权对应的是侵权责任方式，侵权人的行为构成侵权责任，被侵权人产生侵权损害赔偿请求权，行使该请求权，侵权人将承担与其实施的侵权行为和救济被侵权人损害相适应的侵权责任方式。因此，侵权责任方式是指侵权人就被侵权人行使侵权损害赔偿请求权所应当承担的以损害赔偿为基本内容的侵权责任具体形式。或言之，侵权责任方式是侵权人实施侵权行为应当

---

① 李国强:《〈民法典〉民事责任制度的演进逻辑及体系解释基础》，载《当代法学》2021 年第 6 期，第 70 页。

承担的具体法律后果。[①]

侵权责任的基本方式是损害赔偿，这是由侵权责任补偿受害人损失的基本功能所决定的。侵权损害赔偿请求权对应的是侵权损害赔偿责任，侵权人是义务人，应当向权利人即被侵权人承担侵权损害赔偿责任，使被侵权人受到侵害的权利得以恢复至圆满状态。[②]在侵权损害赔偿法律关系中，被侵权人享有的权利即为侵权损害赔偿请求权。侵权损害赔偿请求权是最为重要的保护民事权利请求权，实质为保护实体权利的方法。侵权损害赔偿请求权是一种新生的权利，作为民事权利的救济权、保护权而存在，属于次生请求权。[③]在此次生权利发生之前，侵权损害赔偿请求权的双方当事人并不存在相对的权利义务关系，只有一方实施侵权行为，且造成另一方损害，受损方才产生此项权利。这一概念适用场景恰与实控人控制权行为表现相符合，即实控人若正当行使控制权，按照诚实信用原则或禁止权利滥用原则行事，并不会触发相关主体的利益损失，只有在其侵权行为致损时，方才产生损害赔偿责任。对于实控人致损问题，属于商事领域的经济利益损害，应将损害赔偿作为唯一的侵权责任方式，因此，侵权损害赔偿责任应成为实控人滥用控制权民事责任规制的焦点性问题。

侵权责任中的惩罚性赔偿，亦值得讨论。侵权损害赔偿的根本目的在于救济损害，赔偿的根本目的在于补偿损失，使受到损害的权利获得救济、利益得以恢复。本书认为，惩罚性赔偿责任的适用应有所限缩，侵权损害赔偿法以对受害人进行救济为目标，而非对公权力进行救济，更不是惩罚法。虽然侵权损害赔偿也有制裁民事违法和抚慰受害人的作用，但此并非该项救济制度的根本目的。因此，侵权损害赔偿应在全面赔偿的前提之下，限制赔偿金额和范围，避免违背侵权损害赔偿的制度目的。

尽管在一些立法例和文献中，“赔偿”或“损害赔偿”在广义上被使用，其含义不仅包括金钱赔偿，也包括其他填补损害类型的民事责任方式，但考虑到

---

① 杨立新:《侵权责任法》，法律出版社 2021 年版，第 194 页。

② 杨立新:《侵权责任法》，法律出版社 2021 年版，第 186 页。

③ 杨立新:《债法总则研究》，中国人民大学出版社 2021 年版，第 8 页。

实控人对于经济主体造成损害的财产属性，本书对于“赔偿”和“赔偿损失”采狭义概念，仅指金钱赔偿，这也与《民法典》中作为民事责任承担方式的“赔偿损失”所指相一致。我国《公司法》《证券法》《刑法》等法律对于实控人的民事责任均表述为“赔偿责任”，体现了损害赔偿责任承担方式适用于公司法、证券法领域的独特性。因此，本书聚焦于实控人的民事赔偿责任进行讨论，不再讨论其他民事责任类型。

（2）损害赔偿的制度功能

损害赔偿的首要功能在于补偿受害人所遭受的损害，此外，损害赔偿还具有影响潜在加害人，从而阻却损害事实发生的预防功能。[①]虽然预防功能在公司治理中因责任保险的存在而受到限制，例如董监高责任保险即具有董事责任限制功能，但对于作为公司外部主体而不受责任保险所覆盖的实控人而言，损害赔偿具有一定的威慑力，对其滥用控制权的行为能够起到一定的阻却作用。《德国民法典》关于补偿功能的核心意义对损害赔偿法的构建具有重要影响，此处蕴含着全部赔偿的原则，根据该原则，加害人必须对其以可归责的方式造成的全部损害进行赔偿。因此，损害赔偿的数额应当完全以受害人遭受的损失为衡量标准，而非以加害人的过错程度为导向。[②]这种对于补偿功能的强化恰为民事赔偿责任的精髓之所在。这种损失修复的导向对受害人利益的恢复具有重要意义，也能够减轻其证明负担。与此同时，补偿功能还意味着损害赔偿范围原则上限于受害人所遭受的损害，即所谓的损害赔偿法上的得利禁止。这也意味着受害人不应因为得到赔偿而获得额外利益从而达到比损害事件未发生时更好的状态，损益相抵即为此理。德国法对于损害赔偿的补偿功能的限定作用在其涉外案件中体现得尤为明显。根据《德国民法典施行法》第 40 条第 3 款第 1 项及第 2 项之规定，当请求权适用外国法律明显超出赔偿受害人必要损失的范

---

① ［德］迪尔克·罗歇尔德斯:《德国债法总论》（第 7 版），沈小军、张金海译，沈小军校，中国人民大学出版社 2014 年版，第 315 页。

② ［德］迪尔克·罗歇尔德斯:《德国债法总论》（第 7 版），沈小军、张金海译，沈小军校，中国人民大学出版社 2014 年版，第 315—316 页。

围时，该请求权不得在德国行使。根据《德国民事诉讼法》第 328 条第 1 款第 4 项以及第 722 条的规定，对超出所遭受的物质损害和非物质损害范畴作出损害赔偿金额的外国判决，在德国将不被承认与执行。[①]

损害赔偿是违约责任与侵权责任的核心，包括违约损害赔偿与侵权损害赔偿。[②] 相对于惩罚性赔偿，通常意义上的损害赔偿具有补偿性，通过给受害人提供适当数额金钱的方式提供救济。补偿性损害赔偿本质上是一种替代性救济，通过金钱支付对损害主体予以间接性救济，具体金额取决于应有的状态标准，即若不法行为未发生，另一方本应处于的状态。至于损害赔偿的具体数额，是实践中的难点，对于切实解决实控人滥权造成的利益相关主体损害，这一问题意义重大，在本书后续研究中将进行专项讨论。

违约损害赔偿与侵权损害赔偿既有联系亦有区别。对于前者，必须区分期待利益损害赔偿和信赖利益损害赔偿，在此基础上进一步深刻理解效率违约、间接损害、违约金以及损害赔偿的合同限制等重大问题。对于后者，一般不存在期待利益损害上赔偿问题，只考虑因侵权所造成的直接损失和间接损失赔偿。期待利益为违约责任所独有，一般称为履行利益，但在特殊情况下也有例外情形。[③]

损害赔偿的范围通常包括人身、人格、精神、财产所受损害，鉴于本书讨论的语境在于实控人因滥用对公司的控制权所造成的财产利益损失，因此，本书讨论的损害赔偿范围也限于财产损害。侵权行为导致的财产损害本质在于侵权行为本身对于财产权的客体产生了破坏性的后果，从而造成财产价值或使用价值的降低或完全丧失，抑或影响到财产权人对于财产本身的支配力与控制力，进而影响到财产利益的完整性或可得利益的实现。申言之，侵权行为造成了财

① 这一点在处理与美国责任法的关系上具有实际意义，因为美国法对于行为人故意或特别毫无顾忌的错误行为负责时规定了惩罚性损害赔偿。

② 杨立新:《侵权责任法》，法律出版社 2021 年版，第 198 页。

③ ［美］理查德·L. 哈森:《民事救济法案例和解释》，吴国喆译，商务印书馆 2020 年版，第 5 页。

产损害的客观结果，从而改变了受侵害人拥有的财产权益的价值量，导致了本应享有的财产价值量的减损或灭失。[①]我国《民法典》第1184条规定，侵害他人财产的，财产损失按照损失发生时的市场价格或者其他合理方式计算。该条规定了财产损害赔偿范围以全部赔偿为原则的一般规则，该原则由损害赔偿的补偿损失性质所决定，包括直接损失与间接损失，在具体适用中，应以财产损失大小为客观标准，实行损益相抵，赔偿合理损失，并适用于预期利益损失规则。

违约责任和侵权责任均可能产生财产损害，具有结果上的共性，本书将二者作为民事赔偿责任请求权的基础，区分不同主体和场景展开研究。而实控人的法律规制呈现出碎片化与法律逻辑不足的状态，若要使滥用控制权的实控人承担民事赔偿责任，就需要从民事责任的构成要件入手，为后续的归责性研究做好理论铺垫。因此，民事赔偿责任的构成要件，应以其请求权基础即民事责任的构成要件为基础而展开。

**3. 民事赔偿责任优先的公私法确认**

有时，不同部门法对同一违法行为的规定存在责任竞合。例如，根据《公司法》第22条禁止关联交易的规定，若实控人利用关联关系损害公司利益，应当赔偿公司因此而遭受的损失，此为民事赔偿责任。根据《刑法》第169条之一关于背信损害上市公司利益罪的规定，实控人指使上市公司董事、监事、高级管理人员实施为其他单位或个人无偿提供资产，或者无正当理由提供担保等行为，致使公司利益遭受重大损失的，处3年以下有期徒刑或拘役，并处或单处罚金，此处即为刑罚中罚金性质的财产刑。据此，实控人实施的某些关联交易行为可能同时违反公司法与刑法，需要承担民事赔偿责任与财产刑。又如，根据《证券法》第85条的规定，发行人披露不实，致使投资者在证券投资交易中遭受损失的，实控人应与发行人承担连带赔偿责任，但能够证明自己无过错的除外。根据《证券法》第181条第2款规定，发行人的实控人组织、指使证

---

① 杨立新:《侵权责任法》，法律出版社2021年版，第249页。

券发行虚假陈述行为的，没收违法所得，并处以一定数额的罚款，此为行政处罚中以没收、罚款为形式的财产罚。据此，实控人实施的证券发行虚假陈述行为可能同时违反证券法中的民事赔偿责任与财产罚。实控人的不法行为对公司及社会公众都可能产生损害，社会影响面大、程度深，其责任可能跨越不同的法律部门。由此，不同法律部门间的责任竞合应作为实控人责任研究的重要前置性问题加以解决。

当实控人滥用控制权的行为满足两个或两个以上不同法律部门财产责任的构成要件，而其责任财产不足以全部承担时，就需要确立责任承担的先后顺序。财产刑和财产罚均为公法性质的财产责任，民事赔偿责任则为直接作用于受损害个体的私法责任。损害事实是决定责任的关键因素，[①] 补偿性是民事责任的最基本功能，[②] 责任财产提交对象的不同决定了民事赔偿责任对于个体的补偿较之公法性质的财产责任更具有道德优势。[③] 我国相关法律及司法解释针对不同部门法意义上的责任冲突，对公法与私法责任进行协调，确立了民事赔偿责任优先，其本质即为私权优先。具体而言，民事赔偿责任优先的理论正当性体现于以下四点：其一，民事主体财产利益受损是实控人责任的起源，因此，具有私法主体权益补偿性功能的民事责任应优先适用；其二，从作用效果看，公法上的责任财产收归国库，但其并非国家财政收入主要来源，作用体现微弱，而私法上的补偿责任对于个体损失具有完全修复作用，补偿效果明显；其三，财产刑和财产罚均具有可替代性，而财产补偿往往是受害人最大的利益需要，具有唯一性。[④]

① 叶敏、周俊鹏:《公司实控人的法律地位、义务与责任》，载《广东行政学院学报》2007年第6期，第49—53页。

② 李明发:《民事赔偿责任优先的理论基础及其法律构建》，载《江淮论坛》2014年第6期，第120页。

③ 肖建国:《论财产刑执行的理论基础》，载《法学家》2007年第2期，第127页。

④ 李明发:《民事赔偿责任优先的理论基础及其法律构建》，载《江淮论坛》2014年第6期，第120—121页。

我国法律关于民事赔偿责任优先的规定始于1993年《公司法》,[①] 至1997年《刑法》第36条第2款规定:“承担民事赔偿责任的犯罪分子，同时被判处罚金，其财产不足以全部支付的，或者被判处没收财产的，应当先承担对被害人的民事赔偿责任”。继1993年《公司法》后，我国的《证券法》《产品质量法》《食品安全法》等相继设置了民事赔偿责任优先条款，[②] 民事赔偿责任优先得到私法与公法上的肯认，学理上通常将其解读为民事赔偿责任优先原则。[③]2017年《民法总则》第187条正式确立了民事责任优先性的规则，即在同一违法行为同时引致民事责任、行政责任和刑事责任时，行为人的财产应当优先用于承担民事责任。《民法典》第187条亦沿用《民法总则》关于民事责任优先的规定。

尽管我国《公司法》与《证券法》均体现出民事赔偿责任优先的立法态度，但在实践中，民事判决往往滞后于行政处罚，由此则造成罚没款缴纳优先、民事赔偿款支付不足或不能的风险。对此，中国证券监督管理委员会、财政部公告〔2022〕40号《关于证券违法行为人财产优先用于承担民事赔偿责任有关事项的规定》体现出证券市场中对于民事赔偿责任优先性的落实。根据该规定第1条，违反《证券法》规定的违法行为人因同一违法行为受到行政处罚并被判决或经调解需要承担民事赔偿责任时，若全部财产不足以同时满足缴纳罚没款和支付民事赔偿金额，在违法行为人先行缴纳罚没款后，受损害方无法通过强制执行或破产清算程序获得足额赔偿的，受损害方可以根据其获得的胜诉判决或调解书提出书面申请，主张以行政罚没款优先承担民事赔偿责任。这种民事赔偿责任优先的具体制度安排，也体现出我国对于资本市场投资者保护制度的进步。

由于权利责任关系中的责任主体是特定化的，因此，民事责任法律关系都

---

① 1993年《公司法》第228条规定，公司违反本法规定的，应当承担民事赔偿责任和缴纳罚款、罚金的，其财产不足以支付时，先承担民事赔偿责任。

② 《证券法》第220条，《产品质量法》第64条，《食品安全法》第147条。

③ 王胜明:《中华人民共和国侵权责任法解读》，中国法制出版社2010年版，第19页。

是相对法律关系。[①] 实控人滥权致损应承担民事法律责任的情形即属于此类相对法律关系。既有的民事责任法律关系中，受损主体可以直接请求不法行为方承担责任，也可以诉诸公权力通过裁判追究违法者责任并获得救济。若追责的法律路径清晰，立法和司法可预见性强，违法者基于理性会选择自觉履行赔偿责任；若担责预期不明，责任者则心存侥幸而漠视权利人的赔偿请求。因此，即便当事人选择自力救济，实控人民事赔偿责任的清晰追责路径也具有威慑力与实际意义。民事责任实现方式的双重选择性决定了私法公法化趋势下私法本质的保留。实控人问题作为公司治理问题起源于私法性质的公司法，虽因其社会影响性而同时成为证券法的规制对象，但这种私法公法化的趋势并未改变其修复个体损害、优先保护私权的性质。而且，实控人造成的损害涉及广泛的资本市场主体，受损主体以逐利为目标的特征决定了民事赔偿责任的私益修复作用成为救济方式的首选。由此，民事赔偿责任的确定应作为实控人责任研究的核心要义。

### （三）外观主义和实质穿透主义的利弊权衡

实控人类型化的目的是对司法裁判提供一定的参考，而面对变动不居的控制形态，明确实控人的追溯思路应成为实控人承担责任的重要前提。我国尚无实控人登记制度，由此，需要在现有制度体系中找到类似主体相关规定作为依托，以同质化的主体类别为实控人追溯问题提供解决思路。根据前述分析，具有控制权的隐名出资人应纳入实控人范畴，而股权代持登记制度有理论与制度可循，因此，下文将从股权代持的隐名投资人追溯角度，对实质穿透主义与外观主义进行利弊权衡，以探寻解决思路。

外观主义指当事人基于法律和交易观念，对他人由法律认可的外部要件事实产生依赖而作出法律行为，则基于信赖而为的法律行为应受法律保护。[②] 股

---

① 丁海俊:《论民事权利、义务和责任的关系》，载《河北法学》2005 年第 7 期，第 119 页。

② 田士诚主编:《交易安全的法律保障》，河南人民出版社 1998 年版，第 37 页。

东名册决定股东资格，[①] 工商登记具有对外公示效力及保护善意第三人的功能。[②] 尽管有学者认为，对于执行程序中的股权权属认定，应排除外观主义原则的适用，而应以实质主义的逻辑明确财产实际权利的归属，[③] 否则易使实际权利人遭受不利的法律后果，且适用外观主义要考虑实际权利人的主观状态，[④]《九民纪要》亦强调要准确把握外观主义的适用边界，注重财产实际归属，但这种观点过度强调实质穿透主义，而混淆了股权代持关系的对内效力与对外效力。股权代持关系的效力包括对内和对外两个维度，对内效力包括对隐名股东、名义股东和目标公司的拘束力，对外效力则针对公司外部的第三人，而对外效力恰为外观主义法理适用的重点之所在。外观主义法理尊重权利公示公信的效力，侧重于维护民商事领域交易安全，主张外观主义是民商事领域维护交易安全、甄别内外法律关系的基本原则，是隐名股东与善意第三人权利冲突的关键性解决方案。[⑤]

与隐名股东动机类似，实控人往往基于保护个人隐私、商业秘密的考虑或对社会仇富心态的担忧而以更为隐秘的身份来实施对公司的控制。[⑥] 考虑到实控人在公司面纱之后，以高度组织化的方式操纵公司控制权，[⑦] 基于构建债权人

① 2023 年《公司法》第 56 条第 2 款规定，记载于股东名册的股东，可以依此名册主张行使股东权利。

② 刘俊海:《代持股权作为执行标的时隐名股东的异议权研究》，载《天津法学》2019 年第 2 期，第 10 页。

③ 王延川:《执行程序中权利外观优先保护之检讨——以名义股东股权被执行为例》，载《法学杂志》2015 年第 3 期；潘勇峰:《商法外观主义与隐名出资法律问题研究》，载《商事审判指导》2009 年第 4 辑，人民法院出版社 2010 年版，第 124 页。

④ 张亮、孙恬静:《案外人执行异议之诉中债权人与隐名股东保护的价值衡量——兼论商事外观主义在强制执行程序中的运用边界》，载《法律适用》2021 年第 8 期，第 81—91 页。

⑤ 刘俊海:《论股权代持的法律性质和效力》，载《河北大学学报（哲学社会科学版）》2021 年第 5 期，第 135—136 页。

⑥ 刘俊海:《论股权代持的法律性质和效力》，载《河北大学学报（哲学社会科学版）》2021 年第 5 期，第 133 页。

⑦ 刘俊海:《债权人友好型〈公司法〉理念和制度重塑》，载《国家检察官学院学报》2022 年第 3 期，第 142 页。

友好型公司法的立法目标，应关注到债务人公司产权结构、治理结构和风险隔离机制滋生的交易安全隐患，以外观主义为原则，注重效率，保护交易稳定与相对人的合理期待，对交易双方形成约束，避免公司之外的第三人因实控人身份不明而陷入追责困难的境地。同时，兼及实质穿透主义，当直接交易主体偿付能力不足或存在逃废债等重大主观恶意之时，启动实质穿透程序追溯实控人的法律责任。[①] 当然，例外规则的正当性须基于第三人在交易过程中的善意考量，即第三人对于实控人的存在应为不知或不应知的主观状态。在上海国赢企业投资有限公司、浙江大裕控股集团有限公司股权转让纠纷案[②]中，最高人民法院再审认为，应当正确把握“善意无过失”作为表见代理主观要件的认定标准。善意无过失指第三人不知或不应知存在无权代理的情形，申言之，第三人通过代理行为有理由相信其合法性与有效性；反之，如果第三人存在主观恶意，即明知或应知行为人无权代理仍基于代理行为与之从事民事行为，则违背了善意无过失的主观要求，相应的民事行为不应受到法律保护，第三人非善意的情形之下，表见代理亦不具备成立的条件。此裁定说理即表明了司法中以第三人善意无过失作为追溯实控人责任之必要条件的态度。

本书认为，第三人因轻微过失而忽视实控人的存在，亦不影响实质穿透主义的运用。原因即在于隐名股东出资，履行了法定义务，对善意要求较高，债权人的轻微过失足以导致其丧失申请法院强制执行债务人代持财产的权利，[③] 而对于未匹配法定权利义务的实控人，只有在受损主体存在一般过失或更为严重过错的前提下，方能免责。至于各方责任人的最终赔偿责任分担，则属于损害赔偿对内效力的考量范畴。整体而言，实控人缺少公司治理框架中明确预设之义务，却享有控制权，而公司和股东与实控人行为关联更为紧密，其利益应属

① 刘俊海:《债权人友好型〈公司法〉理念和制度重塑》，载《国家检察官学院学报》2022年第3期，第142页。

② 最高人民法院民事裁定书，(2019)最高法民再51号。

③ 刘俊海:《代持股权作为执行标的时隐名股东的异议权研究》，载《天津法学》2019年第2期，第12页。

于实控人行为影响关注的范畴，对实控人的追责亦可循此外观主义兼及实质穿透主义的思路。徐海燕教授认为，在商事主体之间的契约关系中若存在信息不对称的情形，应采取举证责任与信息占有状况成正比的裁判理念，适度降低相对人的举证责任。[①] 此观点对于实控人的责任追溯亦可适用，在下文中将进行细化讨论，从而真正起到追责与救济的双重效果。

## （四）受偿主体类型化之研究路径

在公司内部，以利益关系为工具，可以体察到一个利益关系两端的利益权重与利益倾向。然而，公司牵涉的利益复杂多变，有时涉及多方利益关系，且不同利益关系存在交叉与重叠；有时，若干不同的利益关系基于某一特定因素连接起来，形成利益束。基于此，对于利益关系应进行多层次解析，注重各层次之间的关联性与协调性，以实现对于公司这个复杂利益平台的立体式制度建构。[②]

公司内部治理中已经形成了既有的相对性利益主体关系，如公司与股东、股东与董事、公司与董事等，但公司治理问题往往还牵涉公司外部主体，如实控人、债权人。面对快速发展的商事实践与日益复杂的公司利益关系，侵权法规则亦是必备的连接桥梁。侵权法规则必然要与伦理诉求建立联系，连接的桥梁便是社会生活之需要。侵权法归根结底是关于人与人之间的责任体系，需要关注行为人、受害人甚至更为广泛的社会共同体的利益关联。[③] 因此，若不负信赖或保持这种关系的稳定，就需要考虑行为影响的利益主体，这种对利益相关主体的照拂应当成为侵权责任的基础。

如前述，实控人控制公司行为可能会影响到公司、股东与第三人的利益，实控人与受其影响的利益主体之关联关系的区别，决定了其民事赔偿责任追究

① 徐海燕：《表见代理构成要件的再思考：兼顾交易安全和意思自治的平衡视角》，载《法学论坛》2022 年第 3 期，第 48 页。

② 梁上上：《公司正义——以公司股东的权责配置为视角展开》，法律出版社 2022 年版，第 25 页。

③ 张铁薇：《侵权法的哲学基础》，法律出版社 2022 年版，第 26 页。

路径的不同，而不同路径决定了研究内容的本质差异。在公司治理常态中，实控人控制权行使的行为效果直接作用于公司，与公司产生直接关联，相应地，公司追究实控人民事赔偿责任的请求权基础可能涉及违约责任和侵权责任。实控人对股东和第三人利益的影响则是间接的、更为隐性的，实控人在公司治理语境下与这两类主体并不存在直接的合同关系，因此，违约责任不再成为请求权基础。而股东处于公司法人内部，第三人处于公司法人外部，二者与实控人的连接基础又有区别，若实控人滥用控制权的行为造成股东的利益损失，股东可将侵权责任作为请求权基础，而若造成公司外部第三人的利益损失，究竟以侵权责任为请求权基础，抑或选择其他追责路径如公司人格否认等方式实现利益损失修复的目的，这也是下文需要讨论的重点之所在。若以公司内外来界定实控人与其他相关利益主体的关系，实控人与公司属于直接相对的利益主体，与股东属于由外及内的间接关联利益主体，与第三人则属于由外及内再及外的次级间接关联利益主体。这种关联性差异决定了实控人义务的拓展程度需要有所不同，民事赔偿责任的追究路径也存在显著差异，关系越远，法律逻辑链条越长，追责难度也越大。

没有责任的义务仅为空谈，而法理自洽正是实控人民事赔偿责任问题的关键之所在。民事赔偿责任来源于对主体权益的破坏，以追责路径差异为基本思路，以控制权影响的相对人为划分标准，对民事赔偿责任进行分类研究，具有理论上的可行性与重要的实践意义。

# 第四章
# 实控人对公司的民事赔偿责任

## 一、实控人对公司的权利与义务

### （一）实控人与公司关联的法理基础

如前述，实控人与公司关联，对公司承担诚信义务与禁止权利滥用义务，其法理基础为何？这种义务根源于何种法律关系？由于事关实控人具体权利义务与责任之承担，故有事先探讨之必要，以下详论之。

#### 1. 委托代理关系

实控人对于公司的委托代理关系认为，单向行为依赖生成委托代理关系，行为方与依赖方即成为代理人和委托人。[①]代理人在从事代理行为中，往往存在机会主义倾向，即实行个人利益优先，甚至为了自利性目标而采用隐瞒、欺诈等手段损害委托人利益。[②]委托代理中，代理人基于被代理人的委托而获得代理权。委托代理关系中，包含了两类法律关系，即委托关系与代理关系。委托系发生于委托人和受托人双方内部之间的关系，而代理涉及代理人、被代理人和代理行为所及第三人的三方关系。从关联性而言，委托关系属于代理关系的主要基础关系。[③]

---

① 李云峰:《公司控制权依存状态及其治理机制研究》，上海财经大学出版社 2006 年版，第 33 页。

② 黎来芳:《控制权对上市公司融资行为的影响研究》，中国财政经济出版社 2009 年版，第 26 页。

③ 王利明、杨立新、王轶、程啸:《民法学》，法律出版社 2017 年版，第 201—204 页。

委托代理赖以产生的基础关系多样，除委托合同外，还包括职务关系、身份关系、合伙协议等。由此，若将实控人与公司之间的关系认定为委托代理关系，可尝试以职务关系为解释路径。职务关系指当事人在法人或非法人组织之中承担特定职务，并可以依据此种职务对外代理法人或非法人组织行为，由于职务代理关系基于当事人意思而发生，因此，其在性质上也应属于委托代理之范畴。我国《民法典》将职务代理归入委托代理一节，即与此形成法律上的呼应。根据《民法典》第 170 条第 1 款的规定，遵照法人或非法人组织安排执行相应工作任务的人员，从事其职权范围内的事项，无须组织给予特别授权，该行为的结果对于法人或非法人组织自动生效；第 2 款亦规定，法人或非法人组织内部对于执行其工作任务的人员职权范围的限制，不得对抗善意第三人。该条从工作职责角度切入，对公司法或公司章程授权之主体职务行为性质进行了法理上的认定，并从保护善意第三人的角度，对职务表见代表行为的外部有效性从法律上进行认定，似可为实控人对公司的控制行为提供理据。然而，细观本条表述，执行“工作任务”和“职权范围”均体现了该条所指之执行公司工作任务的人员应是在公司中有明确法定身份和法定职权的主体，若将公司对实控人的关系认定为委托代理关系，无法解释实控人对公司控制权的来源；而且，本书所讨论的实控人为公司外部主体，因行使控制权与公司产生联系，因损害公司和相关主体利益方才进入法律规制范畴，这种以结果入法的路径不同于该条所讨论的法定主体工作过程入法的路径。因此，从法律适用上看，实控人在公司法上无明确职权归属的身份特征决定了其并不满足《民法典》第 170 条关于主体适用的前提。此外，从法理上分析，委托代理关系从根本上而言为代理，代理人虽然在代理权限范围内独立作出意思表示，但这种表示并非为了自身利益，而是为了代理人利益。实控人控制公司的行为中，亦有自身控制权私益的考量，这种行为目的上的本质差异决定了不宜将实控人与公司的关系认定为委托代理关系。

**2. 信托关系**

信托起源于英国，为英美法的重要制度，信托的英文表述为 trust，意即信任，表明了信托法律关系的基本价值理念。从概念上而言，信托指委托人基于信任而将自身财产委托于他人，即受托人，由受托人依信托目的为受益人利益处分信托财产，信托财产与受托人自有财产相独立。信托的本来意义即为代人管理财产的机制。① 初始信托并非受法律约束的行为，在发展过程中，逐渐成为纳入法律框架之内的专业行为，受托人也演变为具有专业知识的资产管理人与投资决策者。社会背景的变迁对于这一发展起到了积极的推动作用：近代社会运动所孕育的法治思想深入人心，信托目的合法原则得以确立，而消极信托的脱法设计逐渐萎缩。随着生产的发展，英国由农业社会向工业社会转变，财富的主要形式由土地转变为证券及各种投资工具，受托人面对瞬息万变的市场环境，不得不进行积极管理。② 人们财富观念的转变，使得受托人无法消极保守地保有财产，而必须以财产增值为目的积极经营管理财产。

申言之，信托关系之显著特征在于：其一，信托本质上是一种为他人利益管理财产的机制，通过这一机制，委托人将财产交给从事专业资产管理的受托人经营，并将经营收益交与受益人；其二，信托关系建立于双方信任的基础之上，在委托人与受托人之间建立起信托法律关系，委托人将财产交由受托人处置，受托人本着诚实信用原则为受益人服务，经营管理信托财产，努力实现增益效果；其三，信托目的为必备要件，信托财产之所以作为独立存在的财产，即是为了服务于信托之目的，应当说，信托目的即为信托财产之价值所在。信托关系原则上必须同时具备委托人、受托人与受益人三方当事人，但也存在特殊情况，比如英美法上的宣言信托，即委托人宣告本人为受托人，此时委托人兼具受托人的地位。另一种情形是，委托人将自有财产委托他人代管，并将自己确定为受益人，此为自益信托。此外，受托人亦可作为若干受益人之一，但不得作为唯一受益人。③ 以此为观照，实控人与公司的关系与上述信托特点恰相契合。

---

① 施天涛:《商法学》(第6版)，法律出版社2020年版，第344页。

② 施天涛:《商法学》(第6版)，法律出版社2020年版，第357页。

③ 施天涛:《商法学》(第6版)，法律出版社2020年版，第343—345页。

实控人正当行使控制权，本质上即为通过对公司财产的管理创造价值，并使自身从中获利，其控制权之所以能够行使源自公司治理所形成的信任关系，因此，实控人理应以诚实信用作为其行事准则，以公司发展为目标，在为公司创造新利益的同时，自身获取控制权私益这种目的性与信任关系使得实控人与公司之间具备了信托关系的基础。另外，从实控人与公司的主体关系上考量，若实控人为隐名出资人，则其兼具委托人、受托人与受益人身份，但由于实控人并非唯一受益主体，亦有公司与股东分取利益，该信托关系为有效；若实控人非为实际出资主体，则其控制行为相当于通过对公司财产进行管理而创造收益，此时，公司相当于委托人，实控人相当于终极受托人以及受益人之一。无论实控人以何种形式掌握对公司的控制权，其与公司之间的信托关系都是成立的，实控人的受托人地位也决定了其对公司所负有的诚信义务，而由于公司与股东利益之间密不可分的关系，这一诚信义务的影响亦应扩展于股东，由此，实控人基于信托义务应当对公司负有一定诚信义务。考虑到公司的营利性以及股东投资增益的目的，实控人应当以公司的生存发展为己任，控制公司行为应考虑到此增益义务，从而对于公司的义务应高于股东和债权人。因此，实控人对于公司应在禁止权利滥用义务的基础之上，进一步负有诚实信用义务及信托义务，方能约束其控制行为，保障公司与股东的长远利益。

实控人与公司的关系可能基于直接约定，亦可能基于解释论上的信托关系，无论何者，二者之间紧密的利益关联都是存在的，而这种关系决定了实控人控制权的行使应以诚实信用为行为准则，发挥控制行为对公司的正向作用，方为正解。

### （二）实控人对公司的权利

#### 1. 域外立法借鉴

通过前述实控人的类型分析可知，实控人通过股权投资、特定协议、所有制关系等基础性法律关系对公司形成控制。尽管实控人基于风险隔离的目的尽可能规避与公司的直接法律关系，但是，控制权来源的差异决定了实控人对公司控制权性质上的不同，而且这种理论上的控制权因实控人对公司行为类别或者公司对其确认方式的不同而有所差异。例如，2018 年《公司法》第 21 条对于实控人利用关联关系的控制行为予以确认，只要不损害公司利益，则是被允许的，由此，实控人的关联性控制行为经法律确认而由事实控制权上升为法定权利，2023 年《公司法》沿用此规定。若公司章程不违背强制性规范的要求，而对实控人的控制行为予以确认，亦将其控制权转化为实控人对公司的法定权利，赋予其控制行为在合理限度内的法律正当性。

德国康采恩对于关联企业的规制相对成熟，值得借鉴。根据《德国股份法》第 18 条规定的概念特征，当两家或两家以上具有独立法律地位的企业联合接受统一管理时，便产生了康采恩。从本质上而言，康采恩是各个具有独立法人地位的企业基于一定的统一性意愿共同组成的企业联合体，该联合体可视作一个经济上的统一体，从而成为一个企业集团，其成员企业具有独立法律地位这一特征使康采恩与一般企业相区别。《德国股份法》第 15 条也提出了关联企业的概念，该条指出，关联企业本身具有独立的法律地位，虽然不具有康采恩对企业进行统一管理的特性，但关联的方式具有多样性，包括企业间相互持股、持有其他企业相对多数股份、与其他企业签订债权性质的联合性企业合同等。统一管理这一构成要件在关联企业和狭义康采恩之间建立起了经济上和法律上的联系。由此，《德国股份法》第 18 条第 1 款和第 2 款确立了两种组织结构，即上下级的隶属型结构和平等的合作型结构。[①] 我国实控人在公司集团中的控制情形即与这种上下级的隶属型结构相类似。

隶属型康采恩比较常见，即控制企业对至少一个从属企业行使领导职权。《德国股份法》又将隶属型康采恩细分为协议康采恩（《德国股份法》第 291—309 条）、加入式康采恩（《德国股份法》第 319 条及以下）及事实康采恩。协议康采恩中，企业并非以相对或绝对多数持股的方式获得另一企业的控制权，而是通过企业之间签订转移控制权的协议，将企业的控制权进行让渡，从而形

① ［德］托马斯 · 莱塞尔、吕迪格 · 法伊尔：《德国资合公司法》（上册），高旭军等译，上海人民出版社 2019 年版，第 841—842 页。

成控制企业与从属企业的关系，此为组织法意义上的领导权转移（《德国股份法》第 291 条第 1 款、第 308 条）。利润转移合同也常被用来实现控制权获益的目的，双方企业往往在该合同中约定，一方企业负有向另一方上交全部盈利的义务，或者一方以另一方的利益作为本企业的经营目标（《德国股份法》第 291 条第 1 款第 2 项）。加入式康采恩模式之下，控制企业享有对从属公司的控制权，并对其债务承担责任，由此，两个企业之间形成了更深的关联（《德国股份法》第 322 条及以下），加入式康采恩在现实经济中很少见。事实康采恩（法律上"缺少控制合同"时，《德国股份法》第 311—318 条）中，企业之间仅仅通过持股优势形成事实上的控制企业与从属企业，在此基础上还可以通过订立债法性企业合同（《德国股份法》第 292 条）和促进成员企业领导机关人员融合，使统一管理得以加强，借此企业可避免自己被合同束缚，因此，在有限责任公司参与康采恩时，事实康采恩更为重要。① 隶属型康采恩针对控制权产生方式的不同，进行了类型化区分，包括了协议式、加入式与事实康采恩。这种分类方式为我国实控人与公司关系提供了重要参考依据。《德国股份法》对于本国公司领域所产生的控制权问题进行了清晰的法律界定，将之纳入法律规制的范围之内，对于控制企业的行为实现了有效引导，此种法律确权的方式对我国公司法具有借鉴意义。我国实控人与公司之间亦存在协议关系与事实控制关系，控制权产生根源的不同决定了请求权基础的不同，进而产生不同的法律规制。建议我国《公司法》在未来发展中，根据资本市场的实控人特点，对于重要的实控人种类进行列举，并配之以相应的责权利内容，以适应公司实践的发展需要。

**2. 关系契约理论：法律规制不足之下的路径选择**

鉴于目前我国《公司法》中对于实控人体系化规制的不足，实控人追责的合理路径应是找寻其与公司在法律上的关联性，鉴于实控人责任为不利益，这种不利益必须有法律上的依据方能符合完整的责权利逻辑。由此，寻找与之对应的法理上的依据应成为实控人对公司承担责任的重要理论前提。在《公司法》

---

① ［德］托马斯·莱塞尔、吕迪格·法伊尔:《德国资合公司法》(上册)，高旭军等译，上海人民出版社 2019 年版，第 841—843 页。

尚无实控人责权利规制体系的现状之下，若要将事实控制权通过转化，认定为其所具备的法律上的权利，可以尝试从公司契约论上探寻解决路径。经济学意义上的契约比法学意义上的契约在内涵上要宽广得多，除双方利益交换行为之外，还包括基于当事人意思自治达成的任何其他安排，具有明显的协作性质。[①]自科斯揭示企业的契约性质之后，经济学界开始了真正的企业理论研究，进而开辟了公司法研究的新视野。有关公司法的经济学分析，基本上都是在契约理论的基础上进行的，且这种范式日益为公司法研究所采用。20 世纪 30 年代，富勒发表了论文《合同损害赔偿中的信赖利益》，将当事人基于对另一方的依赖所受的损害也应得到赔偿的信赖利益理论带入英美合同法，从而首先提出了契约法中的信赖关系理论。此后，法律现实主义进一步将视线转向现实中的社会关系。在 1954 年，德国的判例学说也确认了源自耶林的信赖利益说，即事实上的契约关系说，至此，信赖关系理论在世界范围内得到重新认识。1980 年，富勒的学生麦克尼尔出版了《新社会契约论》一书，将社会关系作为契约法的基石，麦克尼尔师承富勒的信赖利益学说，更是将契约关系置于更宽泛的社会关系背景之中进行考察。[②]麦克尼尔认为，从社会学角度来看，契约不过是有关未来交换过程的当事人之间各种关系的规划。[③]关系契约理论并非着眼于民法所关注的交易对价与公平，而是维护契约双方之间长期的合作关系，关注商事交易的安全与效率，侧重于维护商事交易的稳定。[④]公司契约具有商事法上的特殊性，应更多遵循商法规则，这种规则在一定程度上区别于民法上的合同规则。[⑤]关系契约理论对公司契约具有很强的解释力，随着企业契约参与者之间合作的深入，他们彼此间的社会关系亦会日趋紧密，乃至于很多公司法律活动

① 黄辉：《对公司法合同进路的反思》，载《法学》2017 年第 4 期，第 126 页。

② 罗培新等：《公司法的法律经济学研究》，北京大学出版社 2008 年版，第 20—21、23 页。

③ ［美］麦克尼尔：《新社会契约论》，雷喜宁、潘勤译，中国政法大学出版社 1994 年版，第 4 页。

④ Oliver E. Williamson, *Transaction-Cost Economics: The Governance of Contractual Relations*, 22 The Journal of Law and Economics 233, 261(1979).

⑤ 黄辉：《对公司法合同进路的反思》，载《法学》2017 年第 4 期，第 126 页。

的交易形式完全不同于市场交易，即双方虽然未订立形式上的合同，但其彼此间的信赖对双方产生了契约上的法律效果。

对于实控人，特别是公司集团中的实际控制主体而言，虽然其与公司之间并不一定存在形式上的契约连接，但其与被控制公司基于信赖产生法经济学意义上的契约关系，因此，实控人的控制权应当为法律所认可，由此所获得的控制权私益亦应为法律所允许。事实上，虽然公司由法定机构运行，外部实控人基于法律关系或特殊身份关系与公司形成的控制关系之下，其控制力亦可能对公司呈现出正向的推动作用。

公司法人治理结构的基础在于股东权与公司法人权利的相互独立与制衡，而实控人的出现改变了这种局面。产权学派认为，产权的本质就是剩余控制权，即不完备合约规定之外的权利，剩余控制权应当归所有者所有。[①] 这一理论在实控人问题出现之后可以有所调适，即对于由公司外部实控人控制的公司而言，剩余控制权应归属于实控人，从而实现实控人对公司权利的确认。若将实控人对公司的权利进一步解构，可得出如下结论：实控人对公司形式上的权利在于通过各种合法形式实现对公司的控制，而实质权利则是对基于控制公司行为所获取的控制权私益的获取权。这一权利虽然既无公司法上的规定，多数情况下亦因没有双方直接约定而不受传统合同法的保护，但从关系契约理论的角度，实控人通过一定的控制方式与公司形成有效连接，从效率上与信赖利益上而言，认可实控人正当控制行为对于公司的有效性，符合公司的长期契约性质与逐利性特征。

## （三）实控人对公司的义务

### 1. 德国关联企业立法的示范效用

#### （1）康采恩规制的引领作用

大陆法系国家对于控制人的规制体现为专门的关联企业立法。德国以其康

① 黄辉：《对公司法合同进路的反思》，载《法学》2017 年第 4 期，第 128 页。

采恩规则对控制股东规制起到了开创性的引领作用。德国公司法将康采恩细分为契约康采恩与事实康采恩，并规定契约康采恩模式中，控制企业可基于契约行使对企业控制权，并以承担从属企业年度损失为对价；事实康采恩模式中，控制企业的控制行为不得对从属企业造成不利影响，否则需要承担不利益。[①]《德国股份法》第 309 条规定，企业之间订有控制契约的，控制企业的负责人在向从属公司作出批示时，应尽到正常忠实管理人之注意义务。具体而言，应由控制企业的负责人代表企业向从属企业作出指示，在此过程中，控制企业的负责人负有注意义务，若违反该义务造成从属公司的经济损失，该负责人应对此损失与控制企业一起承担连带赔偿责任，对于是否违反注意义务的举证责任，则交由负责人承担。从属公司本身及其股东都可主张此项损害赔偿请求权，但股东主张时，只能请求控制企业负责人向从属公司支付，不能请求其向股东个人支付。[②]这一点类似于我国《公司法》上规定的股东代表诉讼，根据 2023 年《公司法》第 189 条第 3 款的规定，他人侵犯公司合法权益，给公司造成损失的，有限责任公司和股份有限公司连续 180 日以上单独或合计持有公司百分之一以上股份的股东，在公司内部机构救济不能的情况下，可以为了公司利益以自己的名义起诉。该条规定中的“他人”即可理解为包括实控人在内。无论是德国康采恩模式还是我国公司法中对损害赔偿责任相对方关于股东代表诉讼的规定，均体现出立法对于实控人与公司关系和实控人与股东关系的差异性的确认，也印证了实控人对公司的诚信义务不宜扩张适用于实控人与股东之间。

（2）德国企业实控人的规制与借鉴

在德国，如果几家不同的企业在其相互之间结成《德国股份法》第 15 条意义上的关联关系，从法律上看，它们依然是独立的公司。即使在关联企业中既有国内企业，也有外国企业，也是如此。境外公司可以与德国境内的子公司签订跨境控制或利润转移合同，这一点在德国审判实践中获得了承认。但根据德国境内企业作为附属企业或作为控制企业地位之不同，《德国股份法》有不

① 叶敏:《公司控制人的法律分析》，中国政法大学出版社 2015 年版，第 95 页。
② 汤欣:《控股股东法律规制比较研究》，法律出版社 2006 年版，第 50—51 页。

同的规定。如果一家德国股份公司是康采恩企业中的附属企业，它与外国公司签订的控制或利润转移合同必须首先满足《德国股份法》第 293 条第 1 款、第 293a–g 条、第 294 条和第 304 条第 3 款第 1 句中规定的前提条件才能生效。主要条件有，合同必须采取书面形式，合同中必须包含着对外部股东提供的补偿要约，必须提交一份有关企业合同的书面报告，而且该报告必须经过独立经济审计师的审查；除此之外，合同还必须得到附属企业股东大会的批准，该批准必须由占注册资本四分之三以上的代表投赞成票作出。与此相反，如果涉及的是康采恩企业中的控制企业，那么只有在该企业的属人法明确规定时，控制合同或利润转移合同才需要征得其股东大会的同意。根据《德国康采恩法》，在特定条件下，外国康采恩母公司可以对德国子公司发表指令，即使该指令对德国子公司不利，且侵害了其注册资本，也是可以的。此处的特定条件即实控人对附属公司的义务，包括弥补亏损义务、提供担保义务，以及发出弥补损失的要约的义务，也就是说，如果德国子公司已没有资产，外国母公司有可能必须对子公司的债权人承担直接损害赔偿责任。附属公司董事会通常不可以执行母公司向其发出的将对其产生不利影响的指令，除非母公司承担以下义务，即它将执行外国法院基于企业合同而作出的要求母公司承担清偿责任的判决。此种特别义务亦可理解为责任，即在法律上为控制行为的不利影响预设了一定的救济措施。共同利益足以论证说明这一解释的正确性，因为根据共同利益，人们必须尤其考虑附属公司中债权人和小股东的保护需求。若在康采恩企业之间没有签订控制合同，只要有一家附属股份有限公司受德国法管辖，便适用《德国股份法》第 311—318 条的规定。根据这些规定，控制企业不得主张因为存在着康采恩关系便有权对附属公司施加不利影响，如果其施加的影响对附属公司产生了损害，必须承担补偿义务；此外，它还必须编制并提交附属企业报告。[①]

总体而言，德国对于包含外资企业的控制性质的关联公司，区分为外资控制企业或本国控制企业，对于控制协议设定不同的条件，外资控制情形下的条

① ［德］托马斯·莱塞尔、吕迪格·法伊尔：《德国资合公司法》（上册），上海人民出版社 2019 年版，第 75—77 页。

件高于内资控制情形，并对控制人施加特殊的义务，这一规定对于我国外商企业控制内资企业情形具有借鉴意义。如前述，外资企业通过股权代持间接投资我国内资企业，从而成为外资实控人，这种情形是被允许的。如此，我国应考虑到实控人的外资性质，对这种关联关系施以较为严苛的审查标准，从而对内资企业形成一定的保护作用。与此同时，在外资控制人的义务设置上，应对其损害性的控制行为施加一定的义务，如弥补亏损义务、担保义务、中小股东和债权人利益补偿义务，最大限度降低其控制行为给被控制公司带来的损害，这些义务实则包括了事前防范与事后弥补行为，考虑到了中小股东和债权人的利益保护，分散了被控制公司可能面临的赔偿风险，具有借鉴意义。

**2. 诚信原则对于实控人义务的适用**

（1）诚信原则的法律续造功能

实控人能够行使对公司的控制权，与公司处于平等地位，其行为直接对公司产生作用，作为能够控制公司行为的利益主体，其归责理念应基于实控人对诚实信用原则和禁止权利滥用原则的违反和法律漏洞填补的现实需要。有学者对法律漏洞进行了细致归纳，将其定义为由于立法者对于待调整的社会关系认识不够充分，或者制定的法律与现行法律内容相容性欠缺，或者由于社会关系的发展导致了立法内容的滞后性，造成了一定的立法缺陷，这种缺陷表现为：特定社会关系调整规范的缺失，既有法律规范之间存在矛盾，或者既有法律规则的现行适用明显背离基本的公平正义。[①] 实控人的《公司法》规制不足恰是因为商事组织发展过程中出现了立法当时所难以预见的主体，该类主体既有实力滥用控制权过度攫取控制权私益，损害公司的生存权与发展权，又可以规避法律规制，因此，以诚信原则的适用填补法律漏洞对于破解实控人面临的法律适用难题尤为重要。

诚信原则主要以积极设定行为义务之方式来保护民商事主体利益，且其制度目的主要在于保护具有一定关联关系的当事人之间的利益，诚信原则的重要

① 黄茂荣:《法学方法与现代民法》( 第 5 版 )，法律出版社 2007 年版，第 377 页。

功能在于司法实践中的法律续造功能。[①]实控人在《公司法》中规制不足，其控制行为与公司产生极为重要的利益关联，对公司影响力大且直接，在法律条文供给不足之时，恰应以诚信原则弥补法律规定之不足。由于诚信原则的内涵较为宽泛，应对实控人行为进行不同程度的区分，虽难以穷尽，但一定的类型化指引也可以对司法实践提供一定借鉴。

（2）实控人对公司义务的特定性

随着控制股东、实控人的陆续产生，公司治理出现了法定主体与实际主体严重脱节、法定权力分配与实际权力分配严重脱节的局面。[②]为实控人的控制权寻求法律依据之目的，在于为其承担义务与责任的不利益奠定合理化前提。如前述，实控人对公司负有诚信义务，通过控制公司来实现控制权私益，其控制行为对公司的作用最为直接。有学者认为，控制股东在行使权利时，应以对公司整体利益最为有利的方式行事，体现出尊重公司生存权与发展权的公司法治理念。信义义务来源于对于公司董事的义务要求，在公司治理实践的发展过程中，已逐步扩展到公司经理、监事甚至控制股东，而控制股东信义义务具体包括注意义务和忠实义务两个方面，这一点已在学界达成共识。忠实义务是道德义务的法律化，[③]而注意义务在忠实义务的基础之上提出了实现公司逐利性的目标。[④]公司治理首先在于遏制控制权滥用以及合理引导和规范控制权的行使。[⑤]实控人虽为公司外部主体，但其控制权却是通过对公司的控制行为实现的，换言之，只有实施控制公司的行为时，才涉及承担义务的问题。因此，实

① 王利明：《论公序良俗原则与诚实信用原则的界分》，载《江汉论坛》2019 年第 3 期，第 134—135 页。

② 朱慈蕴：《资本多数决原则与控制股东的诚信义务》，载《法学研究》2004 年第 4 期，第 105 页。

③ 刘凯：《控制股东的信义义务及违信责任》，载《政法论坛》2009 年第 2 期，第 149、153 页。

④ 徐来：《实际控制人法律制度研究——以上市公司为中心》，知识产权出版社 2016 年版，第 51 页。

⑤ 赵旭东：《公司治理中的控股股东及其法律规制》，载《法学研究》2020 年第 4 期，第 92 页。

控人对于公司的义务并非普遍性义务，而是在特定场景下的特定性义务。这类特定义务与责任相衔接，只有违反特定场景下的义务才会产生责任问题。

2018 年《公司法》第 147 条第 1 款规定了董监高对于公司负有忠实义务和勤勉义务，2023 年《公司法》在此基础上有所推进，第 180 条第 1 款将忠实义务界定为避免利益冲突与不得滥用职权义务，第 2 款将勤勉义务界定为合理注意义务。然而，相较于董监高在既有公司治理体系中的常态化义务，实控人的义务具有特定性。尽管 2023 年《公司法》第 180 条第 3 款基于广义实控人概念将不具有董事身份而为董事行为之主体认定为事实董事，从而使之负有董事义务，但从主体的理论界分及法律适用角度而言，这类实控人已纳入董事范畴，并不具有单独讨论实控人义务与责任之必要。实控人义务的讨论更多因具体案件中的实控人责任而生，推导路径与义务认定有赖于法官对具体案情的判定。在深圳市华佗在线网络有限公司、深圳市美谷佳科技有限公司损害公司利益责任纠纷案（以下简称“华佗在线、美谷佳公司案”）[①] 中，李某作为美谷佳公司的董事和高管，对于美谷佳公司具有实际控制权，美谷佳公司以股权代持的方式成为华佗在线公司的全资实际股东。二审法院认为，李某对于母公司负有忠实义务（包括竞业禁止义务），考虑到子公司华佗在线公司利益受损对母公司及其股东利益造成的影响，应将李某作为美谷佳公司董事和高管对于公司的忠实义务扩展至华佗在线公司，从而真正实现对母公司及其股东的利益保护。本案中，李某是华佗在线公司的实控人，这种利益相关性的推理方式为实控人对于公司的赔偿责任明确了特定义务作为追责前提，可资借鉴。

（3）实控人诚信义务的具体化

综合第三章关于实控人义务的讨论以及本节前述分析，实控人对公司的义务可以有纵向、横向两种划分方式。纵向上，实控人对公司的义务分为禁止权利滥用义务和诚信义务，其中禁止权利滥用义务为根本性义务，其适用范围应及于公司及其他利益相关主体；诚信义务侧重适用于相对关系，更多体现出增

---

① 广东省高级人民法院民事判决书，（2019）粤民终 1027 号。

益性。诚信义务与禁止权利滥用义务更类似于列举与兜底的关系，实控人的控制行为变动不居，兜底性作用必不可少。纵向上的义务具有原则性与理念性，而横向上的划分更具有实操性，是诚信义务与禁止权利滥用义务的具体化，适用于特定场景。

如前述，实控人与公司的关系可理解为信托关系，“信”即忠，亦即忠实义务，“托”即勤，亦即勤勉义务。实控人应以公司利益为行为准则，在追求控制权私益时，亦应充分考量公司的生存发展，其控制行为应尊重公司利益，体现其对公司忠实的道德准则以及积极保障并谋求公司利益发展的行为准则。既然信义义务扩展至实控人具有理论正当性，根据实控人与公司利益冲突的大小以及具体场景之不同，可将实控人对公司的义务进行横向划分，具体区分为勤勉义务和忠实义务，勤勉义务要求对行为施以合理的注意，体现于积极场景；忠实义务属于道德性义务，主要体现于消极场景。当实控人处于积极地位之时，通过对控制权的运用，可能为实现自身利益最大化而产生侵犯公司的意图，或客观上实现侵犯的效果，积极地位的控制行为以关联交易、竞业行为和公司并购或称控制权转让为其典型形态，[①] 行为标准作用更为突出。当实控人处于消极地位之时，其与公司之间利益趋同或分歧较小，无须通过积极行为改变利益分配的状态，此时，因其外部作用并不明显，相应的义务也应弱于积极场景。此时基本的忠实义务应体现为信息披露义务以及尊重公司独立性的义务，[②] 道德标准作用更为突出。

## 二、实控人控制行为与公司性质的关联

### （一）公众公司与非公众公司的界分

#### 1. 我国公司形态的法律区分

综观我国《公司法》以人合性与资合性之区分作为公司形态区分的考量因

① 徐来：《实际控制人法律制度研究》，知识产权出版社 2016 年版，第 77、82 页。

② 徐来：《实际控制人法律制度研究》，知识产权出版社 2016 年版，第 89 页。

素，将公司形态区分为有限责任公司与股份有限公司，但事实上，除了一人公司和国有独资公司具有明显的人合性特征之外，一些股份有限公司亦具有人合性特征，资合性特征并不突出。根据2023年《公司法》第92条的规定，股份有限公司发起人为1人以上200人以下，将2018年《公司法》第74条规定的2人下限继续降低，这就意味着股份有限公司的股东可以为1人或人数较少的数人，这一类型的股份有限公司即使算作资合性公司，也必然呈现出较大的人合性特征。事实上，随着2013年《公司法》原则上废除股份有限公司最低注册资本制，有些股份有限公司的注册资本和规模反而不及某些有限责任公司。由此，股东规模较大的有限责任公司与股东规模较小的股份有限公司在公司治理上并无本质差异，在法律上亦无区分调整之必要。我国《公司法》对于有限责任公司与股份有限公司的分类标准并未体现出公司形态上的本质差异，无法满足公司治理区分调整的实践需求。股份公开发行制度不应作为股份有限公司与有限责任公司的本质差异，而应作为股份公司中公众型公司与闭锁型公司的区分标准。①

**2. 域外法律关于公司分类的考察**

英国作为现代公司法的起源地，于1908年《公司法》中将公众公司作为公司的常态，并强化了股东人数、招股说明书、股份流转、公开账目、抵押登记等方面的规定。英国公司法有关公众公司的相关规定对于英美法系国家和地区产生了极大的影响。美国虽然对于公司的立法权限属于各州，而没有联邦层面的统一公司法，但美国1934年证券交易法规定的报告公司，实为公众公司概念，根据规定，这一报告公司必须满足以下三个条件之一：即公开发行的公司，公开交易的公司，或者是达到一定股东人数和资产规模的公司。我国香港地区公司法传承英国公司法，承接了公众公司理念，且将公众公司与私人公司相区别，具体区分标准体现为：成员是否超过50人；公司章程是否限制成员转让股份的权利；是否允许公开认购公司股份或债权证；是否属于担保有限公司。②

---

① 刘俊海：《新〈公司法〉的设计理念与框架建议》，载《法学杂志》2021年第2期，第16页。

② 徐明：《公司法诸问题研究》（上册），中国金融出版社2022年版，第125—126页。

英国公司法上的公众公司也对大陆法系国家和地区产生了一定影响。比如日本、韩国和我国台湾地区均吸收了公众公司的概念。日本公司法将公众公司称为公开会社，只要公司发行股份中有一部分可以自由转让，即认定为公众公司。韩国公司法未对公众公司概念作出界定，但韩国《金融投资服务与资本市场法》规定，如果股份公司向超过 50 名以上的投资者公开发行或者转让该公司股票，那么该股份公司将被视为公众公司。我国台湾地区公司证券相关规定文件中没有公众公司的概念，与其内涵最为接近的公司类型是公开发行公司，虽然“公开发行公司”在公司法和证券交易法等法律文件中多次出现，但法律上却未对此进行明确的概念界定。根据较为通行的解释，公开发行公司指具有公开发行股票资格的股份有限公司，而公开发行股票资格是指具有向非特定对象发行股票的资格，因而具有公开性。①

综观英美法系和大陆法系主要国家和地区的公司法和证券法等法律制度，对公众公司界定并不统一，也并未见关于公众公司的清晰的法律概念。但是，从各国实践中可以看到公众公司界定的共性，这种共性在内涵上体现为公众性，外延上则表现为公开发行、公开交易和一定规模的股东三种形态。

**3. 我国《公司法》以公众性区分公司形态的必要性**

公众公司同非公众公司在股东构成、信息披露、公司治理以及交易方式方面均存在较大差异，从我国资本市场实践来看，已经形成了以上市公司、非上市公众公司为主的公众公司群体以及一定规模股东的公众化股份公司，并形成了大量的涉及公众公司的法律法规、部门规章、规范性文件以及交易场所自律规则，公众公司不仅在法律上具有大量的实质性规定，在监管上也积累了大量的实践经验，这也为《公司法》中落实公众公司的规定提供了较为充分的法律和实践基础。公司法本身即是一部以保护中小投资者为重要目标的法律，以公众性作为公司形态划分标准，系统规定公众公司的内涵和外延，将为中小投资者的利益保护提供更为明确的公司类型指引。《证券法》修订引入了“股票在国

① 徐明:《公司法诸问题研究》(上册)，中国金融出版社 2022 年版，第 127 页。

务院批准的其他全国性证券交易场所交易的公司”这一概念，与“上市公司”并行使用，在信息披露、法律责任等方面的要求与上市公司基本相同，为公众公司中小股东保护提供了法律依据。然而，《证券法》规制主要体现为行为监管，[①] 需要《公司法》从主体规制的角度对公众公司的内涵与外延、公司治理等进行更为本源和基础性的规定，这也有利于与《证券法》形成合力，为中小投资者提供保护。

**4. 公众公司与非公众公司的区分性界定**

股份公司在资本市场的公开发行或公开交易是其公众性最为重要的体现方式。2023 年《公司法》第 91 条和 2018 年《公司法》第 77 条均规定了股份有限公司采取发起设立与募集设立两种方式，其中募集设立方式之下，除发起人认购一部分股份之外，其余股份采用向特定对象募集与向不特定对象募集两种方式。《证券法》第 9 条将公开发行的情形界定为“向不特定对象发行证券”，“向特定对象发行证券累计超过二百人，但依法实施员工持股计划的员工人数不计算在内”，以及“法律、行政法规规定的其他发行行为”。由此，若股份公司采取定向募集方式，但特定对象累计超过 200 人，也应纳入公开发行的情形。事实上，无论股份公司向不特定对象公开发行股票，还是向累计超过一定规模的特定对象公开发行，都具有明显的公众性。公开交易不同于公开发行，公开发行是具有涉众性的融资活动，而公开交易不涉及融资，但也具有公众性，原因即在于，公开交易在公开市场进行，股票买卖面向市场上的众多投资者，且公开市场对于公开透明的要求决定了股份公司需要公开披露公司定期报告和临时报告等信息，这也增强了股份公司的公众性。对于非公开发行且非公开交易的股份公司，其公众性的确定需要一定的衡量标准。从各国公司法对公众公司的界定范围看，均要求具备足够的股东人数，有的国家还要求具有相当的资产规模，此即事实形成的公众公司。事实公众公司是指基于社会经济意义考虑，具备一定总资产规模，且股东人数达到一定数量，存在较大公共性的股份公

① 徐明:《公司法诸问题研究》(上册)，中国金融出版社 2022 年版，第 185 页。

司。[①]据此，在我国，采用发起方式设立的股份有限公司，若发起人数达到一定数量，意味着投资人数量达到一定规模，也应认定为具有一定的公众性。

域外公司法中，直接使用非公众公司概念并直接进行相关规定的微乎其微，英国公司法中使用的私人公司、美国公司法中的闭锁公司以及日本公司法中的非公开公司，亦可理解为非公众公司。我国相关法律法规、部门规章、规范性文件中也未对非公众公司进行专门的规定。但是，既然公众公司可以进行界定，那么就公司分类的周延性而言，非公众公司也具有相应的内涵。

综上，从概念上可以将公众公司界定为，通过公开发行股票、公开交易股票或者股东人数达到公众性程度的股份公司，具体为上市公司、股票在全国性证券交易场所交易的公司（挂牌公司）以及公众化股份公司。[②]从逻辑上来看，非公众公司应当是排除了公众公司以外的其他公司，即上市公司、挂牌公司和事实公众公司之外的其他类型的公司，具体应当包括非公众股份公司、有限责任公司和一人有限公司三类。

### （二）实控人对公众公司的控制

2005 年《公司法》增加实控人的内容后，证券法领域本着“追首恶”的资本市场监管原则，制定并实施了大量有关实控人法律适用和调整的法律规范或制度文件。事实上，在实控人问题上，公众公司的规范性和受到的监督比非公众公司强得多，信息披露要求对实控人产生一定约束效用，其身份的公开性使得控制权的行使面临一定公众监督的压力，从而产生一定的约束作用。理论上，公众型公司参与人众多，资合性强、“搭便车”现象明显，无法像闭锁型公司一样通过协商机制处理公司事务，公司内部治理权能的发挥具有重要作用。[③]

虽然我国公司法尚未实现实控人规制的体系化，但证券法领域对上市公司的控股股东和实控人行为进行了较为细致的划分，从中亦可见实控人对于公众

① 徐明：《公司法诸问题研究》（上册），中国金融出版社 2022 年版，第 129 页。

② 徐明：《公司法诸问题研究》（上册），中国金融出版社 2022 年版，第 130 页。

③ 黄辉：《对公司法合同进路的反思》，载《法学》2017 年第 4 期，第 134 页。

型公司控制方式的多元化。例如，2023年12月修订的《上海证券交易所上市公司自律监管指引第1号——规范运作》专章规定了控股股东和实控人的行为规范，其中体现的不当控制行为主要包括如下方面：通过关联交易、资产重组、对外投资、担保、利润分配和其他方式直接或者间接侵占上市公司资金、资产；限制、阻挠其他股东行使提案权、表决权等股东权利；利用他人账户或者通过向他人提供资金的方式买卖公司股票；对于履约担保等承诺事项不予履行；违法违规转让控制权，损害公司及股东合法权益；隐瞒实际控制关系，未履行穿透式披露义务；利用媒体泄露公司未披露的重大信息或者传播误导性信息。① 实控人对上市公司或者公众公司的控制形态较为丰富，与公司内部治理的相对规范性有较大的关系，实控人为实现其控制权，需要在多种方式中慎重选择以规避法律，实现控制权私益。事实上，在公众公司中，控制股东若过度追求自身的控制权私益而置公司利益于不顾，可能会损害到公司利益，并进而损害到广大投资者的利益。公众公司的实控人亦应承担较之闭锁型公司更重的信义义务，过度追求私利的行为也应受到法律的否定性评价。②

证券法上的实控人规则仅限于证券发行、交易以及发行人的信息披露等相关内容，这种行为监管的视角为政府执法提供了明确的依据。但实控人违法行为终究难以列举穷尽，随着资本市场实践的不断发展，实控人行为可能进行其他种类的衍生，因此，应重视公司法对于公司治理的基础性规制作用，在公司法中对于实控人的义务与责任进行基础性的规定。具体而言，应在公司法中对于实控人的义务进行规定，特别考虑到公众公司实控人滥用控制权可能造成的较大的负外部性，应对其进行更为严格的义务上的规定，以与证券法上的实控人规制形成呼应，为证券法上的实控人规制奠定基本法上的基础，亦为证券法对于实控人的责任规制提供依据。

---

① 《上海证券交易所上市公司自律监管指引第1号——规范运作》(2023年12月修订)第4.3.1条至第4.3.8条。

② 王建文:《论我国构建控制股东信义义务的依据与路径》，载《比较法研究》2020年第1期，第102页。

### （三）实控人对闭锁型公司的控制

#### 1. 闭锁型公司的特点

域外的非公众公司一般都有一定的人数限制，比如英国公司法规定为 50 人，美国公司法中的上限为 50 人、30 人、10 人不等，我国 2023 年《公司法》第 92 条将股份公司类型的非公众公司股东人数限定于 1 人以上 200 人以下，第 42 条对于有限责任公司人数作出了 1 人以上 50 人以下的规定，因彼此信任而成立的有限责任公司较为常见，因此个人信用也成为公司成立的重要因素。我国基于公众公司的中小股东权利保护之必要性，对其公司治理方面规定较为细致深入，而对于非公众公司要求却宽松得多，基本以公司章程为基础，在多数事项上遵循公司自治原则，并不进行强制性要求。

非公众公司也可称为闭锁型公司。并非所有公司都在公司法预设的治理模式之下运行，闭锁型公司信息的非公开性，加大了实控人认定的难度，其有限责任公司法律规范基础和财务规范基础的不足，使得控制方式更为直接而无所顾忌。相较而言，实控人对于闭锁型公司的控制行为往往体现为一些更为直接的对公司控制权产生影响的方式，例如，通过股权代持方式掌握公司的实际经营权，通过合作经营或联合开发掌控公司的财务，直接控制股东会和董事会决议事项。相较于公众公司，实控人对于闭锁型公司的影响力更大，控制行为更为直接，效果也更为明显。

中国公司的历史传统决定了股权集中模式的主导地位，与英美法系公司股权高度分散的情况不同，代理成本并非公司治理面临的主要问题。上市公司的股权分散仅是相对于闭锁型公司而言的，而闭锁型公司的所有权与经营权更是无法彻底分离，经营者实际上仍受制于控制股东。实控人隐蔽行使控制权的优势使这一身份具有了比控制股东更大的吸引力，因此，实控人对闭锁型公司的控制应引起立法的足够重视，以改变现有法律规制严重缺失的不足，从而切实保障公司、股东与第三人的权益。[①]

---

① 赵旭东:《公司治理中的控股股东及其法律规制》，载《法学研究》2020 年第 4 期，第 95 页。

### 2. 闭锁型公司中实控人行为的限制路径

闭锁型公司的参与人较少，可以通过谈判机制实现权力分配与公司事务的处理，因此，闭锁型公司的权力分配往往体现为任意性规则，由公司参与人通过谈判自愿达成协议，公司的控制权与索取权通常统一于控制股东或实控人手中。事实上，封闭性的公司中，公司契约性体现得更为明显。由于公司的闭锁性及公司契约的长期性，公司控制权更易集中、更为隐蔽，控制权的行使更为安全而长久。由于闭锁型公司社会公众参与程度低，证券法领域的规制并未将其覆盖，公司法亦无对于这类公司控制权滥用的特殊防范，内部参与人难以预见到各种公司事务问题，更无法顾及准确的成本收益分析，这种外部监督的缺失和内部监督的匮乏极易诱发机会主义行为，公司运行的不确定性使得契约的不完备性禀赋得以显现，公司参与人的谈判机制出现系统性谬误，导致不公正的结果。[①] 如前述，公司契约无法用合同法原理进行相关的解释与救济，合同法强调缔约自由以及形式正义，即当事人须出于自愿订立合同，若无法定的胁迫、欺诈或乘人之危等特殊情况，合同法不会关注其实质内容的合理性。[②] 由此，闭锁型公司内部处于弱势地位的参与人无法通过传统的合同法规则寻求救济抑或对实控人产生事前的威慑力。在实控人滥权严重的闭锁型公司，需要引入强制性的公司法规则，以弥补公司契约的漏洞，规制控制行为，从而为公司及其内部利益主体提供有效保护。[③]

控制股东与实控人虽然法律身份不同，规制依据存在固有差异，但对于公司都产生了实质性的控制效果，相应的规制亦应有类似之处。我国公司法对于控制股东的规制并不明确，在这一点上，美国公司法对于闭锁型公司中控制股东的规制所提供的具体路径可资借鉴：第一，将股东压迫纳入公司解散的条件；第二，对控制股东施加信义义务，以遏制其滥用控制权的行为；第三，鼓励少

---

① 黄辉:《对公司法合同进路的反思》，载《法学》2017 年第 4 期，第 134 页。

② 崔建远、戴孟勇:《合同自由与法治》(上)，载高鸿钧等:《法治：理念与制度》，中国政法大学出版社 2002 年版，第 313 页。

③ 黄辉:《对公司法合同进路的反思》，载《法学》2017 年第 4 期，第 134 页。

数股东通过事先约定来避免股东压迫。[①] 迄今为止，各国公司法对于控股股东的规定均呈现出控权与限权的规制思路。[②] 我国公司法对于闭锁型公司实控人的规制应有所加强，这类公司虽然涉众不广，但缺少法律加持为实控人滥用控制权行为预留了空间。

在我国，由于有限责任公司具有很强的人合性，公司经营往往以公司成员个人信用为基础，为了保护其他股东和公司债权人的利益，2018 年《公司法》对于股权转让规定了严格的限制条件。[③] 根据《公司法司法解释（三）》，若实际出资人为公司的实控人，则意味着其控制权由于《公司法》对于股权转让的严格规定而受到限制，从而削弱了其股权的实际控制力。虽然 2023 年《公司法》第 84 条对于股东对外转让股权取消了"应当经其他股东过半数同意"的规定，且仍然未对有限责任公司的实控人进行限制行为的列举，但其基本延续了 2018 年《公司法》，将实控人控制的主要形式，即股权代持进行了有针对性的限制规定，就为实控人滥用控制权的防范提供了较大程度上的制度保障。尽管如此，考虑到实控人其他形式控制行为的防范，有必要在公司法中补充义务和责任方面的限制性规定作为向实控人进行民事追偿的法律适用的基础。

然而，还有一类实控人尚处于公司法与证券法规制的盲区，即非公众型股份公司，这类公司由于非公开发行与非公开交易，人数也未达一定规模，不具有较强的公众性，人合性强于资合性，客观上具有较大的封闭性。实控人通过股权代持等方式形成控制权的情况下，由于缺乏相应的法律规制，若出现控制

① 朱大明：《美国公司法视角下控制股东信义义务的本义与移植的可行性》，载《比较法研究》2017 年第 5 期，第 46 页。

② 汤欣等：《控股股东法律规制比较研究》，法律出版社 2006 年版，第 244 页。

③ 2018 年《公司法》第 71 条规定，股东向股东以外的人转让股权，应当经其他股东半数以上同意。《公司法司法解释三》第 24 条第 3 款也规定，实际出资人未经公司其他股东半数以上同意，请求公司变更股东、签发出资证明书、记载于股东名册、记载于公司章程并办理公司登记机关登记的，人民法院不予支持，这也说明 2018 年《公司法》对于有限责任公司的实际出资人规定了严格的股权转让限制条件。

权滥用的情形，法律适用存在困难。虽然封闭性产生的人合性特征使得其他股东可以有较大的知情权与自主权，从而对可能造成的损害进行有效防范，但对于公司外部的债权人而言，由于信息不透明，其利益易受到损害。

### （四）不同类型公司实控人规制的差异化与解决方案

综观公众公司与闭锁型公司的特点，可以看到，公众公司在法律规制方面更胜一筹，虽然实控人对于公众公司的控制行为具有更为广泛的社会影响和更大的利益驱动，攫取利益的动机更加强烈，但《证券法》出于保护中小投资者的利益而对其直接规定了法定责任，使其受到一定的约束，《公司法》上需要对实控人的义务与责任进行补足，并作为证券法实控人问题法律适用的基础。有限责任公司虽然不被《证券法》所覆盖，但其明确的人合性特征为《公司法》所认定，并匹配了一定的限制措施，从而客观上能够对实控人控制权滥用产生一定的制度上的防范功能。相较而言，封闭型股份有限公司人合性的特点决定了实控人由于缺少法律规制，更容易产生控制权滥用行为，从而使债权人利益受到损害。因此，仅依靠《证券法》上的实控人规制不足以解决我国公司治理中面临的实控人问题，需要在《公司法》语境下寻找实控人责权利的合理配置，方为实控人问题的解决之道。

建议发挥《公司法》的商事基本法功能，从《公司法》上对实控人明确诚信义务和相应的责任安排，弥补《证券法》对于实控人行为监管功能的不足，也为闭锁型公司章程等内部契约从内容上提供指引，以防范肆意滥权行为。同时，也应当考虑到闭锁型公司自身的人合性特点以及股东自治的内部需求，避免法律的过多干预，对于闭锁型公司的实控人规制，以《公司法》上的引导性规定为主，对于公司的实控人规制起到一定的提示防范作用，同时尊重公司内部的治理安排，做到法律规制的张弛有度。

### （五）实控人取得公司内部身份的转化途径

虽然根据现有法律规定，享有控制权的隐名股东原则上不能直接对抗目标公司，但我国相关司法解释规定确认了隐名股东的显名化请求权。[①] 根据《公司法司法解释（三）》第 24 条的规定，有限责任公司中，隐名股东转化为显名股东，须经公司其他股东半数以上同意，此规定符合有限责任公司的闭锁性及人合性特点。尽管 2023 年《公司法》第 84 条废除了 2018 年《公司法》第 71 条关于向非股东转让股权需要经过其他股东过半数同意的规定，一定程度上放宽了隐名股东转化为显名股东的条件，但对于股权转让披露内容及优先购买权的规定仍具有一定的限制作用。《九民纪要》对于进一步放宽隐名股东显名化的条件提供了指引，根据《九民纪要》第 28 条的规定，其他股东不必作出积极接纳隐名股东的意思表示，只要消极接纳与认可这一法律事实即可。对于外资企业实控人的规定则相对严格。《最高人民法院关于审理外商投资企业纠纷案件若干问题的规定（一）》（2020 修正）第 14 条对于隐名股东显名化规定了三个并列的条件：即隐名股东已实际出资；隐名股东的实际投资人身份已经得到除名义股东之外的其他股东认可；外资企业审批机关对于实际投资者变更为显名股东身份予以批准。外资企业的隐名股东显名化门槛远高于内资企业隐名股东，这也意味着外资企业实控人显名化所需条件更为复杂，不排除有的外资实控人通过隐身观望，对企业经营有信心，从而产生了显名意愿。而对外资隐名股东设置较高的显名门槛不利于外资实控人纳入公司内部治理体系意愿的实现，也不利于营造内外资统一的更具吸引力的营商环境。建议我国《公司法》在未来发展中，将隐名股东显名化的条件和程序进行明确且统一的规定，从而建设隐名股东友好型的投资环境，使我国营商环境更具吸引力。

## 三、实控人侵害公司权利与法益的类型划分

公司固有的二元法权关系决定了其内部利益的复杂性，实际控制权对于公司的侵害呈现出不同的作用效果，因此，有必要将公司权利与法益进行类型化

① 刘俊海：《论股权代持的法律性质和效力》，载《河北大学学报（哲学社会科学版）》2021 年第 5 期，第 135 页。

区分。此外，由于公司是控制行为作用的直接主体，在此讨论侵害行为的表现形态亦具有重要意义。

## （一）公司财产权利结构的类型化

实控人的滥权行为实则侵害了公司的权利结构与具体权益，因此，本书尝试从二者的类型化入手，进而研究实控人追责问题具有重要意义。

实控人对公司的控制行为，实则作用于公司的财产关系或者更为本质上作用于公司的财产权利结构。公司作为一个复杂的商事主体，如何合理解释公司财产权利结构问题，也成为中国民商法学的一项重要研究课题。[①]现代物权思维下，公司财产权利是一个三重的立体结构。依传统的“一物一权”法理，若股权为股东所有权，则公司法人就不能同时享有所有权，但在公司法人中，可以尝试进行发展性的扩充理解。学者认为，“一物”并非一般意义上的自然存在的实体，而是特定场景中的物权客体，该客体可以具有某种实物形态或抽象性，但均须代表一定的财产利益。[②]“一物”的特定化不是绝对的，而是相对的，只要依法律上的观念或标准进行独立区分，都可以成为特定的物，因此，对公司资产中的“一物”可作两种不同解释：其一是将每一股份特定化为“一物”，其二是将公司整体资产特定化为“一物”。公司财产的相对性决定了权利结构的复杂性，由此，形成了股东与公司的“所有权－经营权”基本结构、股东会与董事会的“所有权－经营权”内部结构、公司与第三人的“所有权－非物权”外部结构。[③]法谚有云，“股东拥有公司，但由董事会管理”[④]，亦为公司财产权利结构提供了注解。

① 胡吕银:《现代物权思维下对公司财产权利结构的新解析》，载《法学》2012 年第 2 期，第 82 页。

② 孟勤国:《论“一物”》，载《河南省政法管理干部学院学报》2005 年第 5 期，第 68 页。

③ 胡吕银:《现代物权思维下对公司财产权利结构的新解析》，载《法学》2012 年第 2 期，第 86—87 页。

④ 沈四宝:《西方国家公司法概论》，北京大学出版社 1986 年版，第 113—114 页。

## （二）公司利益的类型化

如果说公司财产权利结构类型化是从宏观上论及公司权利问题，从而对控制权所对应的公司权利结构进行宏观上的把握，那么公司利益的类型化则应从微观上排除股东与第三人的利益，仅就公司自身的权益进行讨论，由此为分别讨论实控人对公司、股东与第三人的责任作好理论铺垫。

公司在发展历程中展现出极强的演化能力。[①]公司利益的不确定性或许正是生成并促进这种能力发展的重要因素，从而使公司制度具有强大的生命力与灵活性。[②]公司的利益种类具有多样性，随着公司类型与形势发展而变动不居。近期利益与长远利益的划分不失为一种有效的分类方式，由此视角进行考察，公司实施的公益捐赠行为，虽有可能会损害公司近期经济利益，但也因增加公司践行社会责任的美誉度而为公司带来长远利益；既得利益和潜在利益也是一种分类标准，如免除公司管理层实施的给公司造成财产利益减损的行为，亦可能鼓励董事未来果断决策，抓住商机，为公司牟取更大利益。[③]

除此之外，公司权益亦可区分为公司既有财产权利与期待利益。公司机会因其价值性与稀缺性而具有讨论价值。尽管公司机会也具有一定的脆弱性和不确定性，但成熟的公司机会却具有明确的利益内容。虽然公司机会不具有民法传统意义上的实体财产权利要件，但公司机会亦可成为控制权争取过程中的直接利益，其所蕴含的获利亦使其自身具备一定的期待价值，因而，从法益上亦可理解为其具备盛载公司期待利益的属性。[④]

宏观上，公司权利结构的类型化相对稳定且确定，可以用于辨别实控人滥

① ［英］约翰·米克勒斯维特、阿德里安·伍尔德里奇：《公司的历史》，夏荷立译，时代出版传媒股份有限公司2012年版，第183页。

② 蒋大兴、沈晖：《公司利益不确定性的控制机制》，载《北京理工大学学报（社会科学版）》2022年第6期，第81页。

③ 蒋大兴、沈晖：《公司利益不确定性的控制机制》，载《北京理工大学学报（社会科学版）》2022年第6期，第79页。

④ 冯果：《“禁止篡夺公司机会”规则探究》，载《中国法学》2010年第1期，第100页。

用控制权行为侵害的利益客体，而公司利益多变，分类并无绝对性，且不同的分类之间存在一定交集，控制权滥用的不同行为表现亦可能侵害相同或不同的公司法益，因此，难以通过公司利益来界定控制权滥用行为。因此，宏观上的公司权利结构所受损害可以用于作为损害客体的判定，至于利益分类，可以用于判定损害金额的多少。

## 四、实控人滥用控制权的行为类别划分

相较于权益客体的交叉性与不确定性，实控人滥用控制权行为可以加入违法性的判定标准，滥权行为本身对于实控人规制问题具有更为本源性的意义，“本身违法式”的行为类别区分则将实控人滥权与具体利益损害进行了确定而有效的连接，这种行为类别上的区分既可以为司法裁判中考察实控人有无滥权行为提供指引，同时也构成对“衡量公司利益标准不确定性”的控制。[①]

不同的滥用控制权行为可能产生不同的判决结果。在华佗在线、美谷佳公司案中，美谷佳公司、华佗在线公司在上诉中主张，本案不属于谋取公司商业机会，而是侵占公司财产。[②] 商业机会多为预期利益，金额确定具有一定证明难度，且侵害不同客体能够得到的赔偿金额也有所差异。本案中，上诉人以公司已有财产作为侵权行为的客体提出诉求，其据此主张的赔偿金额远远高于对公司商业机会的损害赔偿金额。尽管这一主张未得到法院支持，却反映出司法实践中对于滥用控制权行为定性的不同，可能对损害赔偿金额产生较大的影响。因此，实控人滥权损害赔偿诉讼中，应将滥用控制权行为类别作为重要的事实认定事项进行辨别与区分。下文将对实控人滥用控制权的行为进行细化研究。

---

① 蒋大兴、沈晖:《公司利益不确定性的控制机制》，载《北京理工大学学报（社会科学版）》2022 年第 6 期，第 82 页。

② 广东省高级人民法院民事判决书，（2019）粤民终 1027 号。

## （一）在关联交易中滥用控制权的界限

### 1. 关联交易的法律规定

我国财政部 1997 年制定的《企业会计准则——关联方关系及其交易的披露》及披露指南（现已被废止），把关联交易称为“关联方交易”，《国际会计准则第 24 号——关联方披露》中称为“关联者之间的交易”。其基本含义是相同的，具体而言，关联交易是关联企业或关联人之间形成的交易行为，一般而言指某一特定公司或其附属公司与其关联企业或关联人之间形成的交易。

实控人与公司缺少内部的法律身份连接，这与控制股东显著不同。实控人作为外部人身份获取控制权私益的动机决定了其与公司利益存在天然的冲突。在实践中，控制股东常常通过关联交易攫取控制权私益，并对公司利益造成损害，在关联交易过程中，往往存在窃取公司商业机会的不法行为，严重侵害了公司的权益。[①] 对实控人而言，这种情况更应成为法律关注的重点。

关联交易本身是中性的，并不必然带来消极结果，[②] 因而，关联交易本身并非法律所禁止的行为，我国《公司法》对于关联交易采取损害后果标准。根据我国 2018 年《公司法》第 21 条关于禁止非法关联交易的规定，公司的控股股东、实控人、董事、监事、高级管理人员利用其关联关系损害公司利益，应对公司承担赔偿责任，这是 2018 年《公司法》对于实控人具体行为的唯一规定，足见关联交易在公司行为规制中的重要法律地位。该条规定体现出我国公司法认可关联交易的立法态度，只要关联交易未损害公司利益，则是被允许的。2023 年《公司法》第 22 条延续此规定，并在第 23 条有所推进，规定了实控人与其所控制的董事、高级管理人员承担连带责任。在程序上，《公司法》对某些可能存在非公平关联交易的情况作出了严格规定，具体如 2018 年《公司法》第 16 条第 2 款规定了公司为股东或实控人提供担保的，必须经过股东会或股东

---

① 王建文:《论我国构建控制股东信义义务的依据与路径》，载《比较法研究》2020 年第 1 期，第 99 页。

② 刘道远:《关联交易本质论反思及其重塑》，载《政法论坛》2007 年第 6 期，第 108 页。

大会决议，同时第 3 款还规定了相应的关联人表决权排除规则，2023 年《公司法》第 15 条第 2 款和第 3 款分别延续了上述规定。

2. **关联交易的内涵与外延**

（1）关联交易的内涵

关联交易的复杂性使得其判断标准难以统一，需要结合具体情况具体分析，但类型化的方式却可以为其认定提供解决思路。关联交易范围广泛，通常表现为公司及其控股子公司与关联人之间发生的转移资源或义务的事项，包括但不限于：购买或销售商品以及其他资产、提供或接受劳务、代理、租赁、以实物或现金形式提供资产、提供担保或管理方面的合同、研究与开发项目的转移、许可协议、赠与、债务重组、非货币性交易、管理双方共同投资（设立实体或参与项目）、兼并或合并、各种采取合同或非合同形式进行的委托经营、向关联方人士支付报酬等。[①] 但考虑到实控人的控制权私益获取动机及对公司重大交易事项的最终决定权，这类关联交易应在立法与司法中得到更多关注，以防止不正当关联交易给公司带来的巨大损失。

（2）关联交易的外延

关联交易外延包括两个维度，其一是横向外延，即关联交易本身的外延，此类问题讨论较为常见。从横向外延角度，关联交易中滥用控制权体现为一定的行为特点。第一，由实控人操纵的实质性自我交易。这种实质性自我交易是典型的利己性交易，尽管交易中存在双方或多方主体，但实控人在其中起到关键性作用，在交易中处于主导性地位，这种不公平性违反了平等与自愿的合同原则，亦不符合双方法律行为需要双方意思表示达成一致的基本含义。[②] 在这种实质性自我交易中，实控人处于双方代理的地位，违反了双方代理原则，原则上为法律所禁止。[③] 第二，本质上的非市场交易行为。滥用控制权的关联交

① 王建文：《论我国构建控制股东信义义务的依据与路径》，载《比较法研究》2020 年第 1 期，第 102 页。

② 王利明、崔建远：《合同法新论 · 总论》，中国政法大学出版社 2000 年版，第 7—8 页。

③ 梅仲协：《民法要义》，中国政法大学出版社 1998 年版，第 144 页。

易行为以虚假的市场行为掩盖其非法内容，对关联交易进行法律规制的国家多以信息披露和关联方权益公开为基本控制手段，从而防范不公平关联交易的产生。[①] 虽然我国证券法领域对上市公司关联交易中的信息披露等进行了较为详尽的规定，但对于公司股东与其他利益相关人而言，详细了解收购人背景以及收购人与实控人的关系并非易事。[②] 关联交易方出于业务整合、转移资产或其他目的，往往通过限制其他收购者进入、拒绝采用反收购措施等不法方式，规避法律进行相互收购，同时也损害了其他主体利益，这种本质上的非市场交易行为应纳入关联交易中的控制权滥用行为范畴进行规制。

其二是纵向外延，即关于关联方的外延，该类问题讨论并不多见。但关联交易的主体问题实为关联交易之内核，涉及法律适用中关于动机、目的、举证责任等重要问题，亦应为法学研究和司法实践所关注。2023 年《公司法》第 22 条将实控人与控股股东、董事、监事和高级管理人员并列列示，尽管如此，其中的差异性却不容忽视。本书讨论狭义实控人概念，因此，并不涵盖具有公司内部身份且借由内部身份完成控制行为的实控人。既然如此，内外身份的不同决定了关联关系中，控股股东、董监高同时处于交易的两端，具有利益冲突，公司法框架下的内部治理约束，使得其从事关联交易时，损害动机相应有所减缓；而实控人完全站在交易公司的相对方，并无法律上的职权约束，具有更高的经济动因通过关联关系去攫取控制权私益，而且很有可能对公司、股东及利益相关主体的利益无所顾忌并造成损害。因此，虽然实控人与控股股东并列于该条规定之中，主体本源性的不同决定了对其单独规制、单独讨论的必要性。

信义义务向实控人的扩张仅可作为关联企业行为控制制度的基础，仅具有概括调整作用。它仅以抽象的方式说明，控制权人以不公平关联交易方式或者

① 刘凯：《控制股东的信义义务及违信责任》，载《政法论坛》2009 年第 2 期，第 155 页。

② 姜玉梅、邱泽龙：《公司收购中目标公司控股股东的信义义务研究》，载王保树主编：《公司收购：法律与实践》，社会科学文献出版社 2005 年版，第 237 页。

以利益冲突方式从事不当行为在本质上违反了一定的义务。[①]对于关联交易中控制权行使的边界需要依靠更为具体的法律规制与司法裁量，建立并完善更为客观的公司行为评估体制应成为抑制关联交易中控制权滥用的有力保障。[②]

## （二）侵害公司权益的其他滥用控制权行为

除关联交易之外，实控人滥用控制权亦可通过其他行为方式来实现，常见于侵占或挪用公司资产从而直接侵害公司财产的行为；违反竞业禁止义务侵害公司机会的行为；对外担保违反公司对外代表制度的行为等。直接侵害公司财产的行为损害后果以现实的公司财产为衡量标准，鉴定较为容易。实控人以其在公司的支配性地位，可以直接将公司财产据为己有，用公司财产为自己清偿债务，也可以通过自我交易的隐秘方式侵占公司财产。[③]相较而言，后两类行为需要经过一定的考察进行辨别，以下分别进行讨论。

### 1. 违反竞业禁止义务的行为

实控人违反竞业禁止义务的实质为抢占公司的商业机会。学者认为在具体认定标准上，应对不同类型的公司实行区别对待。如对于管理层独立性较强、监管力度较大的公众公司，应采取较为严格和统一的认定标准，而针对合意性较强的闭锁型公司，应尊重公司自身选择，采取较为宽松的认定标准。[④]公司商业机会的判断标准随着公司的发展而不断变化。“Regal 案”的法院判决确立了“禁止篡夺公司商事机会”规则的客观标准，即董事与公司之间存在信托关系，且董事以受托人身份获得利益，法院认为，董事的主观善意并不足证明其

① 关联交易法律问题研究课题组研究报告:《关联企业与关联交易的法律控制问题研究》。2005 年国家社科基金研究项目，主持人：董安生，第 69 页。转引自刘凯:《控制股东的信义义务及违信责任》，载《政法论坛》2009 年第 2 期，第 156—157 页。

② 刘凯:《控制股东的信义义务及违信责任》，载《政法论坛》2009 年第 2 期，第 157 页。

③ 王建文:《论我国构建控制股东信义义务的依据与路径》，载《比较法研究》2020 年第 1 期，第 104 页。

④ 冯果:《“禁止篡夺公司机会”规则探究》，载《中国法学》2010 年第 1 期，第 104—105 页。

利用公司商事机会行为具有合法性。[①]“Cook 诉 Deeks 案”中，法官认为，如果合同订立合法，则董事不应从中获得个人利益。这也说明了公司的商业机会是指对于公司而言的获利良机，该商机应归属于公司所有，董事作为公司的受托人，代表公司把握该机会，但不能擅自使用，否则就要返还获利。[②]

美国汉密尔顿教授提出，公司机会的判断需要依靠行业标准和公平性标准。行业标准用来判断某种机会与公司现在所从事业务的密切程度，公平性标准是指董事能够如何利用涉及公司利益的商业机会。[③]我国学者在此基础上亦有进一步的思考。刘俊海教授强调了公司机会的时间标准，即判定公司机会应以公司人员履职过程中获得为前提，并且公司对于该机会是知情的，该机会与公司业务密切相关。[④]也有学者持不同观点，认为应将商业机会与公司业务的紧密相关性作为判断公司机会的唯一标准。[⑤]在公司治理实践发展过程中，“禁止篡夺公司机会”的主体范畴得到进一步拓展。在英国，控制股东被纳入影子董事范畴并承担忠实义务，由此，控制股东也受到禁止篡夺公司机会的法律规制。[⑥]实控人对于公司的隐蔽控制性，使其更为容易获取公司的商业机会，应当将其纳入“禁止篡夺公司机会”的主体范畴。

**2. 违规担保行为**

《公司法》对于对外担保有明确规定。[⑦]商事实践中，债权人往往怠于审查

---

① 赵渊:《析英国新公司法中“禁止篡夺公司商事机会”规则》，载《政治与法律》2007 年第 6 期，第 168 页。

② 赵渊:《析英国新公司法中“禁止篡夺公司商事机会”规则》，载《政治与法律》2007 年第 6 期，第 166 页。

③ [美] 罗伯特 · W. 汉密尔顿:《公司法概要》，李存捧译，中国社会科学出版社 1999 年版，第 272—273 页。

④ 刘俊海:《股份有限公司股东权的保护》(修订本)，法律出版社 2004 年版，第 172—173 页。

⑤ 徐晓松:《公司法与国有企业改革研究》，法律出版社 2000 年版，第 101—102 页。

⑥ 习龙生:《控制股东的义务与责任研究》，法律出版社 2006 年版，第 206 页。

⑦ 2023 年《公司法》第 15 条第 2 款规定，公司为公司股东或者实际控制人提供担保的，应当经股东会决议。

公司对外担保决议，而仅以公章或法定代表人身份来判断担保决议的有效性，这也为违规对外担保制造了空间。事实上，实控人虚拟合乎形式要求的公司对外担保决议较为容易，滥用控制权亦体现于此。[①] 在“姜某英诉运盛公司、中鑫汇通公司等民间借贷纠纷上诉案”中，法院强调了债权人对公司对外担保决议的形式审查义务：“运盛公司属于公众性的上市公司，该公司对外提供担保未经该公司董事会决议授权或追认，且上述涉系争担保的相关法律规定和公司章程均是通过公众媒体公示的，姜某英在签订系争协议时，应完全有所意识并作为善意相对人尽到基本的形式审查义务。”[②] 上海市高级人民法院再审时也认为，运盛公司向姜某英提供担保并未经董事会决议，且运盛公司在此之前对外发布了钱某高辞职公告及法定代表人变更信息，故再审申请人姜某英在签订系争担保协议时，未尽其应尽的基本的形式审查义务，应承担相应的法律后果。[③] 由此，未经法定程序使公司对外担保，亦是滥用控制权的形态之一，司法实践中应以保护公司权益为出发点，考察实控人滥权担保的违法性和债权人的形式审查义务，从而严控公司对外担保行为，保护公司、股东及利益相关人的合法权益。

## 五、实控人对公司民事赔偿责任的请求权基础

### （一）违约责任

较之股东和第三人而言，实控人与公司关系的显著差异体现于二者之间除侵权关系之外，还可能存在合同关系，由此产生了作为请求权基础的违约责任。合同损害赔偿与侵权损害赔偿的理念有所不同，与侵权损害赔偿目的相比，合同损害赔偿之目的在于对原告期待利益的满足。合同中的损害赔偿通常将履约

---

① 刘俊海:《公司法定代表人越权签署的担保合同效力规则的反思与重构》，载《中国法学》2020 年第 5 期，第 231 页。

② 上海市第一中级人民法院民事判决书，（2018）沪 01 民终 10784 号。

③ 上海市高级人民法院民事裁定书，（2019）沪民申 1282 号。

行为使另一方本应实现的状态与不法行为所造成的状态相比较，典型的形式是期待状态减去违约之后的状态，或称为期待利益的损失。侵权损害赔偿的计算方式最典型的是原始状态减去侵权后的状态，体现出对损害利益的修复。从道德层面讲，如果违约方未履行其应当履行的合同义务，法律应当要求其支付如同履行承诺一样的赔偿金。期待利益基于信赖利益产生，也可称之为信赖利益，信赖利益赔偿理念之下，履行或撤销承诺同样可被接受，且守约方唯一的权利在于，不让情况变得比从来未做过承诺时更糟。效率理论为期待利益提供了支持，期待利益损害赔偿使得合同一方对另一方履行义务获得保障，否则人们将缺乏理由去指望他人履行承诺，从而不能有效计划未来。[①] 我国《民法典》第 7 条对于诚实信用原则的表述中，包括了“恪守承诺”的规定，即体现了诚实信用原则适用于合同行为的立法态度。诚实信用原则的作用之一即在于填补合同漏洞，从而避免双方之间的义务出现失衡，在合同双方之间维持契约正义。

## （二）侵权责任

### 1. 归责理念

（1）诚信原则的内部功能区分

法谚有云：“法爱衡平”，表明了法律对于社会主体利益调整与平衡的功能，这也是社会文明在法律方面的体现。诚信原则是重要的衡平规则，史尚宽甚至将诚信原则视为法官掌控的衡平法。[②] 王利明教授认为，平等主体在交易之中因不同的利益追求产生了一定程度上的利益矛盾与冲突，诚信原则以其平衡理念为冲突的化解提供了解决之道。[③] 既然实控人因其特殊地位产生私益获取权，通过控制公司行为而获取利益，当其攫取过度而损害公司利益时，也应承担一定的责任。因此，平等主体之间的利益平衡应成为实控人对公司民事赔偿责任

---

① ［美］理查德 · L. 哈森：《民事救济法案例和解释》，吴国喆译，商务印书馆 2020 年版，第 66 页。

② 史尚宽：《债法总论》，台北荣泰印书馆 1978 年版，第 319 页。

③ 王利明：《论公序良俗原则与诚实信用原则的界分》，载《江汉论坛》2019 年第 3 期，第 133 页。

的归责理念。当然，这种利益损害是宽泛的，既包括影响公司增益，也包括对公司原有利益的直接减损。

《德国民法典》实施以来，权利的社会化观念开始形成。《德国民法典》第226条规定，“权利的行使，不得专以加损害于他人为目的”。该规定明确了行使权利不得以损害他人为目的，从而开创了禁止权利滥用的立法先河。[①]经济学家科斯指出，行使权利，即可能产生冲突。[②]凯尔森也认为，一方的权利必然对应着另一方的义务，因此，双方之间必然存在着利益上的冲突。[③]禁止权利滥用制度恰能够对这种利益冲突进行平衡，从而具有正当性。[④]禁止权利滥用的法理依据是诚信原则，而诚信原则历来具有衡平的功能。[⑤]在《德国民法典》中，诚实信用原则被称为“帝王原则”，而“禁止权利滥用”属于《德国民法典》第242条诚实信用原则的具体化表现之一。我国《民法典》第7条确认，民事主体从事民事活动应当遵循诚信原则，行使权利的行为亦应纳入此处的“民事活动”范畴之内。事实上，禁止权利滥用原则在特定场景中的运用使得诚实信用原则得以具体化，也使诚信原则的制度功能得以有效发挥。[⑥]

如前述，诚信义务与禁止权利滥用应作为实控人的义务对其控制公司的行为进行规制。二者效用的发挥存在一定的差异。诚信义务主要通过积极设定行为义务来保护民事主体利益的实现，而禁止权利滥用义务为底线义务，主要发

---

① 王利明:《论禁止滥用权利——兼评〈总则编解释〉第3条》，载《中国法律评论》2022年第3期，第3页。

② ［美］R.H.科斯等:《社会成本问题》，载《财产权利与制度变迁——产权学派与新制度学派译文集》，上海三联书店、上海人民出版社1994年版，第3页。

③ ［奥］汉斯·凯尔森著、［德］马蒂亚斯·耶施泰特编:《纯粹法学说》(第2版)，雷磊译，法律出版社2021年版，第163页。

④ 王利明:《论禁止滥用权利——兼评〈总则编解释〉第3条》，载《中国法律评论》2022年第3期，第4页。

⑤ 徐国栋:《诚实信用原则研究》，中国人民大学出版社2002年版，第49页。

⑥ 王利明:《论禁止滥用权利——兼评〈总则编解释〉第3条》，载《中国法律评论》2022年第3期，第7页。

挥维护控制行为底线的功能。从对公司生存发展的作用上而言，诚信义务能够促进实控人在行使控制权时考虑公司长远发展，在实现个体控制权私益的同时，亦考虑公司利益的实现，从而发挥正向的指引作用，以双赢为目的。而禁止权利滥用仅是阻却实控人以损害公司利益为代价，滥用权利过度攫取利益。从实控人与公司的关联关系考量，诚信义务为增益性义务，禁止权利滥用为基础性义务，诚信义务发挥法律的引导作用，而禁止权利滥用则发挥法律的惩戒作用。申言之，对于公司治理效用发挥而言，诚信原则能够引领实控人在行使控制权时更多虑及公司利益的发展，而对于实控人责任判定而言，禁止权利滥用原则更为直接且明晰。

（2）禁止权利滥用原则的具体适用

为统一法律适用，2022 年 3 月 1 日施行的《最高人民法院关于适用〈中华人民共和国民法典〉总则编若干问题的解释》（以下简称《总则编解释》）第 3 条在总结司法实践经验的基础上对滥用民事权利的认定与法律后果作出规定，从司法层面进一步明确了滥用权利的构成要件以及法律效果。禁止滥用权利全面规范了权利行使不当的问题。滥用权利往往会产生侵权的法律后果，因此《总则编解释》第 3 条第 3 款特别指引了侵权责任的规定。[①] 简言之，滥用权利行为无效，若造成损害，则行为人需要承担侵权责任。

我国《民法典》第 132 条规定："民事主体不得滥用民事权利损害国家利益、社会公共利益或者他人合法权益，"该条主要提供了一个分析框架，但缺少对于滥用权利行为构成要件的具体判断标准。为了弥补该条规定的不足，《总则编解释》第 3 条第 2 款规定，"行为人以损害国家利益、社会公共利益、他人合法权益为主要目的行使民事权利的，人民法院应当认定构成滥用民事权利。"由此，滥用权利行为可以通过具体的利益衡量和法官的自由裁量加以解决。个案中，法官往往以矫正各方主体之间失衡的利益关系为目的，对于具体的因素加

① 王利明:《论禁止滥用权利——兼评〈总则编解释〉第 3 条》，载《中国法律评论》2022 年第 3 期，第 2、18—19 页。

以综合考量。[①]奥地利学者威尔伯格于20世纪40年代最早提出了动态系统论的观点。[②]《总则编解释》第3条第1款规定，"对于民法典第132条所称的滥用民事权利，人民法院可以根据权利行使的对象、目的、时间、方式、造成当事人之间利益失衡的程度等因素作出认定"。该条即采用了动态系统论的方法来判断某一行为是否构成权利滥用。申言之，法律对于民事责任认定列举一些具体考量因素，由法官基于具体法律关系，对于各种影响责任成立的因素及其强度进行动态调整。[③]因此，应当在具体法律关系中，通过对动态因素的考量认定责任。[④]

滥用权利不一定产生侵权责任，但侵权责任的发生可能以滥用权利为前提。控制权滥用源于侵权收益高于侵权成本、维权成本高于维权收益的现实追责困境。[⑤]控制权滥用从行为外观来判断，应着眼于其行为目的是追求自身利益还是加害于他人。[⑥]申言之，禁止权利滥用原则的功能在于规范权利的正当行使，将其限定在实现权利目的的范围之内。控制行为对私益的获取若不超出正当目的范围，则具有合理性，若超出正当目的范围，以损害公司利益为目的或客观上以损害公司利益为代价，则应纳入控制权滥用的考虑范围。

**2. 归责原则**

根据《民法典》第83条第1款规定，营利法人的出资人不得滥用出资人权

---

① 王利明:《论禁止滥用权利——兼评〈总则编解释〉第3条》，载《中国法律评论》2022年第3期，第12页。

② Walter Wilburg, Entwicklung Eines Beweglichen Systems Im Bügerlichen Recht, Graz:Verlag Jos. A. Kienrech, 1950. 转引自王利明:《论禁止滥用权利——兼评〈总则编解释〉第3条》，载《中国法律评论》2022年第3期，第12页。

③ [日]山本敬三:《民法中的动态系统论——有关法评价及方法的绪论性考察》，解亘译，载梁慧星主编:《民商法论丛》第23卷，法律出版社2002年版，第177页。

④ [奥]海尔穆特·库奇奥:《损害赔偿法的重新构建：欧洲经验与欧洲趋势》，朱岩译，载《法学家》2009年第3期，第4页。

⑤ 刘俊海:《论控制股东和实控人滥用公司控制权时对弱势股东的赔偿责任》，载《法学论坛》2022年第2期，第83页。

⑥ 王利明:《论禁止滥用权利——兼评〈总则编解释〉第3条》，载《中国法律评论》2022年第3期，第11页。

利损害法人或者其他出资人的利益，因此造成损失的，应当依法承担民事责任。该规定既适用于违约责任，也适用于侵权责任。若出资人作为股东直接出资，此处则应产生违约责任，损害目的和损害结果均应作为滥用控制权认定的构成要件。归责原则指据以认定侵权行为人责任的方式方法，它所解决的是侵权责任的伦理和正义性基础问题。① 民法基本原则在侵权责任上亦有所体现。② 我国侵权责任法采用了过错责任原则与无过错责任原则的二元归责体系，这种分类方式逻辑周延，符合当代侵权责任法的发展潮流。③ 侵权法中的过错责任以强制的形式限制民事主体滥用权利致损的行为，其价值在于协调人们之间的意志与自由。④ 过错责任为一般性归责原则，适用于主体双方无显著不平等的情形。无过错责任适用于特殊侵权责任类型，主要适用于行为或物存在非常规的危险性、双方地位悬殊导致一方对于另一方形成不可抵挡的控制力的场景。过错推定是过错责任中的一种特殊形式，在大陆法系属于过错责任的一部分，在英美法系属于严格责任的一部分，无独立存在空间。公平责任在我国民法中并非解决侵权责任承担的问题，而是解决损害后果分担的问题，并非属于归责原则之一种。⑤

从严格意义的法律关系上来看，实控人与公司同属于民事主体，实控人通过对公司行使控制权而在二者之间发生有效连接。公司作为制约控制权滥用的第一道屏障，有能力通过完备的内部程序对控制行为进行监督与规范，进而形成有效规制，从而避免滥用控制权行为及其不利后果。基于此，在无合同约定的前提下，实控人滥权损害公司权益应当以过错责任为归责原则。我国《民法典》第 1165 条第 1 款规定，行为人因过错侵害他人民事权益造成损害的，应当

---

① 张新宝:《侵权责任法》，中国人民大学出版社 2020 年版，第 13 页。

② 《民法典》第 4 条、第 6 条、第 7 条、第 3 条。侵权责任作为一项重要的民事法律责任，其归责原则必然体现民法的基本原则，即平等、公平、诚信原则以及民事权益受法律保护的原则。

③ 张新宝:《侵权责任法》，中国人民大学出版社 2020 年版，第 14 页。

④ 张铁薇:《侵权法的哲学基础》，法律出版社 2022 年版，第 26 页。

⑤ 张新宝:《侵权责任法》，中国人民大学出版社 2020 年版，第 18、14 页。

承担侵权责任。由此可见，过错责任原则是一种主观归责原则，以行为人的主观心理状态作为确定和追究责任的依据，行为人之过错的种类与大小对责任范围具有决定性作用。[①]

过错责任原则的适用方法包括“谁主张，谁举证”，以及举证责任倒置的过错推定方法。我国2023年《公司法》第22条和2018年《公司法》第21条均规定了实控人不得利用其关联关系损害公司利益，体现了实控人对公司的诚信义务，但对于实控人的归责原则无相关规定。《证券法》第24条对于证券发行注册不符合法定条件或者法定程序的场景，规定实控人不能证明自己无过错的，应当与发行人承担连带责任，体现了过错推定的归责理念。但对照《公司法》中实控人对公司承担的诚信义务可以发现，过错推定责任存在明显的逻辑漏洞：第一，过错推定的前提是实控人与公司发生了人格混同，即公司独立性受到侵蚀，实质是一种对于实控人进行的有罪推定，这种人格混同的假设与公司法上预设的法人人格独立性相悖；第二，过错推定作为侵权责任中连带责任的追责路径，在赔偿投资者损失之后，会再次在连带责任人之间产生责任认定的分配问题。《美国证券法》对此问题的处理方式是，将证券违法行为认定为公司的责任，在保护公司法人人格独立性的前提下，使直接参与或引发违法行为的实控人承担法定责任。[②]从归责要件来看，判定实控人承担法定责任需要具备三个要件，即被控制人对于违反《证券法》的行为负有直接责任；被控制人的损害行为系由控制人控制而做出；控制人的抗辩在法律上未被认可。[③]实控人基于控制行为承担违法责任，这种直接责任的依据应为“一因一果”关系，[④]根据过错原则由公司承担举证责任，符合公司法人人格独立的法律设置，亦符合实控人与公司在地位上的相对独立性与对等性。

---

① 张新宝:《侵权责任法》，中国人民大学出版社2020年版，第16页。

② 郑彧:《上市公司实际控制人法律责任的反思与构建》，载《法学研究》2021年第2期，第103页。

③ 陈舜:《美国证券法中的控制人责任》，载《证券市场导报》2005年第10期，第4页。

④ 郑彧:《上市公司实际控制人法律责任的反思与构建》，载《法学研究》2021年第2期，第104页。

然而，过错推定亦有其适用的意义。如前述，实控人滥用控制权的行为呈现出多样化的发展态势，对于一些隐蔽的控制行为，需要进行举证责任倒置，以在系争双方间实现公平，因为过错推定相较于由受害人证明行为人过错显然更有利于受害一方。[①] 例如，在判断是否损害公司商业机会时，谢弗德教授提出了权力滥用标准，其基本内涵是，若董事在事实上滥用职权获得了商业机会或其他商业优势，即可推定董事履职过程中存在篡夺公司商业机会的行为，除非董事能够证明自身不存在滥用职权行为，若无法证明，则应当承担相应的法律责任。权力滥用标准将过错推定适用于公司机会认定中的举证责任分担，从而使篡夺公司机会的判定标准有所推进，[②] 为实控人滥用控制权行为致损的归责原则提供了一种解决思路。

# 六、实控人对公司的赔偿责任范围

## （一）公司损失的界定

### 1. 公司损失的内部区分

实控人滥用控制权的行为方式变动不居，动态发展，但无论采取何种方式，客观上都对公司造成了直接或间接的利益损失，从而承担违约责任或侵权责任。例如，实控人通过关联关系操纵公司与自身签约，攫取目标公司的财产利益，又不履行己方责任，造成公司财产损失，需要承担违约责任。又如，实控人滥用控制权通过欺诈等手段侵占公司财产，侵犯公司的财产权。实控人的隐蔽身份决定了其多采用侵权手段侵犯公司利益。在近现代民法中，赔偿损失作为调整人们之间物质利益的方式具有重要地位，赔偿的损失亦包括直接损失与间接损失。直接损失是指已得利益之丧失，间接损失指受害时尚不存在或尚未计量，

① 张新宝:《侵权责任法》，中国人民大学出版社 2020 年版，第 17 页。

② 冯果:《“禁止篡夺公司机会”规则探究》，载《中国法学》2010 年第 1 期，第 101 页。

但因受害而进一步损失的利益。[①]本质而论，公司利益并非公司法律关系中各方主体利益的简单相加，公司利益具有内在有机性，因此，公司损失应当既包括现实的财产损失与非财产损失，亦包括无形的、预期的公司利益损失。[②]而且，有些损失既可作为直接损失，亦可作为间接损失。如关联交易可能造成公司机会的丧失，此时公司机会为直接损失，而侵犯商业秘密可能影响公司未来机会的获得，此时公司机会为侵犯商业秘密而造成的间接损失。

**2. 直接损失**

直接财产损失是公司损失最为直观的形态反映，如滥用控制权侵占或挪用公司财产，又如，实控人在关联交易中违约造成公司基于合同业务而产生的可预期利润的损失。除此之外，实控人滥用控制权损害公司投资者利益，造成不良社会影响，影响投资者信心与公司口碑，事实上对公司的商誉造成损失，这也是公司直接损失的重要表现形态。Eldon S. Hendriksen 总结并形成了商誉“三元论”，即超额收益论、总计价账户论和好感价值论。[③]超额收益论观点是，商誉具有超额获利能力，未来能够给公司带来超过其他同行业企业水平的现金净流入；总计价账户论认为，商誉为企业的总价值与企业可辨认净资产的公允价值之差，根据计算结果，商誉亦可分为正商誉和负商誉；好感价值论则认为，商誉产生于各方之间融洽的商业关系，是一种由客户信任和忠诚度转化而成的无形资产资源。商誉损害将对公司未来发展产生不良后果，如影响公司的信用等级和融资能力、增强业绩的不确定性、引发系统性风险。[④]鉴于商誉对公司发展的重要作用，商誉损害应作为公司遭受的直接损失而受到特别关注。此外，公司的商业秘密与商业机会的丧失也可作为直接损失。值得注意的是，直接损

① 李承亮:《〈民法典〉第 1184 条（侵害财产造成财产损失的计算）评注》，载《法学家》2021 年第 6 期，第 177、179 页。

② 甘培忠、周游:《公司利益保护的裁判现实与理性反思》，载《法学杂志》2014 年第 3 期，第 69、74 页。

③ [美]埃尔登·S. 亨德里克森:《会计理论》，王澹如、陈今池编译，立信会计图书用品社 1987 年版，第 307—309 页。

④ 孙鹏:《上市公司合并的商誉风险与防范》，载《中国外资》2022 年第 4 期，第 14 页。

失从结果效应上也有所不同，作为现实利益的财产性损失为终结性损失，而商誉、商业秘密、商业机会这类非财产损失可能导致进一步的损失，即间接损失。

**3. 间接损失**

（1）间接损失的内涵

间接损失实质上是对未来事物发展的预测或既有损害导致损失的价值评估。[①] 间接损失从属于直接损失，是直接损失产生的连带性或辅助性后果；间接损失并非臆造产物，就间接损失获得相应赔偿是受害人合法权益得到全面保障的需要；间接损失具有不确定性，因其与损害行为之间非直接的因果联系，间接损失主要依靠法官对项目、数额等相关因素的自由裁量来实现救济。“对于间接损失的赔偿”不仅是我国民法的一般原则，德国、法国和日本民法也都有同样的规定。间接损失的赔偿应遵守一定的原则，即以行为与损害之间的因果关系为前提，平衡违约方或侵权方与受害方之间的利益，实现公平效果。[②]

Lord Wright 指出：“判断损害导致的结果是无穷尽的，因而，不应将一个错误行为所导致的所有后果都纳入法律考量的范畴。”[③] 从因果关系角度看，不法行为造成的损失在惯性原则的适用之下可以产生无限长的链式反应，从法律上探讨这一反应式时，应当适时打断。有学者认为，间接损失的范围可以将不法行为直接作用的结果即第一原因作为其计量出发点，将第一原因直接导致的结果计入间接损失，这与“近因原则”相符，并以传统的因果关系论证明了间接损失的合理性。然而，由于因果关系论过于机械，在间接损失的认定实践中，往往以类推原则来处理损害与间接损失的关系。由于类推的基础性事项具有许多条件差异，因此，有必要在司法上对于间接损失的计量结果进行动态修正。[④]

---

① 覃有土、晏宇桥：《论侵权的间接损失认定》，载《现代法学》2004 年第 4 期，第 28 页。

② 关永红、段淳林：《间接损失赔偿问题研究——从“一元案”看我国损害赔偿制度之完善》，载《山西师大学报（社会科学版）》1999 年第 4 期，第 32—33 页。

③ D.L.A. Barker Law, New Edition, 203(1989).

④ 覃有土、晏宇桥：《论侵权的间接损失认定》，载《现代法学》2004 年第 4 期，第 30 页。

（2）间接损失的外延

间接损失与可得利益损失是两个不同的概念，虽有交集，亦有本质差异。可得利益是指在当事人预期之内的可以转化为现实的利益。可得利益损失与现存利益损失相对应，以该利益在当前是否现实存在为区分标准；间接损失和直接损失相对应，以行为与结果之间是否存在直接因果关系为界线。[①] 申言之，公司机会作为一种可得利益，可能因实控人抢占先机而成为公司的直接损失，亦可能由于公司商誉损失而在未来成为公司的间接损失。间接损失包括但不限于可得利益的减少，而可得利益减少亦同时为直接损失和间接损失范畴所涵盖。

如前述，间接损失是由直接损害所引致的第二层损害，公司商业秘密、商业机会被侵害后，均可能产生进一步的利益损失，即为间接损失。如，实控人侵犯公司商业秘密可以进一步区分为侵犯技术信息和侵犯经营信息。侵犯技术信息的损失包括实控人侵权所获得的利益、技术信息的研发成本和许可使用费、技术信息本身的市场价格；侵犯经营信息的损失则包括实控人所获利益、公司销售额的减少，以及经营信息的形成成本。[②]

间接损失的外延亦在于受害主体的扩展，包括因公司利益受损而导致的股东和第三人利益的损失。鉴于本章内容立足于公司作为受害主体，作为实控人滥用控制权间接损害客体的股东和第三人的利益损失留待后续专章讨论。

## （二）实控人对公司赔偿的计量方式

### 1. 计量方式的选择

若要全面实现公司利益的修复，就要考虑公司损失的计量方式。实控人滥用控制权的行为可能对公司造成既有利益的损失与可得利益的损失，既有财产利益的损失较为直观且易于统计，根据实际损失进行计量即可呈现公司的损失，

① 贾少杰:《违约责任中的可得利益损失》，载《社会与法》2012 年第 6 期，第 23 页。

② 刘秀:《侵犯商业秘密罪中“重大损失”的认定》，载《中国刑事法杂志》2010 年第 2 期，第 50—54 页。

而对于可得利益的损失，若没有充分证据进行证明，公司很难就此损失获得损害赔偿的救济，因此，应考虑引入获益赔偿理论。根据该理论，在某些情境下可以通过不法行为人所获得的利益来计算受害人所遭受的损失。① 获益赔偿制度已经为当今世界多国的损害赔偿法所认可，我国主要在知识产权法、侵权法、公司法和证券法等法律中有所体现，具体适用于知识产权侵权获益赔偿、人身权侵权获益赔偿、违约获益赔偿和公司归入权四种情形。② 我国《民法典》在侵权责任编规定了人身权侵权情形适用损失填补原则或获益赔偿原则，③ 而对于财产侵权规定了财产损失以市场价格等进行损失填补的原则。④ 也有学者从合同责任视角提出了违约获益赔偿责任，并提出将其纳入违约损害赔偿责任体系，从而突破损失可预见性的束缚，实现对于受损方的高效补偿，也更好地实现合同责任的违约阻却功能。⑤ 由是观之，获益赔偿制度对于侵权情境与违约情境均具有一定的适用价值。以下讨论公司归入权，以与本章实控人对公司责任的语境相匹配。

**2. 法律规制内容的不足与充实**

公司归入权是法律赋予公司的特别救济权，是公司对利益相关者违反法律规定或者公司章程的规定实施的某些交易而取得的溢出利益，享有主张收归公司所有的法定权利。⑥ 具体体现为我国 2023 年《公司法》第 181 条至第 184 条

---

① 刘承韪:《获益损害赔偿制度的中国问题与体系构建》，载《陕西师范大学学报(哲学社会科学版)》2016 年第 6 期，第 116 页。

② 刘承韪:《获益损害赔偿制度的中国问题与体系构建》，载《陕西师范大学学报(哲学社会科学版)》2016 年第 6 期，第 126、117 页。

③ 我国《民法典》第 1182 条前半段规定，侵害他人人身权益造成财产损失的，按照被侵权人因此受到的损失或者侵权人因此获得的利益赔偿。

④ 我国《民法典》第 1184 条规定，侵害他人财产的，财产损失按照损失发生时的市场价格或者其他合理方式计算。

⑤ 李语湘:《法经济学语境下的违约获益赔偿责任》，载《财经理论与实践》2021 年第 3 期，第 153 页。

⑥ 任秀芳:《论我国公司归入权的适用规则及其完善》，载《政治与法律》2009 年第 4 期，第 69 页。

规定的董事、高级管理人员违反忠实义务获得不法收入的情形，包括侵占公司财产、挪用公司资金，将公司资金以个人名义开立账户存储，通过介绍他人与公司交易获取佣金，泄露公司秘密，违规以公司财产为他人提供担保，违规进行自我交易，违规谋取公司商业机会或违反竞业禁止义务，以及违反对公司忠实义务的其他行为。公司归入权制度体现了对于公司损失计量原则的多元化，以及保护商事主体合法权益的立法理念，但是，公司归入权的法律可操作性不足，有待进一步改进。

第一，适用主体有待扩展。近年来，控制股东、实控人发展成为握有公司实际控制权的行为主体，相较于其他公司内部主体，控制股东利用表决权工具实现了对公司事务的操控，而实控人更是利用其隐性身份掌握公司的实际控制权，操控公司行为，规避法律规制，实现控制权私益。控制股东和实控人往往比公司内部的董事、高级管理人员具有更大的控制权，从而亦应承担法律上规定的义务与违反义务的相应责任。因此，现有公司法的公司归入权对应的主体范围应进行适度扩张，以更好地保护公司利益。第二，责任人所获利益难以证明。例如在“中冶全泰（北京）工程科技有限公司（以下简称‘全泰公司’）案”中，法院认定公司高管侵犯公司的商业机会，应当赔偿公司的预期收益损失，该损失原则上应当根据京泰公司获得的利润数额以及其他证据予以确定，在本案中，高管所得收益的证明难度显然较大，且全泰公司要求的预期利益损失显然与该收益亦有重合，因此就适用京泰公司可能获得的利润来计算应该赔偿给原告的预期利润损失。①

应当说，公司归入权制度对于保护公司利益和促进投资者保护具有重要意义，公司归入权制度的有效行使能够化解利益相关人违反诚信义务给公司造成的困难处境，提升公司资产充足率，进而保护投资者利益，维护公司的生存与发展。从这一角度而言，公司归入权具有一定的公法性质，可以理解为公法制度介入公司法进而实现对公司权益与投资者权益的私权保护。这种强制归入模

① 北京市第一中级人民法院 (2010) 一中民终字第 10249 号判决书。

式具有理论正当性与实践必要性，应得到法律的肯定与司法的执行。为实现归入权的可操作性，应当强化获益证明制度，首先，应实行举证责任倒置，即若侵权人或违约方无法证明收益的合法来源，即认定其获益源于对公司权益的损害，进而将其收入归入公司所有。其次，应承认特定情况下的拟制获益，[①] 如对于实控人侵占公司机会所造成的损失，可以以该机会在合理场景能够给公司带来的利益作为赔偿标准。

在“华佗在线、美谷佳公司案”中，[②] 二审法院的判决为公司归入权具体标准的确定提供了一定的思路。该案中，二审法院依据 2018 年《公司法》第 148 条、第 149 条的规定，[③] 认为董监高违反忠实义务和竞业禁止义务时，应判令董监高因此获得的收入归公司所有，以弥补公司的实际损失。李某是美谷佳公司的高管，并且是友德医公司的实控人，华佗在线是美谷佳公司的子公司，李某利用其优势地位，篡夺公司商业机会，违反忠实义务和竞业禁止义务，将华佗在线公司的业务交由其控制的友德医公司经营。二审法院认为本案交易具有一定的特殊性，本着鼓励科技创新以及支持民营资本投入创新企业的理念，从李某的个人收入和美谷佳公司及其股东的实际损失两个角度，综合认定李某的赔偿责任。判决认为，虽然无法查明李某的个人收入，但鉴于华佗在线公司存在实际损失，综合考虑宜华地产的定价依据、友德医公司和谷糠公司的运营成本、网络医院项目的发展前景等因素，并考虑李某及其技术团队和牧某民等资本团队对网络医院项目的投入、贡献情况，判定李某向华佗在线公司赔偿金额 2 916 万元。法院认为，该赔偿金额能够补偿华佗在线公司和美谷佳公司及其背后的牧某民等投资人的实际损失及合理期待利益。该案是实控人损害公司利益

① 刘承韪：《获益损害赔偿制度的中国问题与体系构建》，载《陕西师范大学学报（哲学社会科学版）》2016 年第 6 期，第 125—126 页。

② 广东省高级人民法院民事判决书，（2019）粤民终 1027 号。

③ 2018 年《公司法》第 148 条第 2 款规定了董监高违反忠实义务和竞业禁止义务的赔偿责任，即“董事、高级管理人员违反前款规定所得的收入应当归公司所有”；第 149 条规定“董事、监事、高级管理人员执行公司职务时违反法律、行政法规或者公司章程的规定，给公司造成损失的，应当承担赔偿责任”。

的典型案例，法院从实控人滥权获益与实际损害的双重视角对赔偿金额进行考量，综合判断，也在一定程度上体现出实控人赔偿责任确定标准的灵活性与实践性。

## 七、实控人对公司赔偿的免责事由

### （一）基于公司行为的免责事由

#### 1. 不真正义务的内涵

不真正义务并非请求权所指向的对象，亦非普通意义上的债务，易被忽视，却又真实存在。不真正义务又称间接义务，该义务之履行并不具有强制性，不履行也不会对相对方产生影响进而产生损害赔偿责任，该义务的履行与否仅会对义务人产生一定后果，如不履行可能造成义务人利益的减损或灭失。不真正义务不同于附随义务，附随义务是指合同履行过程中，为协助实现主给付义务，遵循诚实信用原则，根据合同的性质、目的和交易习惯而履行的通知、协助、保密等义务，其性质与主给付义务相同，具有强制性和可追责性。基于上述分析可见，不真正义务的特点在于：第一，非强制性。该项义务无法请求法院予以强制执行。第二，没有对应的实体权利。不真正义务实则为一种对己义务，无法满足传统意义上的权利义务对应关系。第三，违反该义务并不产生损害赔偿责任，[①] 此处体现了义务与责任的非对应关系。[②] 不真正义务实则为束己义务，其本质在于引导民事主体谨慎对待自身利益。从分类上，不真正义务包括减损义务、通知义务和协助义务。减损义务的特点在于将最终拥有合理补救机会的一方作为义务主体，并使其对于未履行减损义务的行为承担不利的法律后果；通知义务主要包括保险合同订立后对保险人进行的危险增加告知义务与重大事

---

① 李文鑫、苏倪：《论间接义务》，载《法制与社会》2016 年第 30 期，第 281 页。

② 例如，守约方适当照顾自身利益而保持法律上的有利地位，或者守约方有能力却未避免违约方造成的损失的扩大，那么违约方就扩大的损失免责。

故发生时的通知义务，以及买受人对于标的物瑕疵的通知义务；[①] 协助义务指债权人基于诚信原则而生的受领义务。[②]

《德国民法典》将债权人有权请求另一方即债务人为给付的法律关系规则纳入第二编“债务关系法”中进行讨论，此种债务关系既包含了通过合同承诺为给付行为的场景，也包含了债权人请求权直接产生于法定规则的情形。[③] 在讨论合同受害人的共同责任时，即使确认了债权人可就哪些损害获得赔偿，也并不意味着这些损失都由债务人承担。尤其是债权人对损害的发生负有共同的责任或者债权人有过错而没有采取措施避免或减轻迫在眉睫的损害，根据第254条减免或者全部排除债务人的责任。此即受害人的不真正义务。据此，在第254条框架内，对于面临迫在眉睫的损害或者已受有损害的主体，若其没有作出处于相同情形下的理性人所应作出的维护自身利益之行为，该主体对损失即负有责任。然而，法律原则上不会禁止任何人故意损害自己的财产，因此，上述减少或阻止损害的行为并非法定义务。申言之，合同中的受损主体对于本可由其行为减免的损失负有防止损失发生或扩大的不真正义务，由于此义务并非法定，因此，也无违反可言，但就行为效果而言，却会导致债权人丧失全部或部分损害赔偿请求权。[④]

**2. 与有过失原则之运用**

我国《民法典》合同编和侵权责任编也有对不真正义务的规定。根据《民法典》合同编通则第591条规定，当事人一方违约后，非违约方应当采取适当措施防止损失扩大，并不得就未采取适当措施所致损失请求赔偿。《民法典》侵权责任编第1173条规定，被侵权人对于损害发生或扩大有过错的，可以减轻侵权人责任，此即学理上的“与有过失”或“过失相抵”，体现了我国法律在违约

---

① 《民法典》第621条规定了买受人关于收货瑕疵的通知义务。

② 李文鑫、苏倪:《论间接义务》，载《法制与社会》2016年第30期，第281—282页。

③ [德]海因·克茨:《德国合同法》(第2版)，叶玮昱、张焕然译，中国人民大学出版社2022年版，第2页。

④ [德]海因·克茨:《德国合同法》(第2版)，叶玮昱、张焕然译，中国人民大学出版社2022年版，第332—333页。

与侵权法律关系上对于不真正义务的认可。但上述法律规定并未对受害人不真正义务的主观状态予以明确，易导致法律适用上的不确定性。

事实上，在大陆法系和英美法系的传统侵权法上，受害人与有过失从来都不是故意侵权之抗辩。[①]此间法理基础在美国法上称为性质不同理论，意指故意与过失不能相比较。美国犹他州最高法院法官 Daniel Stewart 在审理中对该理论进行了精准的表述，即“将原告的过失与强奸者的故意侵权进行比较只会导致荒谬，而进行攻击或强奸的法律义务是绝对的”。[②]我国司法实践中，也曾运用类似于“性质不同”理论来否定故意侵权中依受害人与有过失的减责。如在“黄某与梁某、梁某 1 生命权、健康权、身体权纠纷案”中，判决理由指出，加害人故意违反法定义务对他人权益造成损害，受害人对于该损害的发生虽然存在一定过失，主观疏忽程度却远不及加害人主观恶意所产生之恶劣影响，受害人与加害人主观状态存在明显差异，具有非同质性，因此，在对于加害人责任的认定中不应将受害人的过失作为考量因素。[③]因此，我国法律上对于与有过失的减责应限于受害人的故意或重大过失行为，而不应将一般过失行为作为减责条件，否则易导致故意违约或故意侵权行为的滋生，不利于交易或商业活动的稳定。

我国《民法典》第 1174 条规定，对于受害人故意造成的损害，行为人不承担责任。该条规定对行为人免责，仅指损害完全由受害人故意造成之情形，即受害人的故意行为是损害发生的唯一原因，如有证据证明损害是由于受害人的故意造成的，也有证据证明行为人对损害的发生有故意或重大过失，应适用与有过失的规定。[④]受害人故意原则与过失相抵具有一定的关联性。瑞士学说认为，令其他人对受害人自己原因造成的损害负责，属于权利滥用。[⑤]美国法将

---

① 郑永宽:《侵权法过失相抵制度研究》，厦门大学出版社 2021 年版，第 140 页。

② Field v. Boyer Co., 952 P. 2d 1078,1088(Utah 1998).

③ 广西壮族自治区南宁市江南区人民法院民事判决书，（2016）桂 0105 民初 4132 号。

④《中华人民共和国民法典（实用版）》，中国法制出版社 2020 年版，第 666 页。

⑤［德］U. 马格努斯、（西班牙）M. 马丁－卡萨尔斯主编:《侵权法的统一：共同过失》，叶名怡、陈鑫译，法律出版社 2009 年版，第 295 页。

此归结为不道德原告的原则，即由于自身严重不法或不道德行为而遭受侵权伤害的原告不能从对其负有注意义务的人那里获得赔偿。[①] 从因果关系视角辨析，不真正义务导致的结果本质上为因果关系中断，申言之，加害人的过错由于受害人促成其自身损失的故意或重大过失被消除或抵消了。

实控人对公司的赔偿责任根源于其对公司事务的不当处理，从行为主体角度，公司与实控人地位平等，公司内部治理的有效运转形成了严格规制，一般能够对实控人的滥权致损行为形成有效防范。公司有能力洞察到实控人的控制权异化行为，从而及时行使减损等行为保护自身权益以及股东和第三人的利益。在讨论实控人对公司民事赔偿责任的同时，亦应关注其免责事由，以鼓励公司规范内部治理，建立起阻止实控人滥权行为的第一道屏障，防范滥权致损情况的发生。根据前述不真正义务的原理，在实控人滥用控制权的场景下，公司亦可能存在不真正义务，而且，这种不真正义务适用于违约场景和侵权场景。若实控人滥用控制权造成了损失，而公司通过完备的内部治理流程能够控制而未能采取有效措施防止损失扩大，则公司应就这部分扩大的损失承担责任，相应地，实控人在这部分损失范围内应当免责。

### （二）基于实控人行为的免责事由

#### 1. 实控人已经为公司提供了合理补偿

《德国股份法》可资借鉴。该法原则上禁止控制企业以损害从属公司的方式行使领导权，否则控制企业和从属公司中的所有董事会成员及从属公司的监事会成员均应承担损害赔偿责任。[②] 然而，第 311 条第 1 款中的但书又淡化了原本十分严格的规定，即若控制企业能够保证未来的补偿，则暂时性地损害从属公司利益的控制行为也是被允许的。这种损害不仅包括实际损害，还包括对于从属公司现有资产状况或盈利前景产生不利影响的可能性，这种不利可能性即

---

① ［美］丹・B. 多布斯:《侵权法》(上册)，马静等译，中国政法大学出版社 2014 年版，第 457 页。

② 叶敏:《公司控制人的法律分析》，中国政法大学出版社 2015 年版，第 148 页。

可被认定为损害，而并不要求损害能够量化。例如，任命一名无能的董事会成员或安插一名从属企业的董事会成员控制企业都可能造成损害。[①] 企业集团化是经济发展到一定阶段的必然结果，实控人正当的控制权不应为法律所否定，适度的控制权行使有利于企业集团合理安排自身利益布局，达到资源的最优化配置和经营的最佳效益。[②]

**2. 实控人正当行使控制权**

既然实控人已发展为能够对公司形成事实控制的利益主体，其与公司内部治理主体在对公司事务的影响上就具有一定的重合性。如此，判定公司内部主体行权合法性的商事判断规则亦应予以适用。若实控人能够证明自己正当行使控制权，则其应当免责。商事判断规则为此类问题提供了解决思路。

商事判断规则又称为经营判断规则，该规则来源于美国法院的判决，即董事经营行为若具有商业判断上的合理性，则其对于该行为所造成的损失免于承担责任。美国法学会《公司治理准则》第 4.01 条第 3 项将经营判断规则表述为："如果作出经营判断的董事或经理与其所判断的内容没有利害关系，且有正当理由相信其在当时情形下掌握的有关经营判断信息充分、妥当、可靠，该当事人有理由认为他的经营判断符合公司最佳利益。"[③] 商事判断规则实则是对于董事勤勉义务的平衡，起到限制董事责任的作用，基于美国公司治理中董事的控制性地位而将主体定位于公司董事。中国资本市场环境催生了实控人群体，其对于公司的事实控制使得公司原有内部治理机关的信义义务有所扩张，对应的责任亦成为投资者保护的规制重点。董事责任源于其对法律和章程的违反，即违反公司契约对公司和股东造成损失的违约责任，以及对公司外部债权人造成事实损害的侵权责任，而实控人也因其滥用控制权而生成对于公司的违约或侵权责任，以及对于股东和利益相关主体造成事实损害的侵权责任。通过类比

① ［德］托马斯·莱塞尔、吕迪格·法伊尔：《德国资合公司法》（下册），高旭军等译，上海人民出版社 2019 年版，第 891—892 页。

② 叶敏：《公司控制人的法律分析》，中国政法大学出版社 2015 年版，第 148 页。

③ 刘俊海：《现代公司法》（上册），法律出版社 2019 年版，第 636 页。

不难发现，实控人与董事的追责基础具有一致性，因而实控人作为中国公司治理中的一类特殊主体，亦可适用商事判断规则对其应否承担责任进行判定。若符合商事判断规则的内容，即便实控人的控制行为造成损失，亦应免责。

在《德国股份法》中，如果控制企业的行为开始时是无害的或是有益的，之后才显现出是会带来亏损的行为，则不受该法第 311 条第 1 款的规制。因为与该法第 302 条的规定相反，第 311 条第 1 款并没有规定控制企业有义务确保子公司的经营活动成功，或者补偿其经营上的损失，企业经营风险更多还是由子公司承担的。[①] 德国合同法也有类似判断理由。依照相当因果关系理论，基于理性人思维，债务人对其本身违反义务所致的损害，只有在尤其特殊、超出预期、超越事物一般进程之外的情事，才能排除自身责任，即如果这种损害结果具有超出预期的偶发性，债务人并无赔偿责任。[②] 由此，实控人控制权的行使若符合商事判断规则，即便造成了损害，也应将之作为正当免责事由免除实控人对相关受损主体的损害赔偿责任。

考虑到实控人侵害债权人利益以侵害公司利益为前提，因此，若实控人对公司免责，亦应对债权人免责。而对于股东而言，实控人损害公司利益可能间接损害到股东利益，若股东遭受间接损害，实控人对公司免责，也应对股东免责，若实控人未损害公司利益而直接损害股东利益，系对公司法人利益相关人造成损害，免责事由也应为实控人对公司免责事由所涵盖。因此，实控人对于公司、股东和债权人的免责事由具有相通性，属于共性问题，下文对于实控人对股东和债权人的免责事由不再进行重复性讨论。

---

① ［德］托马斯·莱塞尔、吕迪格·法伊尔：《德国资合公司法》（下册），高旭军等译，上海人民出版社 2019 年版，第 892 页。

② ［德］海因·克茨：《德国合同法》（第 2 版），叶玮昱、张焕然译，中国人民大学出版社 2022 年版，第 331 页。

# 第五章

# 实控人对股东的民事赔偿责任

## 一、实控人与股东的利益平衡与冲突

### （一）公司利益分取中的博弈

公司法语境下的“利益束”包括公司利益、股东利益和相关者利益，[①] 该“利益束”亦可解释为广义上的公司利益。公司的商事组织特性决定了公司及相关利益主体的逐利性特征，亦由此产生了公司利益分取中的博弈，而这种博弈在公司控制人与中小股东之间体现得最为直接。

**1. 公司资本制下的股东受益权**

赵旭东教授指出，中国公司治理的主要矛盾是控股股东与中小股东之间的矛盾。[②] 由于历史、经济和社会文化差异等原因，我国的公司治理形成了自身的本土化特点。我国公司治理中的焦点问题并非所有权与经营权分离导致的管理层对股东利益的漠视和剥削问题，而是控股股东、实控人和中小股东之间的利益冲突。申言之，公众公司“一股独大”的特征使得中小股东在行使表决权时存在集体行动障碍，而闭锁型公司的封闭性与自治性弱化了法律的规范性制约，进而产生了股东压制等问题，中小股东权益亦无法得到保障。契约理论将

① 万国华、张崇胜:《公司利益类型界定与保护法律问题研究》，载《南开学报（哲学社会科学版）》2019 年第 3 期，第 100 页。

② 赵旭东:《公司治理中的控股股东及其法律规制》，载《法学研究》2020 年第 4 期，第 92 页。

公司视为个体的契约性集合，标榜个体利益最大化，忽视对中小股东的保护、漠视公司的社会责任，功利性强，有违民主和公正的核心价值。①公司法的制度设计在完善内部治理程序安排的同时，亦应关注程序安排的效果，即探求股东实质平等的解决方案。②

股东一旦将财物出资于公司，即将所有权转化为股权，进而享有公司治理权。股东会、董事会和监事会等机构由股东治理权所衍生，其本质是权力结构的具体化，③这种公司结构体现出分权制衡的治理理念。对于公司股东而言，终极目的在于投资收益最大化，至于实现营利目标的手段，理论上不应成为关注的重点。④对于股东而言，股权并非单一权利，而是一簇权利束。⑤财政部《企业会计准则——基本准则》第26条将“股东权益”界定为“企业资产扣除负债后由所有者享有的剩余权益”，该定义从财产价值的角度将股东权益金额界定为公司资产和负债两个变量之差。

我国《公司法》上以行使目的为标准将股权分为自益权与共益权，自益权以维护股东自身利益为行权目的，而共益权以维护公司利益和全体股东利益为行权目的，事实上，共益权的有效行使客观上也起到了维护股东自身利益的效果。自益权包括股利分配请求权、剩余财产分配请求权等，主要体现为经济利益，但不限于金钱形式，例如实物股利。共益权包括表决权、代表诉讼提起权、质询权等，主要体现为股东对公司治理的参与权与对公司高管的监督权。⑥自

① 万国华、张崇胜：《公司利益类型界定与保护法律问题研究》，载《南开学报（哲学社会科学版）》2019年第3期，第102页。

② 李晓露：《资本多数决的异化与控制股东的信义义务》，载《河南广播电视大学学报》2018年第1期，第39页。

③ 万国华、张崇胜：《公司利益类型界定与保护法律问题研究》，载《南开学报（哲学社会科学版）》2019年第3期，第101页。

④ 赵旭东：《公司治理中的控股股东及其法律规制》，载《法学研究》2020年第4期，第103页。

⑤ 刘俊海：《论控制股东和实控人滥用公司控制权时对弱势股东的赔偿责任》，载《法学论坛》2022年第2期，第89页。

⑥ 刘俊海：《现代公司法》（上册），法律出版社2019年版，第275页。

益权与共益权共同构成了广义上的股东权利，共益权多为实现自益权的手段。考虑到本书讨论围绕实控人民事赔偿责任而展开，而民事赔偿责任对应的是可量化的经济利益损失，因此，本章将股东权益限定为具有自利性财产属性的自益权，即对股东受益权采狭义概念。

**2. 实控人对公司利益的隐性索取权**

公司内部治理结构中的控制权人往往借由股东会投票表决机制，以资本多数决实现对公司的控制。[①] 不同国家公司控制权的隐性收益水平并不相同，这种差异主要应归因于资本市场发展水平、公司治理结构，以及弱势股东保护的区别。美国资本市场发达，股权分散，公司治理水平较高，对董事权力规制较为成熟，难以形成过高的隐性控制权收益。相较而言，欧洲大陆国家和发展中国家由于公司所有权结构相对集中，股东权益保护程度不足，公司控制权人主导公司事务的幅度较大，隐性收益相对较高。[②] 实控人作为外部主体，其索取公司利益因为幕布的遮挡而更为隐蔽。这种隐性收益可能来自不公平的关联交易、对公司商业机会的挤占、违规对外担保、主导并实施满足控制权私益而非公司价值最大化目标的投资决策等。

公司法实为效率促进法，而非弱势群体保护立法。[③] 经济人的逐利本性决定了控制权人利用控制权谋取利益的必然性。[④] 实控人虽然通过一定身份或法律关系取得对公司的控制权，但这种控制权与董事的权力来源存在根本性差异，前者来源于财产权或实现财产利益的强烈动机，以私益最大化为根本目的，亦能为法律所接受，而后者来源于法律或公司章程的赋权，是法律拟制的职务权

① 曾洋:《公司控制权私人利益的法经济学解释》，载《江海学刊》2013 年第 5 期，第 200 页。

② 叶康涛:《公司控制权的隐性收益——来自中国非流通股转让市场的研究》，载《经济科学》2003 年第 5 期，第 61—62 页。

③ 周淳、肖宇:《封闭公司控股股东对小股东信义义务的重新审视——以控股股东义务指向与边界为视角》，载《社会科学研究》2016 年第 1 期，第 99 页。

④ 曾洋:《公司控制权私人利益的法经济学解释》，载《江海学刊》2013 年第 5 期，第 201 页。

力。对于实控人对公司利益的隐性索取行为而言，其行为标准可限定为善意，此处之善意是不故意损害义务与信义义务的中值，意味着控制权人在行使控制权时，应当顾及公司及其他利益相关主体的利益，考虑到公司的长远发展。① 相比非控制权人，控制权人基于更多的付出而取得对公司的控制权，从这一角度而言，实控人与公司利益具有一致性，其隐性索取权亦具有正当性，所谓非正当性控制权收益所指内容应是超出控制权收益那部分利益。②

我国《公司法》中实控人规定的缺失，反映出自治型法的范式特点。③ 自治型法以程序规则为中心，强调法律秩序的规制作用，但形式强于实质，功能性受限，法律的社会价值难以得到有效发挥。回应型法兼顾程序正义与实体正义，强调对社会矛盾的及时回应。④ 我国公司制度以法律移植的方式快速发展，制度形成的同时，也伴有水土不服的隐性矛盾。在公司法发展中，应立足于本土化的经验共识，⑤ 不能忽视本国独有情况而盲目坚持域外制度，从而阻碍本土化的实践创新。⑥ 实控人问题虽非我国独有，但其在我国资本市场的法律土壤中应具有规制上的适应性与独特性，应当直面这一经济现象，认清其存在的意义与正向作用，并通过适度规制避免不利影响。尽管2023年《公司法》对实控人问题新增了事实董事义务、实控人连带责任等规定，但实控人体系化规制的实现仍然任重道远。因此，认清并肯定实控人对公司利益的隐性索取权，使其

① 周淳、肖宇：《封闭公司控股股东对小股东信义义务的重新审视——以控股股东义务指向与边界为视角》，载《社会科学研究》2016年第1期，第101页。

② 曾洋：《公司控制权私人利益的法经济学解释》，载《江海学刊》2013年第5期，第200—201页。

③ 李安安、侯子璇：《契约式股权结构的公司法调整：回应型法的一个解释框架》，载《理论月刊》2022年第5期，第134页。

④ 李晗：《回应社会，法律变革的飞跃：从压制迈向回应——评〈转变中的法律与社会：迈向回应型法〉》，载《政法论坛》2018年第2期，第189页。

⑤ 何勤华：《法的国际化与本土化：以中国近代移植外国法实践为中心的思考》，载《中国法学》2011年第4期，第49页。

⑥ 李安安、侯子璇：《契约式股权结构的公司法调整：回应型法的一个解释框架》，载《理论月刊》2022年第5期，第138页。

在不触及公司及其他相关主体利益的情况下，融入我国的公司法律制度并合理发展，方为正解。

## （二）股权结构视角下的利益关联

### 1. 单层股权结构中的利益关联

（1）单层股权结构的特点

单层股权结构以“一股一权”为其显著特点。一股一权原则亦称等比例原则，即股东的投票权重与其所持股份比例相同。[①] 一股一权原则根源于资本层面的股份平等与股东同质化的假定，在股东与公司间构建一种基于抽象化出资比例的一元化权利义务关系。[②] 一股一权被预设为股东平等的重要体现，得以实现的前提在于股东能力、追求目标与股东利益的同质性，在此理想状态下将资合性作为股东间的唯一差别，进而形成一股一权的表决治理模式。传统公司治理所建立的单层股权结构在一股一权原则下实行资本多数决表决机制，其弊端在于过度强调资本平等而忽略了股东权利义务的实质性平等，这种单纯回应公司资合性的股权结构安排使得公司意志为多数资本意志所取代，丧失应有的独立性。[③] 资本至上的权力观念使得公司内部治理弱化，也为控股股东、实控人滥用公司控制权留下了空间。类别股为单层制股权结构提供了解决方案，亦在不同股东之间实现了权力的平衡。单层制结构中，为便利公司迅速筹集资本，现代公司法允许在普通股之外增设特别股，并明确不同种类股票蕴含的股东权差异。[④] 同股同权、不同股不同权为不同股东所接受，亦能够实现股东受益权

① 张舫：《美国“一股一权”制度的兴衰及其启示》，载《现代法学》2012 年第 2 期，第 152 页。

② 汪青松：《股份公司股东权利配置的多元模式研究》，中国政法大学出版社 2015 年版，第 35—47 页。

③ 李燕：《双层股权结构公司特别表决权滥用的司法认定》，载《现代法学》2020 年第 5 期，第 109 页。

④ 刘俊海：《公司法学》（第 3 版），北京大学出版社 2020 年版，第 114 页。

在股东之间的合理分配。[①]

（2）单层股权结构中的利益关联

事实上，虽然一股一权原则之下，控制股东和实控人存在滥用控制权的动机，但责权利的公平有效配置有利于抑制滥权行为。[②]这种分配方式使公司内部的利益分取处于较为饱和的状态，实控人控制权私益的合理获取能够实现，但过度滥权则受到一定的限制，因难以完成而受到有效制约。一股一权的单层制股权结构使得公司内部股东之间、股东与控制人之间形成了资本上的利益关联，公司内部结构因资本这一唯一衡量标准而更为紧凑，实控人若要实现对公司的有效控制，亦应考虑通过股权方式间接对公司产生影响力，但这一控制方式因资本多数决而在公司内部形成了控制权的透明化，受到公司内部治理程序的约束，亦能得到中小股东的监督。

总体而言，单层股权结构之下，实控人与中小股东的正向利益关联更为紧密，以资本为导向使得控制权人与中小股东形成利益的正向连接，一股一票的资本多数决制在公司内部形成有效制约，促进了公司内部治理围绕控制权展开，限制了作为公司外部主体的实控人滥用控制权的空间。应当说，单层股权结构因其所蕴含的股东平等与民主的价值追求、创始股东与公众股东利益的同质性更易形成公司利益共同体。[③]实控人超额的控制权私益因规范的资本运行机制而受到制约，正当的控制权私益亦因其正当的间接股权控制而得到维护，从而在实控人、控制股东、中小股东与公司之间形成了正向的利益关联。

然而，从另一角度而言，单层股权结构普通股表决权的无差别化使得有正

① 同股同权与一股一权表意不同。同股同权指相同类别的股票具有相同的权利，不同类别的股票具有不同的权利，这是单层股权架构中的样态，允许不同类别股的存在，但权利分配要以资本为前提，如优先股让渡表决权而获得优先受益权。但一股一权单纯指理想化的单层股权结构中，严格按照出资进行对应性的权利划分。

② 刘俊海:《论上市公司双层股权架构的兴利除弊》，载《比较法研究》2022 年第 5 期，第 10 页。

③ 刘俊海:《论上市公司双层股权架构的兴利除弊》，载《比较法研究》2022 年第 5 期，第 20 页。

当控制动机的主体难以通过内部治理保持其控制权，虽然对实控人控制权私益的攫取形成一定的限制，但从另一角度来看，这种制约也催生了控制权人外部化的动机。当内部治理在股权上对于利益主体的无差别化影响控制权人预期利益的实现时，实控人将转而寻求其他方式实现控制权，而“作为外部主体控制内部行为从而达到控制目的”即成为实控人倾向于选择的方式，从而一方面易于规避法律规定，另一方面易实现其控制权私益。

**2. 双层股权结构中的利益关联**

（1）双层股权结构的特点

随着科技的进步与商事创新的发展，高新技术公司与新经济行业公司创始人对自身控制权的维护成为公司治理的关键，也成为股东受益权得以满足的基础和前提。一股一权原则中的股东平权理念亦受到冲击，契约式股权逐渐形成并得以发展。契约式股权涵盖了背离“一股一权”股权形式的全部股权架构，在双方当事人之间通过协议安排进行股权结构设计，是公司治理发展的产物。①

契约式股权基于公司契约理论将公司利益关联解构为一系列的契约关系，实现了股权创设的自由，而其本质则是契约法对商事组织法的侵入与影响。契约式股权形式多元，不断翻新，典型样态包括类别股、协议控制、对赌协议、股权收益权信托等，其中类别股作为一系列特定股权权能受限或差异的股权类型，包括双层股权结构下的特别表决权股、优先股、无表决权股、黄金股、虚拟受限股等种类。② 优先股属于普通股之外增列的股票类别，二者的股东权亦有所差异，符合不同股不同权的资本差异配置理念。但双层股权结构是相对于单一股权架构而言的一种非常规股权架构，是在吸收传统的同股同权结构的基础上，创新出的一种同股不同权的新模式。申言之，所谓双层股权结构是指公司将其发行的普通股股份设定为两种不同的表决权，即特别表决权股（又称超

---

① 李安安、侯子璇:《契约式股权结构的公司法调整：回应型法的一个解释框架》，载《理论月刊》2022 年第 5 期，第 133—134 页。

② 李安安、侯子璇:《契约式股权结构的公司法调整：回应型法的一个解释框架》，载《理论月刊》2022 年第 5 期，第 129 页。

级表决权股）和普通表决权股。

（2）双层股权结构中的利益关联

双层股权结构中，公司发行股份不再限于“一股一权”的单一股权结构模式，特别表决权股的设置意味着每一股份代表了更多的表决权，不同股份类型对应的资本相同，但持有人不同，投票权也存在显著差异。实践中，上市公司向内部人发行高表决权股，向公众投资者发行低表决权股，可解决公司增资扩股过程中因社会资本大量进入使创始人丧失控制权的问题，① 从而使公司创始人或其他大股东在公司上市后仍能对公司保留足够的控制权。管理团队通过双层股权设计，能够在融资过程中，不因股权被稀释而丧失公司控制权，从而保持公司发展的持续性。② 双层股权结构将资本与投票权的关系进行了一定程度上的切割，从而为持有少量股权比例却有控权需要的主体提供了控制权上的保证。③ 这种差异化表决权的制度安排偏离“一股一权”的权利配置宗旨，公司控制人得以通过不平等的超级表决权股，以少量股份获得较高的表决权，从而使得一股一权的平权理念落空。

在双层股权结构上市公司中，公司发行两类在股东大会上享有不同投票权的普通股——超级表决权股和普通表决权股，所有股东按照不同股份附随的投票权数量进行表决；普通表决权股票持有人相对于超级表决权股票持有人而言，可称之为普通股东或中小股东。股东差异化表决权的设置使得实控人通过间接超级表决权的行使具有了绝对的控制权支配地位，表决权异质化改变了传统公司治理中“一股一权”的单一股权结构形态，控制股东超级表决权保证了其控制权不因融资而受到稀释，却也因之不平等性而使普通股东的股东权利受到一定的排挤与损害。当控制股东与普通股东出现利益不一致时，控制股东持有的

① 李燕：《双层股权结构公司特别表决权滥用的司法认定》，载《现代法学》2020 年第 5 期，第 108 页。

② Bernard S. Sharfman, *A Private Ordering Defense of a Company's Right to Use Dual Class Share Structures in IPOs*, 63 Villanova Law Review 1, 7(2018).

③ Pinto Gabriela M Engler, *Why They Persist: An Analysis of Dual Class Structures and the Unification Process in the U.S. and Brazil*, 10 Direto GV Law Review 23, 25(2014).

超级表决权股优势尽显，即通过多数投票结果支持对自身有利的方案，否决其他方案，以保障控制权的实现。[①] 双层股权结构中，控制权人通过出售股权增加与公司的距离感，并因此造成了投票权与所有权的失称，这种不相称导致了控制权人利益与投资者利益的差异性及非同向性，从而造成了控制权人对于投资者利益的疏离。[②] 投资者保护始终是双层股权结构最为核心和根本的问题。

股东同质化的假定不符合股东利益和偏好的客观现实，[③] 基于维护公司资合性根基与保护股东正当权益的目的，不同股不同权的类别股已足以服务于股东利益的差异化与公司正当的生存权与发展权，并在公司内部形成良性治理。尽管目前学界对于双层股权结构存在一定质疑，但是，同股不同权的双层治理结构并不一定会助长特殊主体不断膨胀的控制权私益而置中小股东利益于不顾，也并非一定违背类别股设计之目的。合理的制度设计可能会实现控制权私益与中小股东利益保护的双重目标。

（3）双层股权结构的域外实践

从目前域外实践来看，资本市场发达的国家和地区普遍接受双层股权结构模式，但控制较为严格。以公司制度最为发达的美国为例，在美国，采取双层股权结构的上市公司往往规定相应的章程条款来约束控制股东以保护投资者，典型如“燕尾条款”，即控制权溢价共享条款，要求投资人购买特别表决权普通股所提供的条件，应同时适用于购买“一股一权”的普通股，这样可以防止持有特别表决权的控制股东在转让股份中占有优势地位进而获取控制权溢价，这一制度也是对普通表决权股东利益的有效保护。[④] “日落条款”指法律或合约

① 章道润、张宇润、蒋辉宇:《双层股权结构上市公司普通股东权益保护制度研究》，载《财贸研究》2021 年第 8 期，第 69 页。

② Zoe Condon, *A Snapshot of Dual-Class Share Structures in the Twenty-First Century: A Solution to Reconcile Shareholder Protections with Founder Autonomy*, 68 Emory Law Journal 335,350(2018).

③ 李安安、侯子璇:《契约式股权结构的公司法调整：回应型法的一个解释框架》，载《理论月刊》2022 年第 5 期，第 134 页。

④ Daniel P. Cipollone, *Risky Business: A Review of Dual Class Share Structures in Canada and a Proposal for Reform*, 21 Dalhousie Journal of Legal Studies 62, 64–67(2012).

中订立的部分或全部条文的终止生效日期，当公司经营一段时间已经发展成熟后，无须再采用双层股权架构，除非得到普通股股东的多数决议通过。英国对双层股权结构采取较为开放的态度，英国公司法规定，公司发行的股份无须都享有相同的权利，与美国不同的是，目前英国仅允许在部分板块中运用双层股权架构。2014 年 5 月英国修订了《上市规则》，规定同股不同权的上市公司股权架构形式只适用于标准上市。[①] 日本关于双层股权结构的立法态度与美国一样，即允许公司在首次公开发行之前采取双层股权结构，也允许设立有差异化表决权结构的公司可以申请首次公开发行股票，但是公司一旦成功上市，则不得采取双层股权结构，不得发行差异化表决权的股份。事实上，日本对于非公开公司和公开公司的超额表决权股采取了不同的态度，对于非公开公司较为放任，而对于公开公司则进行了具体比例上的限制。比如，根据《日本公司法》第 115 条的规定，公开公司中为了避免少数派维持控制权，表决权限制股不得超过已发行股份总数的二分之一，这一规定之目的在于公开公司有必要防止经营者等利用表决权限制股以少量出资控制公司。与日本类似，我国台湾地区公司法并不完全排斥双层股权结构，其双层股权结构的规定仅存在于封闭型公司中，其公司法修订法案对其理由说明如下：草案之所以会放宽非公开发行公司可以发行双层股权，是为了增加特别股的多样性，且封闭型公司的特点更加适合采取特别股的形式。相较而言，公开公司不适合双层股权结构，理由有三：其一，少数持有复数表决权的股东可能会凌驾于多数股东之上或否决多数股东所选方案，公开发行股票的公司股东众多，保持一股一权的单一表决股权结构可以保障股东权利平等，避免董事、高管等职权滥用行为和公司治理问题；其二，亚洲大多数的国家对于双层表决权特别股采取较为谨慎的态度；其三，特别股转换为复数普通股，它的效果形同双层表决权，有违股东的平等原则和资本充实原则。[②]

① 徐明:《公司法诸问题研究》(上册)，中国金融出版社 2022 年版，第 729 页。

② 徐明:《公司法诸问题研究（下册）》，中国金融出版社 2022 年版，第 731、736 页。

（4）双层股权结构规制的本土借鉴

双层股权结构适用于上市公司。创新型公司成长的关键因素之一是创始股东和管理者对于公司发展的强有力推动，通过特别表决权股的股权结构安排授予创始股东和管理者一定的超额表决权，有利于保持并激发其致力于公司长远发展的积极性，避免公司受股东所追求短期利益和急功近利心态的影响，从而将新经济公司从传统股东短期利益主义转变为股东长期利益主义。双层股权结构恰能解决实控人外部滥权问题，而将之控制权内部化，有利于企业发展。通过强化内部控制力而弱化了实控人外部化的动机。

在我国，京东、小米和美团均是具有代表性的双层股权结构公司，这一股权结构方式使得公司创始合伙人具有了做大做强的强烈动机。双层股权结构是避免创始人暗箱操作的有效方式，即以股权形式将其控制权透明化，也为其管理公司提供有效途径。双层股权结构本身受到严格监管，且控制权人目的在于实现对公司的长远发展，通过超额表决权获得控制权，这种经法律确认的公开控制途径使得有控制动机的主体具有合法的内部治理控制途径，而不必再另行作为公司外部实控人对公司进行隐性控制。因此，双层股权结构中的内部控制与外部控制呈现出此消彼长的关系，只要严格审查、审慎监管，双层股权结构通过发行特别表决权的普通股实现了控制权主体的内部化，从而对于外部实控人滥权而难监管的问题实现了一定程度上的消解。

2019 年 3 月，《上海证券交易所科创板股票上市规则》（2023 年已修订）中首次允许特别表决权，允许特别表决权股份可以拥有多个表决权。2020 年 6 月，深圳证券交易所修改了《深圳证券交易所创业板股票上市规则》（2023 年已修订），允许公司章程设置特别表决权。自此，中国科创板与创业板均允许特殊表决权。同股同权的公司治理架构中，既有公司法内容尚不足以对控制权滥用形成有效规制，双层股权结构差异化表决的独特性，致使控制权人侵犯普通股东权益违法成本更为低廉，此时滥用支配地位风险更加难以防范。[①] 双层股权

① 章道润、张宇润、蒋辉宇：《双层股权结构上市公司普通股东权益保护制度研究》，载《财贸研究》2021 年第 8 期，第 71 页。

结构是经济发展的产物，其存在是对一股一权资本制度目的的背离，不受限制的双层股权结构破坏股权根基，合理性存疑，在现有情境之下，应通过规制使其具有一定的合理性和风险可控性。对于实控人通过控制股东或董事持有的特别表决权滥用控制权，操控公司事务，损及中小股东权益的行为，可通过完善内部监管机制对实控人滥权风险进行有效防范，可引入类别股东表决制度，由股东按照持股种类进行分类投票，只有当两个表决会议都获得多数票通过时，最终决议才能通过；[①] 可在章程中规定引入"燕尾条款"，规定当双层股权结构上市公司发生并购时，在股权转让上对不同类别股东进行同等对待，从而有效防止超级表决权股东通过其控制权人地位谋取并购差价而损害普通股东的权益。[②] 这种倾斜性的保护方式对于双层股权结构的弊端具有纠偏作用，从而实现股东实质平等，这种限制也有利于抑制外部实控人通过操纵双层股权股东获取超额利益的动机。在特别表决权法律规制尚未完善之际，司法应担其重任，在相关案例的审理过程中，形成有关特别表决权滥用的识别路径及认定标准。特别表决权的产生源于公司内部主体的契约自治，但其亦属商事审判范畴，对于实控人在幕后操控特别表决权的行为，应通过商事审判的专业性加以识别，进而对中小股东权益提供切实保护。[③]

## 二、实控人对股东责任的入法路径

### （一）侵权责任属性的理论证成

#### 1. 利益损害标准的确立

学界对控制股东的责任标准尚存争议，主要体现为四种标准：一是欺诈标

① 章道润、张宇润、蒋辉宇：《双层股权结构上市公司普通股东权益保护制度研究》，载《财贸研究》2021 年第 8 期，第 78 页。

② Daniel P. Cipollone, *Risky Business: A Review of Dual Class Share Structures in Canada and a Proposal for Reform*, 21 Dalhousie Journal of Legal Studies, 62, 67–69(2012).

③ 李燕：《双层股权结构公司特别表决权滥用的司法认定》，载《现代法学》2020 年第 5 期，第 122 页。

准，即控制股东在行使控制权过程中必须具有欺诈或其他不道德的意图或者动机；二是商事判断规则标准，作为董事和高级管理人员的避风港规则，该规则向控制股东进行了主体上的延展，即只要控制股东的行为基于合理的商业考量而作出，就应免于承担责任；三是合法程序标准，即以控制权行使是否履行了合法程序为标准；四是利益损害标准，该标准以控制权的行使是否造成其他利益主体损害为依据。[①] 上述标准观察的角度各有不同，欺诈标准与商事判断规则标准从主观上进行正向与反向判断，核心在于判断控制股东是否具有主观恶意；合法程序标准与利益损害标准均属于客观标准，前者为过程导向，后者为结果导向。本书认为，投资者保护的根本目的在于经济利益的保护，由此，判断是否启动控制股东责任追究应以是否存在实际经济损失为评判标准。

《证券法》以“追首恶”、严监管的理念，从证券发行、证券交易、证券上市、信息披露、投资者保护等诸多方面规定了实控人的法律责任，初步树立了对于实控人信守诚信义务的监管理念，但仅限于公众公司，而实控人对股东责任在公众公司与非公众公司中均有发生，《公司法》中诚信义务的缺失使得实控人对于非公众公司股东利益的侵害无法寻求有效的组织法制度救济。实控人与控制股东具有主体身份上的根本差异，但其诚信义务系公司内部管理层义务在向控制股东扩张之后在主体上的进一步延展，因而，二者违反诚信义务在责任认定标准上亦应存在一定的理念趋同性。控制股东与中小股东具有身份上的同质性，控制权滥用可能违反股东间的公司契约义务，也可能基于利益损害产生侵权责任。但对于处于公司外部的实控人而言，其与公司投资者产生直接关联的唯一可能性即在于对投资者经济利益的侵害，因此，利益损害标准应成为启动实控人对股东民事赔偿责任的唯一标准。

**2. 侵权责任的必然性选择**

如前述，无论是单层股权结构，抑或双层股权结构，实控人仅通过协议、间接持股或个人影响力等方式取得对公司的控制权，进而分取利益，影响少数

---

① 刘凯:《控制股东的信义义务及违信责任》，载《政法论坛》2009 年第 2 期，第 156 页。

股东的受益权，但实控人与股东之间并无直接的法律关系。公司中汇集了各方主体的利益，实控人因对公司控制权而生的诚信义务亦应及于受其影响的中小股东和第三人。需要特别指出的是，这种诚信义务应当是针对具体事项而产生，而非如公司内部董事在公司运转中所负有的常态性诚信义务。在实控人掌控的具体事项中，弱势股东并无发言权，相当于将自身利益得失委托于实控人决断。若实控人诚信公平，以公司利益为己任，则完成义务履行；若其有失公允，过度攫取控制权私益，则有损股东权益；若与控股股东、控制股东或董事合谋，则更加败坏公司治理的内部环境。① 如前述，违约责任和侵权责任均为民事责任所涵盖，违约责任指合同当事人违反法定义务、合同约定义务而应承担的责任，侵权责任指行为人因其过错侵害他人财产、人身造成损害，以及无过错致损，依法应当承担的责任。具体到实控人对股东造成损害之情形，考虑到实控人与股东之间并无合同关系，若要追究实控人的民事赔偿责任，则需要从侵权责任入手，对于实控人违反信义义务造成的中小股东利益损害，追究实控人相应的侵权赔偿责任。

### （二）对公司治理责任规范体系的充实

面对实控人规制不足的现状，对实控人以侵权责任路径入法，客观上能够实现对公司治理责任规范体系的充实。从立法上而言，2018 年《公司法》仅在第 20 条规定了股东滥用控制权对受损股东承担赔偿责任，据此，控制股东亦应对滥权行为造成的中小股东利益损害承担赔偿责任，但实控人因主体身份的本质差异，无法适用该项规定，这就造成了实控人对于控制权滥权致损对中小股东的赔偿无《公司法》上的依据。2023 年《公司法》第 21 条沿用此规定，并新增第 192 条关于实控人滥用控制权损害股东利益时，与董事、高管承担连带责任的规定，一定程度上回应了中小股东对于实控人滥权求偿不能的现状。然而，第 192 条的实控人规制仅限于其指示董事、高管的场景，而对于实控人滥

---

① 刘俊海:《论控制股东和实控人滥用公司控制权时对弱势股东的赔偿责任》，载《法学论坛》2022 年第 2 期，第 82 页。

用控制权损害中小股东利益的其他场景并未涉及，无法与《证券法》对于实控人的规定形成有效衔接。如前述，《证券法》与《公司法》的立法逻辑与规制主体均存在实质差异，因此，尽管《证券法》对于实控人的法律责任已覆盖证券监管的多方面，但其作为《公司法》特别法与监管法的特性决定了《证券法》必然无法取代《公司法》作为商事组织基本法的根本性与普遍适用性。刘俊海教授指出，控制权人滥权谋私是加剧三大利益冲突、提高代理成本的主要风险源，从立法论和解释论双重维度夯实控制权人对中小股东的侵权责任、保护中小股东索赔权具有必要性、正当性与紧迫性。①

根据《民法典》第7条，民事主体从事民事活动，应当遵循诚信原则，秉持诚实，恪守承诺。诚信原则具有高度的概括性与抽象性，对于民事活动和司法审判活动具有重要的指导性作用，应当成为民事主体行为以及民事纠纷解决的根本行为准则。诚信原则在法律适用中具有重要的作用，具体而言，当法律依据难寻或双方约定空白之时，诚信原则能够有效填补空白，从而实现民事主体间利益的平衡，促进社会公平正义的实现。实控人与公司具有法律上的关联性，而与股东并无法律上的直接关联，实控人也不同于控制股东，后者与弱势股东之间的关系可由公司内部契约相连接，而实控人作为外部主体，并无此内在契约关系。因此，诚信原则虽然可在实控人与公司之间以及控制股东与弱势股东之间适用，却并不能够当然适用于实控人与弱势股东，二者间的非直接关联性需要从公司法上寻求更为贴合的理论原则，下文归责理念将对此问题展开论述。尽管如此，在《公司法》规制欠缺的情况之下，《民法典》中诚信原则的漏洞填补功能为寻找实控人对股东责任的入法路径提供了方法论上的指引，若能从公司法层面寻求更为贴合的归责理念，对于寻求对股东的法律救济以及解决控制权滥用问题具有重要意义。

① 刘俊海:《论控制股东和实控人滥用公司控制权时对弱势股东的赔偿责任》，载《法学论坛》2022年第2期，第96页。

## 三、实控人对股东的民事赔偿责任之归责理念与归责原则

### （一）归责理念

#### 1. 实控人与股东的非直接关联性

《公司法司法解释（三）》第 27 条规定了对于未办理股权变更登记情形下，原股东转让股权的处理。[①] 此处的“实控人”范围有进一步澄清的必要，若外部实控人同时具有内部身份且代表公司办理变更登记为其内部身份的职责所在，则应按照其内部身份追究对于受让股东的责任，若因其外部身份操纵控制公司行为从而影响变更登记的办理，则应承担外部主体责任。内外责任实则有别，而内外部身份的不同决定了主体责任性质的差异。若为履职不当，则应按照既有公司治理的职责配置承担法定责任；若为治理体系之外的控制身份，则属于侵权责任范畴，需要考虑相应的归责理念，作为责任追究的法理基础。

外部实控人作为公司外部主体，虽非登记在册的股东或董监高，却借助股权代持或协议安排得以控制公司。[②] 实控人与作为公司内部主体的股东之间本无直接的法律连接，只是在其滥用控制权行为损害股东利益时，方才产生基于侵权责任的赔偿问题，因此，若将实控人对公司的禁止权利滥用原则作为归责理念，有对此原则过度扩张之嫌。尽管《公司法》与《证券法》在提及赔偿责任时，往往将实控人与控制股东作为并列主体，但二者对于中小股东承担责任的归责理念判然有别。从公司契约角度而言，控制股东与中小股东之间存在着内部契约关系，共同享有股东受益权，进而实现对公司盈余的利益划分，对控制股东归责的本质是在控制股东与中小股东之间进行利益调整。而实控人对控

① 根据《公司法司法解释（三）》第 27 条的规定，若原股东未办理股权变更登记而转让股权，受让股东因此受有损失的，可以请求原股东承担赔偿责任，并请求对于未及时办理变更登记有过错的董事、高级管理人员或者实控人承担相应责任。

② 刘俊海：《论控制股东和实控人滥用公司控制权时对弱势股东的赔偿责任》，载《法学论坛》2022 年第 2 期，第 84 页。

制权私益的隐性索取权不同于控制股东的显性利益分取权，实控人与中小股东之间并无法定的利益划分，因而，其对中小股东的归责理念亦应与控制股东有所区分。实控人对中小股东的民事赔偿责任应以惩治控制权滥用为目的，从而限制控制权私益的过度攫取。实控人因其理性经济人的自利本性以及外部主体性质，自觉守约可能性较低，只能依靠严格追责方能对其事实控制行为产生威慑力。概言之，对控制股东规制的目的在于充实发展现有公司治理结构，对实控人规制的目的在于底线思维理念，即不损及公司等相关主体利益，避免实控人的出现影响现有公司治理结构。对于实控人责任的规制应尽量不触及公司内部治理结构。

**2. 公司正义归责理念的价值归依**

如果说实控人对公司的民事赔偿责任基于双方地位上的对等关系而适用违反诚信原则为归责理念，那么实控人对于股东的归责理念因双方非直接关联性和地位上的悬殊而应进入更为本质的法律原则适用解释层面，以实现公司正义为归责理念的价值归依。实现正义向来被认定为侵权法的基本制度使命，在人类社会演进过程中，正义的道德约束作用与法律的规范作用不断深化和交融，侵权法的内容得以不断更新，对于正义理念的融贯也有了新的发展。侵权法实体规范逐步由分配正义走向矫正正义的理论框架。当侵权法所强调的个人正义在实践中导致了社会主体之间不平等的结果，微观个体正义的实现损害了宏观的社会正义，侵权法即产生了变革的必要。20 世纪以后，侵权法理论进一步演进。过于追求个体保护可能会造成更大范围的社会道德和经济价值损害，因此，侵权法对于侵权行为本身的关注逐渐弱化，而对于造成损失的关注逐步增强。[①] 侵权法应关注侵权制度适用所带来的社会后果，[②] 共同体正义和社会正义在侵权法领域与个人正义发生交融。[③] 为了通过法律达致正义，必须结合当下的社会

---

① 张铁薇:《侵权法的哲学基础》，法律出版社 2022 年版，第 24—25 页。

② [美] 詹姆斯·戈德雷:《私法的基础：财产、侵权、合同和不当得利》，张家勇译，法律出版社 2007 年版，第 98 页。

③ [美] 罗斯科·庞德:《普通法的精神》，夏登峻等译，法律出版社 2010 年版，第 5 页。

理想，努力以法律实现对理想的推进与保障。

亚里士多德将正义分为分配正义与矫正正义。分配正义关注的是在社群成员之间进行权力、权利、义务和责任的分配问题，而矫正正义亦称交换正义，主要关注的是对过失作出赔偿或剥夺一方当事人的不妥当获利。[①]在社群中，某个或某些成员的不当行为打破了原有秩序，出现了不合理的增益或损失，矫正正义的目的即在于将被破坏的秩序恢复原状，进而使增益与损失达致平衡。亚里士多德通过分配正义和矫正正义为“各人应得归于各人”原则指明了主要的检验场域。[②]据此理论，分配正义与矫正正义都旨在达到均衡，分配正义旨在从初始规则的设计上实现社群成员利益分配的平衡，而矫正正义旨在对不当行为从效果上进行调整，以达到增益与损失之间的均衡。[③]实控人滥用控制权行为对于中小股东造成的损害，正对应了此处矫正正义所要达到的利益平衡之目的。

合同正义与合同自由作为合同法的基本原则，互为补充，从而实现合同法的机能。[④]以此经验为借鉴，公司法中的侵权行为规制更应当体现出正义理念以实现对于受损主体利益的维护与保障，因此，对公司自治原则之下形成的单层股权结构中的类别股以及双层股权结构中的同股不同权等公司治理形式，公司法需要引入公司正义原则对公司自治原则实现制衡。[⑤]在司法实践中，面对《公司法》对实控人法律规制的不足，公司正义应成为解释、补充公司法的重要准则，在必要时，法官可秉持公司正义理念为禁止权利滥用原则提供更深层次的法理依据，评价公司利益相关主体的行为，并探寻法律条款的真实含义或补充法律漏洞；以公司正义原则解决公司治理制度规制之不足，避免控制权主体

① ［美］E. 博登海默：《法理学：法律哲学与法律方法》，邓正来译，中国政法大学出版社 2017 年版，第 282、284 页。

② ［美］E. 博登海默：《法理学：法律哲学与法律方法》，邓正来译，中国政法大学出版社 2017 年版，第 252 页。

③ 梁上上：《论公司正义》，载《现代法学》2017 年第 1 期，第 58 页。

④ 王泽鉴：《债法原理》（第 1 册），中国政法大学出版社 2001 年版，第 76 页。

⑤ 梁上上：《论公司正义》，载《现代法学》2017 年第 1 期，第 59 页。

过于放任，以实现对控制权滥用行为的纠偏以及对于中小股东受损利益的修复，从而在控制权私益与中小股东利益分取的公益性之间实现一种平衡。

## （二）归责原则

### 1. 过错责任原则的证成

股东中心主义价值观是公司良治的根本，制约控制权的本质即在于限制公司中控制权的无限膨胀，进而保障中小股东利益的实现。责权利一致原则之下，实控人承担责任源于信义义务的扩张，基于公司正义而对中小股东承担责任，进而解决单层股权结构中的资本多数决以及双层股权结构中的表决权差异产生的股权异质化造成的实控人、控制股东与中小股东之间的利益冲突问题，实现利益平衡。

企业控制权的稳定，一方面有利于避免敌意收购引发的中小股东利益损失，另一方面，控制权本身的逐利性也可能产生负面效应。有学者提出，可以考虑从促进控制权稳定的角度对控制股东进行正向赋权，[①] 但对于实控人而言，则有必要实行反向规制以避免触及现有公司内部治理的责权利之平衡状态。当前在我国，控制股东与非控制股东之间的利益冲突，无论是冲突场景还是强度均呈扩张态势，[②] 实控人的隐性控制权亦应如此。2020 年实施的《深圳经济特区科技创新条例》第 99 条引入了“表决权差异安排”，允许设置超出普通股份表决权限的特别表决权股份。随着科创板与创业板对特别表决权的接纳，控制利益也具有了更为广阔的空间，正向的规则已不足以全面覆盖形态各异的滥权行为，需要明确的责任规制对不断扩张的冲突和中小股东利益风险进行外部矫正。[③]

我国尚无“商事侵权责任”概念，在司法实践的既往案例中，法官对 2018

---

① 傅穹:《公司利益理念下控制股东诚信义务的本土治理与重构》，载《学术论坛》2021 年第 4 期，第 13 页。

② 傅穹:《公司利益理念下控制股东诚信义务的本土治理与重构》，载《学术论坛》2021 年第 4 期，第 14 页。

③ 傅穹:《公司利益理念下控制股东诚信义务的本土治理与重构》，载《学术论坛》2021 年第 4 期，第 14 页。

年《公司法》第152条的适用仍秉持“损害赔偿责任构成须符合因果关系”的原理。[①] 我国2018年《公司法》第20条兼顾了公司索赔权与股东索赔权，第21条仅规定公司索赔权，刘俊海教授指出，从体系解释与目的解释来看，第21条是对第20条公司索赔权的细化。[②] 据此，弱势股东可以根据第20条或第21条主张受损利益的赔偿。2023年《公司法》第21条和第22条沿用了2018年《公司法》的上述规定，并在第192条规定了实控人滥用控制权指示董事、高管损害股东利益的，应对股东承担连带责任。从立法习惯上分析，上述条文均未对归责原则进行特别规定，可以按一般性归责原则理解，即实行过错责任原则，这也符合商事组织中各方地位平等的预设前提，亦对控制权的正当行使实现一种维护。

**2. 举证责任分配的矫正作用**

过错责任原则，是以过错作为价值判断标准，判断行为人对其造成的损害应否承担侵权责任的归责原则，《民法典》第1165条第1款规定“行为人因过错侵害他人民事权益造成损害的，应当承担侵权责任”即与上述概念含义相同。早期成文法采取加害原则，即对行为人采客观损害标准，只要行为对他方造成实际损害，无论其主观状态为何，一律承担赔偿责任。这一原则的不合理性就在于对于行为人的主观善意与主观过错不加区分，使得正当行使权利造成他人损害的人也须承担民事责任。[③] 现代侵权法中，过错责任采主观归责原则，由此，使得过错责任原则与加害责任以及其他客观责任相区别，只要行为人在主观上没有可非难性，就不能承担赔偿责任。回归实控人归责的具体问题，控制权与现金流请求权的背离造成了控制权主体与中小股东利益的差异，背离程度越高，控制权人越有可能滥用控制权谋取超额私人利益而损害公司利益和股东

① 杨姗：《封闭型公司股东权益保护的立法完善——以“股东直接诉讼”为切入点》，载《现代法学》2021年第3期，第201页。

② 刘俊海：《论控制股东和实控人滥用公司控制权时对弱势股东的赔偿责任》，载《法学论坛》2022年第2期，第85页。

③ 杨立新：《侵权责任法》（第4版），法律出版社2021年版，第51页。

利益。[①] 在此需要与实控人对公司责任相区别的是，实控人与公司之间地位相对平等，以“谁主张，谁举证”为原则可以实现二者利益平衡，但对于中小股东而言，实控人身份的不透明加剧了损害的可能性，使得中小股东处于不安定状态。若实行一般性举证责任，对于中小股东而言，实难实现利益的修复，此时，需要考虑通过举证责任分配来矫正二者实质地位的不平等。

实行举证责任倒置，即对实控人的责任推定成立。具体而言，即指股东在诉讼中，能够提供充分证据证明存在违法行为和损害事实，并能够证明二者之间存在因果关系时，将主观状态的证明责任交由实控人承担，即若实控人无法证明自己对于损害的发生不存在过错，则推定其存在主观过错，从而承担赔偿责任。[②] 除非实控人能够提供证据证明其正当行使控制权而非存在滥用之行为。由此，对于实控人的归责原则应实行过错责任原则，对于其在交易中因故意或者过失未尽到诚信义务而导致的对中小股东利益的损害在举证责任上实行过错推定，缓解实控人与中小股东利益的异质化冲突。由于过错推定之适用范围为法律规定之事项，不属于法官裁量或当事人主张的事项，建议我国《公司法》第 192 条增加“但是能够证明自己没有过错的除外”，以体现出法律关于实控人对股东过错推定责任的确认。

## 四、赔偿范围之厘清

有学者指出，实控人应作为控制股东的概念延展，其赔偿范围应仅限于控制股东不正当施加其影响力而损害的公司利益，但不包括损害股东利益的情形。[③] 这种观点未能从主体上将实控人与控制股东相区分，也未能从客体上将

---

① Jensen M, William H. Meckling, *Theory of the Firm: Managerial Behavior, Agency Costs and Ownership Structure*, 2 Journal of Financial Economics 305, 309(1976).

② 杨立新:《侵权责任法》(第 4 版)，法律出版社 2021 年版，第 51 页。

③ 朱大明、[日]行冈睦彦:《控制股东滥用影响力的法律规制》，载《清华法学》2019 年第 2 期，第 85 页。

公司利益与股东利益相区分，存在一定片面性。事实上，作为公司这一商事组织体的相关利益主体，实控人与股东获利均围绕着公司这一中心而展开，虽然二者之间并无直接法律连接，却在公司利益束之中形成此消彼长的关联，进行着利益上的博弈，实控人的滥权行为亦由此关联中小股东获利的消减，进而应对其承担赔偿责任。

## （一）直接损失与间接损失的区分

### 1. 直接损失与间接损失的司法辨识

刘俊海教授以公司法逻辑指出，控制权人损害公司利益，必然损害股东利益，但损害股东利益并不必然损害公司利益。[①] 其中，滥用控制权给公司造成财产损失，进而导致其他股东所持有的股份价值因为公司价值的降低而受到的损失称为间接损失，而滥权行为未给公司造成损失，却损害了股东特别是中小股东利益而产生的股东损失，称之为直接损失。[②] 司法实践中对于公司损害和股东损害主张的判定具有明确的态度。前述"鞍山市鸿锦有限公司、蒋某安与焦某霞、鞍山市永利有限公司控股股东、实控人、董事、监事、高级管理人员损害公司利益赔偿纠纷案"[③] 中，蒋某安主张其作为鸿锦公司股东，有权获得焦某霞应赔偿鸿锦公司款项的 50%，二审法院认为，因焦某霞竞业禁止行为损害的是鸿锦公司的利益，鸿锦公司作为独立核算的法人单位，具有独立的法律人格，鸿锦公司在取得赔偿款项后如何分配是其公司内部的决策事宜，属蒋某安与鸿锦公司之间就公司利润分配而产生的另一法律关系，并非本案审理范围，故蒋某安的该项主张缺乏事实及法律依据，不予支持。该项判决说明控制权人损害公司利益必然损害股东利益，损害公司利益行为发生传导性效应，进一步损害了股东所持有的股份价值。亦可认定为控制权致公司损害继而产生的间接

① 刘俊海：《论控制股东和实控人滥用公司控制权时对弱势股东的赔偿责任》，载《法学论坛》2022 年第 2 期，第 86 页。

② 朱大明、［日］行冈睦彦：《控制股东滥用影响力的法律规制》，载《清华法学》2019 年第 2 期，第 73 页。

③ 辽宁省鞍山市中级人民法院民事判决书，（2015）鞍审民终再字第 6 号。

损失，这种情况下的股东损失属于公司获得损害赔偿之后的内部利益分配，而不应作为独立的诉讼主张。

股东直接损失与间接损失的区分旨在划清公司与股东的法律边界，保护公司财产和股东价值的完整性，设计不同救济途径，降低股东维权成本。[①] 对于股东直接损害的认定，司法实践中提出了一定的标准。在尚某富、青川县阴平古道旅游开发有限公司损害股东利益责任纠纷案[②]中，尚某富与王某某均为摩天岭公司出资各占 50% 的股东，后王某某因增资僵局而成为公司实控人，同时，王某某作为阴平公司的实控人，使阴平公司接续摩天岭前期工作继续摩天岭项目的开发。一审法院对于尚某富要求王某某、阴平公司等赔偿其出资等损失的主张不予支持，二审法院维持原判。该案涉及股东直接损害赔偿问题，法院对于股东直接损害提出了认定标准，即公司财产在缴纳税收、弥补亏损、提取法定公积金等之后尚有盈余，方可经股东会讨论向股东分配。股东间接损害认定的前提是公司持续运营，而对于破产或濒临破产的公司，虽然法人资格存续，却无力对控制权人索赔从而消除股东间接损害，[③] 此类损害亦应纳入直接损失范畴，以便于中小股东维权、修复受损的股东权益。

**2. 直接损失与间接损失的测算**

股东直接损失的计算，可以考虑以资产负债表为基准数据进行测算。资产负债表的核心内容是“资产＝负债＋股东权益”的会计恒等式，因此，股东权益金额取决于公司资产和负债两个变量。资产负债表中的“股东权益”不完全等同于包括股利和剩余财产在内的物权，且有其独立的存在价值：在持股期间体现为前物权阶段的抽象期待权和具体债权（亦称之为股利分取请求权）；在股

① 刘俊海:《论控制股东和实控人滥用公司控制权时对弱势股东的赔偿责任》，载《法学论坛》2022 年第 2 期，第 88 页。

② 四川省广元市中级人民法院民事判决书，（2021）川 08 民终 30 号。

③ 刘俊海:《论控制股东和实控人滥用公司控制权时对弱势股东的赔偿责任》，载《法学论坛》2022 年第 2 期，第 88 页。

权出让时物化为股权转让款的一部分。[①] 即便公司未按法定程序分配股东权益，股东按持股比例享有的股东权仍是存在的，仅仅是股利和剩余资产未转化为股东物权而已。实控人侵占公司资产时侵害公司产权、减少公司收入、虚增公司负债，从而造成资产负债表上股东权益的减少。关联交易的公允性会影响到公司利益进而影响股东利益，具体而言，若关联交易公允，股东权益能够正常实现；反之，若关联交易有失公允，则会造成公司净资产的减损，从而影响弱势股东持有的股份价值。控制股东对于不公允关联交易的剥夺从根本上攫取了弱势股东的利益，满足自身的控制权私益，这种得利并无法律上的正当理由，理论上应归属于不当得利范畴，应当对其不当获利进行返还。虽然资产负债表中控制股东名下的股东权益与弱势股东同比缩水，但该损失完全被巨额表外不当获利所抵消，[②] 若实控人系通过控制内部股东而获利，其所控制股东的损失亦可由超额控制权私益所抵消，而仅需要计算弱势股东所受损失。

### （二）直接受损与间接受损的法律救济

#### 1. 股东诉讼制度的不足

股东间接受损以公司受损为前提，因此，对于股东间接受损并无独立研究之必要，而应从公司受损角度切入进行考量，具体体现为通过公司直接诉讼或股东代表诉讼进行追责；而股东直接损害则通过股东直接诉讼进行追责。[③] 我国《公司法》对于股东直接诉讼与股东代表诉讼均有所规定。2023 年《公司法》第 189 条规定了股东维护公司利益和全资子公司利益的起诉权，根据该条规定，实控人侵害公司合法权益致损时，可启动股东代表诉讼，并新增了他人侵犯全资子公司合法权益致损的情形，此时，股东可选择适用代表诉讼或直接

① 刘俊海:《论控制股东和实控人滥用公司控制权时对弱势股东的赔偿责任》，载《法学论坛》2022 年第 2 期，第 89 页。

② 刘俊海:《论控制股东和实控人滥用公司控制权时对弱势股东的赔偿责任》，载《法学论坛》2022 年第 2 期，第 89 页。

③ 刘俊海:《论控制股东和实控人滥用公司控制权时对弱势股东的赔偿责任》，载《法学论坛》2022 年第 2 期，第 88 页。

诉讼。据此，股东间接受损提起股东代表诉讼具有公司法上的依据，新增的股东诉讼选择权及其适用场景的规定提升了法律的适用性，也对实控人规制产生了一定的积极作用。2023 年《公司法》第 189 条沿用 2018 年《公司法》第 152 条的内容，规定了股东对董事、高级管理人员不法行为致损情形的直接诉讼，涉事主体的局限性导致了该法条适用的不足。《证券法》第 95 条规定了证券投资者可以提起虚假陈述等证券民事赔偿诉讼，亦可推选代表人或直接委托投资者保护机构作为代表人提起直接诉讼，从而为公众公司中小股东提供了直接诉讼的救济渠道。对于有限责任公司而言，实控人、控制股东损害中小股东的情形较为严重，由于《证券法》无法适用，《公司法》亦缺少相应的规定，中小股东所受损失无法通过股东直接诉讼得到有效救济，在小规模封闭型公司中，侵权行为更为普遍。这种情况下，股东直接诉讼缺乏法律依据，不能成为损害的救济途径，进而可能导致封闭型公司中的控制权滥用直接损害中小股东利益的行为更加频繁与肆无忌惮。从有效规制控制权滥用的角度思考，股东提起直接诉讼不仅有利于保护少数股东利益，也可以在制度上对于公司掌权者形成控制作用与威慑力，利于公司良治的养成。①

**2. 股东诉讼制度的域外借鉴**

股东诉讼制度亦可从域外寻求借鉴。对于股东派生诉讼而言，我国法律上并未形成更为细化的规定。美国资本市场最为发达，股东派生诉讼制度成熟，主要体现为如下方面：其一，实行举证责任倒置，即股东派生诉讼中的原告只需证明行为与损害结果之间存在因果关系，举证责任则转由被告承担；其二，股东派生诉讼判决结果具有同类适用性，即诉讼效力及于受到相同损害的同类受害股东；其三，对于原告的赔偿金额具有一定奖励性，即原告股东可获得 50% 的赔偿金额，以鼓励股东主动维权。② 直接诉讼亦可分为股东集团诉讼

① 甘培忠、刘兰芳:《新类型公司诉讼疑难问题研究》，北京大学出版社 2009 年版，第 306 页。

② 章道润、张宇润、蒋辉宇:《双层股权结构上市公司普通股东权益保护制度研究》，载《财贸研究》2021 年第 8 期，第 74 页。

与团体诉讼模式，我国没有股东集团诉讼，而采用团体诉讼模式。两种模式的最大区别在于前者默认“选择退出”的方式，而后者默认“选择进入”的方式。两种模式各有利弊。股东集团诉讼极少有股东选择退出，当事人赔偿请求全部累加，使得原告与赔偿金额极度扩张，这种方式以巨额赔偿金吸引优秀律师加入，亦克服了集体行动的困难，且赔偿金额远远大于超额收益，能够对实控人产生阻却违法的效果。[①] 而在我国现行的团体诉讼模式中，集体行动困难和搭便车问题较为严重，股东起诉积极性不高，投资者保护机构进行股东代表诉讼目的主要在于选取典型案例起到示范性作用。[②] 因此，我国股东诉讼救济方式面临着法律规制不足与法律可操作性不强带来的维权困境，目前股东派生诉讼和直接诉讼对于股东权益的保障作用均未得到充分发挥，需要通过对现有法律内容的充实及适用上的调整来适应我国公司制度中广大中小股东的维权需求。

## （三）股东利益损失与公司利益损失的区分与竞合

### 1. 股东利益与公司利益的紧密连接性

公司是由多元利益构成的实体，[③] 公司利益与公司目标以及经营管理层的行动方案紧密相连，公司价值的持续提升应作为公司及各方利益相关主体共同的利益目标，亦应作为公司顶层目标的价值导向，以公司为利益连接点的所有相

① 杜要中:《美国证券集团诉讼程序规则及借鉴》，载《证券市场导报》2002 年第 7 期，第 203 页。

② 章道润、张宇润、蒋辉宇:《双层股权结构上市公司普通股东权益保护制度研究》，载《财贸研究》2021 年第 8 期，第 73 页。

③ 弗雷德里克·豪斯曼 (Frederick Haussmann)、弗利茨·豪斯曼 (Fritz Haussmann) 和拉尔夫·朗讷 (Ralf Langner) 也从类型学上作出如是划分，详见 Frederick Haussmann, Fritz Haussmann, Vom Aktienwesen und vom Aktienrecht, 1928, S.85 f.;Ralf Langner, Rechtsposition und praktische Stellung des Aufsichtsrates im unternehmerischen Entscheidungsproze, 1973, S.65 ff. 转引自杨大可:《德国法上的公司利益及其对我国的启示》，载《清华法学》2019 年第 4 期，第 170 页。

关主体都应得到妥当对待。[①] 从公司治理原则来看，股份公司顶层目标的确定权由股东享有，董事会以特定目标为行为准则来维护公司利益。股东（大）会代表股东权益，而董事会更多从维护公司利益出发，这就决定了顶层目标与特定具体目标存在一定程度的分离，而董事会的特定目标往往要实现股东利益与其他利益诸如公司利益的平衡。[②] 在共同的利益目标之下，实控人滥权对公司利益束所造成的损失往往会形成不同主体之间损失的竞合。由于股东是公司的出资人，其财产所有权转化为公司资产，进而拥有公司的股权，这种资产上的紧密连接关系使二者利益损失的重合性表现得尤为明显。因此，厘清股东利益损失与公司利益损失之间的边界，对于公司与股东进行各自利益的主张与损害的有效修复具有重要意义。

**2. 利益关系视角下的损害性质认定**

公司独立法人的身份特征决定了公司利益与股东利益区分的必要性，但也应考虑到，公司是多方利益的集合体，利益主体之间的关系往往会超越法律关系，随着公司实践的发展，在特定情形下需要引入利益关系作为分析工具来弥补法律关系的不足，[③] 以实现公司正义。股东直接损害指股东因违法行为而直接受到的不利影响，与公司利益是否受损并不相关，而股东间接损害是指经由公司利益损害而波及的股东财产损害，[④] 亦即，股东间接损害实为基于公司利益直接损害的间接受损。因此，在厘定股东与公司利益损失的区分与竞合问题上，有效讨论在于划定股东直接损害与股东间接损害的边界。

刘俊海教授认为，从实现股东利益保护的角度考量，若公司损害与股东损害，即股东间接损害与直接损害难以区分，则应在司法上将之认定为股东直接

---

① 杨大可:《德国法上的公司利益及其对我国的启示》，载《清华法学》2019 年第 4 期，第 171、179 页。

② Horst Steinmann, Das Gro unternehmen im Interessenkonflikt, 1969, S.257 ff. 转引自杨大可:《德国法上的公司利益及其对我国的启示》，载《清华法学》2019 年第 4 期，第 173 页。

③ 梁上上:《论公司正义》，载《现代法学》2017 年第 1 期，第 73 页。

④ 刘俊海:《论控制股东和实控人滥用公司控制权时对弱势股东的赔偿责任》，载《法学论坛》2022 年第 2 期，第 86 页。

损害，并列举如下三类情形。其一，公司不具有理性自治且可持续运营的现实状态及可能性，无力通过公司诉讼消除股东间接损害，应认定为股东直接损害。股东损害被识别为股东间接损害的前提是公司理性自治且可持续运营，法院在“石某诉刘某等十股东滥用股东权利赔偿案”中的判决即体现出上述务实裁判的股东利益保护理念。[①] 其二，控制权人以低价受让股份为目的损害公司权益，前股东因此而遭受的全部损失不应界定为公司损害所致的间接损害，而应以控制权人不法目的为依据将前股东低价转让股份遭受的损害视为直接损害，因此，前股东可直接向控制权人索赔。传统公司法为降低股东维权成本，将能被公司请求权代为保护的股东损害识别为股东间接损失，以通过公司请求权的实现进行损害修复，最高人民法院（2017）最高法民再 8 号民事裁定书关于侵权行为与李某所受财产损害之间无因果关系的裁定即为此例，有待商榷。李某作为前股东，虽与公司无法律上的关联，但其损害因控制权人侵占公司资产所导致，将其识别为直接损失，有利于李某通过直接诉讼主张股东权益的修复。其三，应秉持股东友好型理念，在公司利益损害与股东利益损害即股东间接损害与直接损害类型化存疑时，推定其为股东直接损害，以降低中小股东的维权成本，促使其直接、及时地获得损害赔偿。[②]

## 五、控制权利益共同体对股东的责任

### （一）责任承担方式

侵权责任主体可以是单一责任主体，也可以是数个共同侵权的责任主体，前者对于损害结果独立承担责任，而后者则根据法律规定共同承担责任。数人

---

① 上海市第一中级人民法院民事判决书，（2011）沪一中民四（商）初字第 29 号，上海市高级人民法院民事判决书，（2012）沪高民二（商）终字第 44 号。

② 刘俊海：《论控制股东和实控人滥用公司控制权时对弱势股东的赔偿责任》，载《法学论坛》2022 年第 2 期，第 88 页。

共同承担侵权责任需要同时满足两个条件：其一，适格主体要求，即侵权责任主体数量为两个或两个以上，且能够独立承担民事责任；其二，共同行为与损害结果的关联度要求，即多个侵权主体的行为共同造成同一损害结果。① 根据我国民事法律与司法解释的规定，数人共同侵权责任可分为连带侵权责任、按份责任以及部分主体承担全部侵权责任、部分主体承担补充侵权责任三类。事实上，随着公司治理侵权责任体系的发展，亦可考虑按份责任或全责加补充责任的方式，以提高共同侵权责任的适用性。

根据《德国股份法》第 302 条规定，订有控制契约或盈余转移契约的，契约一方对于他方在契约有效年度内的亏损，就无法自该期间内提取的特别盈余公积金中获得补偿的数额，负赔偿责任；订有营业租赁契约或营业委托经营契约的，控制公司对于契约有效期间内发生的亏损，就约定的对价无法覆盖的亏损范围，也承担补偿责任。此规定充分体现了保护弱势股东的立法宗旨。在公司治理中，应当鼓励通过公司法的责任机制寻求股东利益救济，维护公司自治的私法属性，而在证券监管的理念上，也应当遵循资本市场的监管规律，发挥证券法作为公法的惩治违法行为优势，慎用公司法或其他私法性法规进行监管，进而实现公司法与证券法领域的有效区分。②

实控人滥用控制权需要通过公司内部股东、董监高等具体落实，方能实现，由此，公司内外各方参与主体形成了控制权利益共同体，③ 对于中小股东而言，亦是侵权行为共同体。《民法典》第 178 条第 3 款规定："连带责任，由法律规定或者当事人约定。"因此，对于控制权利益共同体而言，若要承担连带责任，需要有法律明确规定。《证券法》第 85 条对于证券虚假陈述，规定了控制股东、

① 张新宝：《侵权责任法》（第 5 版），中国人民大学出版社 2020 年版，第 40 页。

② 郑彧：《上市公司实际控制人法律责任的反思与构建》，载《法学研究》2021 年第 2 期，第 105 页。

③ 刘俊海：《论控制股东和实控人滥用公司控制权时对弱势股东的赔偿责任》，载《法学论坛》2022 年第 2 期，第 84 页。

实控人、董监高等责任人员与发行人对投资者的连带责任。[①]2023年《公司法》第192条也新增规定："公司的控股股东、实际控制人利用其对公司的影响，指示董事、高级管理人员从事损害公司或者股东利益的行为，给公司或者股东造成损失的，与该董事、高级管理人员承担连带责任。"由此，《公司法》与《证券法》联动，对于滥用控制权致损情形为公司与股东提供了明确的法律保护，确认了侵权共同体的连带责任，亦实现了实控人责任在公司治理结构中的私法理念与证券法中以信息披露为主的公法责任的协同转换。[②]

值得关注的是，深圳市中级人民法院在《关于服务保障创业板改革并试点注册制的实施意见》中提到了要探索"首恶负责制"，尽量避免证券欺诈民事诉讼判决中对上市公司追责过重，从而使得上市公司承担较大数额的民事赔偿责任，进而对公司与股东造成较大的利益损害。对发行人的控股股东、实际控制人控制、指使发行人虚假陈述的，依法判令控股股东、实控人直接向投资者承担民事赔偿责任，同时判令上市公司承担限额补充赔偿责任。虽然实控人与公司对投资者承担责任的具体方式有待讨论，但该实施意见提出的二者共同承担责任的观点为资本市场侵权行为的有效规制提供了思路与借鉴。

### （二）公司在实控人责任中的角色嬗变

正如缔约自由需要合同正义原则矫正双方地位的实质不平等，商法上的公司自治也需要公司正义原则的适度介入以实现公司各方利益的均衡。[③]在中小股东就其直接损失提起诉讼主张公司与实控人等共同侵权主体承担连带责任之时，《公司法》上亦需要考察公司是否因滥用控制权而遭受了相应的损失，即其在作为侵权责任人时，是否同时也是受害人。这两种身份的单一存在并不会造成司法困扰，当两种身份因同一滥用控制权行为而并存之时，应当如何判别、

① 此处投资者包括股东与债权人，该条以法律责任的方式确定了债权人的追责根据，而不必再通过公司人格否认进行追责，从而为债权人责任保护提供法律保障。

② 郑彧:《上市公司实际控制人法律责任的反思与构建》，载《法学研究》2021年第2期，第101页。

③ 梁上上:《论公司正义》，载《现代法学》2017年第1期，第74页。

归责与救济，是司法实践中无法回避的问题。

公司是法律拟制的法人，叶林教授指出，我国公司治理面临的主要问题不在于公司治理技术规则问题，而是公司治理规则的结构性问题，即公司或全体股东与经营者之间的利益冲突问题、控股股东和少数股东之间的利益冲突问题，以及公司与利益相关者之间的利益冲突问题。[①] 而实控人作为独立存在的公司外部主体，亦与公司、股东及其他利益相关者存在超额私益攫取与公司利益束的利益冲突问题。多数公司以所有权与经营权相分离作为观察公司治理的逻辑起点，但对于所有权与经营权相分离的内涵，观点不一。本书认为，公司财产归公司所有、公司经营由选举产生的经营者负责之分工界定较为符合公司独立法人身份与公司内部治理规范化的公司制度设计理念。然而，正如哲人所言，没有限制的权力必然走向权力滥用，资额主义投票机制为控制股东实际控制公司提供了便利，[②] 董事会与经理层的经营管理权亦为其控制公司行为提供了制度依据。若实控人或控制股东通过公司内部机构实际上操控或实质上影响到公司行为，将其个人私欲凌驾于公司长远发展与股东权益之上，从而获得过度的控制权私益，则公司沦为其滥用控制权的工具，实质上丧失了拟制人格。此时，公司兼具共同侵权人与受害者的双重法律身份，在面对中小股东的索赔时，公司应以其形式上的独立法人身份与实控人、控制股东作为共同侵权人，承担连带责任，而对于自身因滥权行为而遭受的损失，有权另行诉讼对滥权控制人主张损害赔偿，从而实现侵权共同体的内部追偿。[③]

公司作为受害者，并不影响其共同侵权人身份，因为实控人通过控制公司实现利益攫取之目的，客观上形成了利益共同体。获利并非共同侵权责任构成要件，因此，即便公司未从中获利，亦不影响其共同侵权行为的认定。而且，公司作为多方利益载体的性质决定了其面对强势控制人的操控，不得以弃权方

---

① 叶林：《公司治理制度：理念、规则与实践》，中国人民大学出版社 2021 年版，第 96 页。

② 叶林：《公司治理制度：理念、规则与实践》，中国人民大学出版社 2021 年版，第 96 页。

③ 刘俊海：《论控制股东和实控人滥用公司控制权时对弱势股东的赔偿责任》，载《法学论坛》2022 年第 2 期，第 96 页。

式行使权利，因其弃权意味着控制权对股东甚至债权人利益的侵蚀。公司承担连带责任之后，可以通过内部追偿的方式对滥权控制人行使追偿权，由此，既实现了对公司投资者这类弱势群体的保护，维护了公司的独立法人地位与对外交易的安全，又通过内部索赔的实现维护了公司的生存发展权。①

公司利益束中主体多元，除股东之外，债权人也是滥权行为侵权的利益相关者，公司对中小股东承担连带责任是否会影响到债权人的利益，亦应为公司正义所关注。公司对弱势股东的利益修复与债权人获得利益保护并非此消彼长的关系，二者在受损利益修复上体现为同向关系。事实上，无论实控人利用股东、董事、高管抑或其他方式对公司施加影响进而侵权，都反映出公司内部合规体系的失灵，通过对公司追究连带侵权责任，有利于纠正这种失灵现象，使公司治理重回正轨。

### （三）连带责任人的内部追偿

#### 1. 内部追偿的法律依据

《民法典》第 178 条第 2 款对于数个责任主体承担连带侵权责任后的内部追偿情况进行了规定："连带责任人的责任份额根据各自责任大小确定；难以确定责任大小的，平均承担责任。实际承担责任超过自己责任份额的连带责任人，有权向其他连带责任人追偿。"连带责任的追偿方式为受损主体提供了便利，即受损主体只需要向一个或部分责任主体提出赔偿主张，则被直接追责的责任主体有义务赔偿受损主体的全部损失，之后再向其他主体请求返还相应的责任份额。② 因此，连带责任具有对外对内两层性质。对外而言，各责任主体对于受损方承担整体性责任，受损害方有权要求连带责任主体中的单一主体或多个主体承担损害赔偿责任，且承担的金额由受损害方决定，只要不超过损害赔偿总额即可，此对外责任与被追偿主体的过错程度无关。各责任主体不得以被索

---

① 刘俊海:《论控制股东和实控人滥用公司控制权时对弱势股东的赔偿责任》，载《法学论坛》2022 年第 2 期，第 96 页。

② 张新宝:《侵权责任法》，中国人民大学出版社 2020 年版，第 40 页。

赔金额超出个人责任范围为由拒绝支付。对内而言，各责任主体间按内部约定份额分担责任，即在对外赔偿之后，超额赔偿的责任主体有权就超额赔偿部分向其他责任人进行内部追偿。连带责任是法定责任，责任主体的内部约定对外无效。

2. **内部追偿原则**

责任主体承担连带侵权责任后的内部追偿应当遵循以下原则：[①] 第一，比较过错原则，即对数个共同责任主体在实施共同侵权行为时的过错进行比较，过错较大的最终分担较大份额的赔偿金额；过错较小的最终分担较小份额的赔偿金额；过错不相上下、难以比较大小的，原则上平均分担。第二，比较原因力原则，即依据数个共同责任主体在实施共同侵权行为时对于损害起到的作用进行考量，对于所起作用较大者使之承担较大的赔偿金额，对于所起作用较小者使之承担较小的赔偿金额，若各个侵权人对于损害的发生所起作用大小无区别或无法判别，则令其平均分担损害赔偿金额。第三，公平考虑原则，该原则也称为司法政策考虑原则，是指在共同责任主体之间最终分担赔偿份额时适当考虑各侵权人的经济状况和其他相关因素。《民法典》第 178 条即体现了这样的法律精神。

3. **内部责任的合理性区分**

实控人较为隐蔽，为保护中小投资者利益，避免其陷入追责难的困境，对于幕后控制的实控人不承担独立性的侵权责任，而将实控人与公司、控制股东、董监高等视为共同侵权主体，共同承担侵权责任，既贯彻了外观主义原则，符合投资者对于相对方的合理期待，有利于维护商事交易的安全，便于投资者维权，又兼顾了实质穿透主义。当受损股东不知实控人存在时，完全按照外观主义原则起诉公司、董事等侵权主体；当受损股东对实控人滥权行为有所了解时，以实控人与公司等主体作为共同侵权人提起诉讼，这两种情形均以内部追责的终极手段实现了对实控人穿透式追责的目的，从而使得受损股东得到赔偿，侵

---

① 张新宝:《侵权责任法》，中国人民大学出版社 2020 年版，第 40 页。

权者承担了应有的法律责任。

控制权滥用情形多样，变动不居，控制权利益共同体责任分担的比重亦应随情形不同而有所区分，这就对法官自由裁量权提出了较高的要求。基于理论上的内部追偿原则，应对控制权侵权共同体的责任划分初步划定一定的标准，尽量避免出现司法实践的不一致。若公司章程完备、对内部治理设计规范、各机关权力分配合法合理，则公司应排除于侵权共同体之外，反之，公司亦应承担一定的责任。从弱势股东遭遇具体侵权的场景上看，包括持股期间的共同侵权行为与出让股权环节的共同侵权行为。在弱势股东持股期间，控制权利益共同体无论直接侵害其权利，抑或直接侵占公司资产、间接盘剥小股东利益，都需要控制权人与董监高的相互勾连；在出让股权环节，控制权人往往与管理层联手，操纵中介机构出具虚假中介报告，降低估值，从而压低股权受让款，使中小股东利益受损。[①] 上述情况下，勾连各方均存在侵权故意，构成利益共同体，主观过错不分上下，应承担相同的侵权责任。即便公司因内控制度或体系设计不完备导致无法通过公司治理有效识别滥权行为，亦应考虑到公司拟制人格的法律特点以及内部人操控公司的行为特点，本着尊重公司生存发展权以及维护股东利益的原则，酌减公司赔偿责任，加大其他主体的赔偿责任，即，使公司承担责任小于其他主体责任，出于比较过错、比较原因力与公平考量，合理实现共同侵权人的责任分配。

---

① 刘俊海:《论控制股东和实控人滥用公司控制权时对弱势股东的赔偿责任》，载《法学论坛》2022 年第 2 期，第 95 页。

# 第六章
# 实控人对第三人的民事赔偿责任

## 一、第三人的界定

### （一）控制权所及第三人的范围

#### 1. 利益相关者理论的勃兴

实控人对公司行使控制权，借助公司行为实现其控制权私益，而随着社会的发展和商事组织影响力的提升，实控人通过控制公司的行为不仅会对股东产生影响，还会影响到公司内部员工、债权人、公司的竞争者、消费者等众多利益相关者的利益，因此，控制权所及第三人范围亦应与此相同。

利益相关者理论经历了漫长的发展过程，并随着公司社会责任理论的兴起与发展而逐渐具体化。20 世纪 30 年代，美国学者谢尔顿最早提出公司社会责任的概念，学者伯利与多德就此展开著名论战。伯利主张股东至上主义，认为公司应将营利作为唯一目标，而多德提出利益相关者理论，认为公司董事代表利益群体广泛，除股东之外，还包括职工、债权人、消费者以及社区整体利益。1963 年美国的斯坦福研究院首次系统明确提出“利益相关者”定义，认为利益相关者是企业赖以生存的利益群体。[①] 弗里曼对此内容作了进一步研究，认为利益相关者与组织目标的实现过程是相互促进的，但局限性在于对所有利益相

① 贾生华、陈宏辉：《利益相关者的界定方法述评》，载《外国经济与管理》2002 年第 5 期，第 14 页。

关者在同一层面进行整体性研究。克拉克森的理论弥补了弗里曼理论的缺陷，将利益相关者界定为对企业进行了包括实物资本、人力资本、财务资本等在内的资本投资，并因此与企业共同承担生产经营风险的利益主体，这一界定方式以专用性投资标准增强了利益相关主体的可识别性。[①] 我国学者贾生华和陈宏辉将弗里曼和克拉克森提出的概念相融合，将利益相关者界定为对企业出资、就此承担风险并且对于企业目标实现具有影响力的主体。[②]

**2. 公司社会责任之下第三人概念的强化**

经济学上的实证研究表明，内部控制在促进企业社会责任履行的规范化和可持续性方面具有直接作用。[③] 控制权的正当行使，一般仅涉及公司和股东利益的提升或至少无损，但控制权滥用，却可能影响到公司、股东，甚至公司债权人等其他利益相关者。公司的社会责任已表明公司商业行为与社会关联度的提升，控制权所及第三人范围较广，除内部职工之外，亦应包括处于公司外部的法律上完全独立于公司的自然人、法人或其他组织。

根据利益相关者理论，企业追求利益相关者的整体利益，而非股东等个别主体的利益。根据社会契约理论，公司承担社会责任实质上是履行其对各方利益主体契约义务的体现。日本著名经营社会学家富永健一教授提出的社会企业观认为，社会位于上位体系系统，企业位于下位体系系统，企业具有实现私利的功能，亦承担着部分社会责任，社会不应该是为企业的社会，而企业则应该是为社会的企业，这才是正确的企业认识观。因此，公司在追求经济利益的过程中，应兼顾社会利害关系人的利益。公司在发展过程中不应局限于对有形资产和股东权益的关注，还应通过合理化的制度安排实现其他主体的利益平衡。这种制度安排应及于所有为公司进行专业性资本、技能等投资的利益主体，包

① 陈群峰:《论公司社会责任司法化对利益相关者的保护》，载《法律适用》2013 年第 10 期，第 82 页。

② 赵万一:《公司治理的法律设计与制度创新》，法律出版社 2015 年版，第 316 页。

③ 李志斌:《内部控制、实际控制人性质与社会责任履行——来自中国上市公司的经验证据》，载《经济经纬》2014 年第 5 期，第 87 页。

括股东、职工、债权人、消费者等。[①] 因此，公司社会责任基于社会契约特质而具有了法律责任的属性，社会责任要求公司经营不得以营利为唯一目标，公司在为自身与股东逐利的同时，还应关注到其他相关者的利益，承担一定的维护义务。公司社会责任由道德责任演化而来，在公司制度框架之下寻求道德与法律的融合，进而为公司对于第三人责任的司法化创造可能性。[②] 由此，利益相关者作为公司社会责任法律关系的权利主体，其法律地位得到了强化。

## （二）赔偿责任语境下第三人的限定

### 1. 利益相关者外延的限缩

（1）由利益相关者到公司债权人

股东中心主义之下，公司管理层以企业和股东利益最大化为财富创造的主要目标，但也应注意到公司决策及行为对利益相关者的影响。有学者指出，公司法语境下的利益相关者应限定为那些为公司提供专有化资产、而这些资产又在企业中处于风险状态的人和集团。[③]

利益相关者理论采用了外延宽泛的概念，以涵盖尽可能多的利益主体。公司治理的核心问题在于实现公司长远利益发展过程中，如何平衡所有者、管理者及其他利益相关者等各方主体之间的利益，通过制度设计实现各主体之间的相互制衡，也促进各主体合法利益的实现，这种公司发展前提下的调和冲突、促进利益实现的理念至关重要。[④] 投资者保护是公司治理与资本市场研究的核心问题之一，如果缺乏有效的投资者保护，公司发展亦会受到影响。公司投资者不仅限于股东，也包括债权人，随着金融科技的发展创新，我国投资者群体日益扩大，广大投资者以购买股票或债券的形式成为公司投资者，特别是中小股东和债权人由于其自身与公司实体实力相差悬殊，难以洞察或抵制控制权滥

① 赵万一:《公司治理法律问题研究》，法律出版社 2004 年版，第 347—348 页。

② 陈群峰:《论公司社会责任司法化对利益相关者的保护》，载《法律适用》2013 年第 10 期，第 84 页。

③ 赵万一:《公司治理法律问题研究》，法律出版社 2004 年版，第 348 页。

④ 赵万一:《公司治理法律问题研究》，法律出版社 2004 年版，第 82 页。

用的不利影响，因此，当投资者对企业融资时，其作为投资者享有的权利应通过法律制度得到保障。与此同时，作为非自愿债权人的侵权行为受害人往往缺乏事先与侵权人协商的机会，更无法事前索要一定担保，侵权行为发生前，具体损害也不确定，鉴于受害人多为弱势主体，公司作为组织性主体，应从组织法上为受害人寻求救济之道，考虑到公司职工、消费者等已纳入公法保护范畴，因此，《公司法》上应将利益相关者限缩为债权人，具体包括自愿债权人与非自愿债权人。

（2）资产负债表项下的债权人

当实控人控制公司行为，通过关联交易、对外担保等获取控制权私益之时，公司法应实行重点规范，以实现从形式平等到实质平等的跨越。资产负债表中的负债作为与股东权益相关的重要要素，具体是指企业过去的交易或事项形成的、预期将导致经济利益流出企业的现时义务。[①] 自愿债权人作为与公司有直接利益关联的外部主体，其为公司提供的资产亦是资产负债表上的重要经营指标。股东权益与负债作为公司资产恒等式中的变量，呈现出此消彼长的负相关关系，股东权益是股东中心主义之下公司治理所追求的目标，与公司资产为同向增长关系。由此，公司负债易成为规范治理的盲区或违法行为的重灾区，债权人也成为权利最容易受到侵害的利益相关者。因此，在股东与债权人之间进行利益平衡，必要时给予债权人倾斜性保护，是公司法需要斟酌和权衡的重要问题。[②]

（3）《公司法》保护视野下的债权人

2023年《公司法》第23条所称“公司债权人”既包括民事关系中的各类债权人，也包括劳动关系中的债权人，以及行政关系中的特殊债权人等。[③] 根据主体性质与债权性质的不同，债权人可分为三类：第一类为银行等具备专业知识的自愿债权人，这类债权人因其自身力量的强大可通过债务契约或担保物

---

① 刘俊海：《公司法学》（第3版），北京大学出版社2020年版，第395页。

② 赵万一：《公司治理法律问题研究》，法律出版社2004年版，第82页。

③ 刘俊海：《公司法学》（第3版），北京大学出版社2020年版，第287页。

权等方式实现债权；第二类为相对弱势的自愿债权人，由于专业知识的缺乏与谈判地位的不足，无法实现自我保护；第三类为企业的非自愿债权人，如违约债权人、侵权债权人，[①] 这类债权人并非企业发展规划中所预期的利益主体，具有偶发性，并非基于商事行为，但因违约之债或侵权损害赔偿之债而与公司产生债务利益关联。这三类债权人债权的实现，均依赖于公司资产的充足，亦是公司债权人保护的应有之义。

**2. 赔偿责任调和股东与债权人利益的制度功能**

从法律渊源上看，我国是成文法传统国家，强调法律的确定性、适用性与前瞻性，而制定法的有效规制对概念的合理外延提出了适当性的要求，利益相关者的界定应循此立法思路，从概念上进行合理性限定。鉴于现阶段社会发展实际以及公司法所体现的制度功能，将所有利益相关者纳入公司法框架实现制度化保护缺乏可操作性，亦无必要，因此，应当将发展比较成熟的利益相关者进行分类规制。比如，将与公司利益实现有着重要且直接关联的自愿债权人纳入公司法之私法框架，将消费者主体纳入消费者权益保护法和产品质量法之公法框架进行保护，至于其他利益相关者的保护应随着社会发展渐进地体现到立法中去。[②] 尽管如此，当公司因实际控制人滥用控制权而陷入偿债不能时，公司与相关利益主体的债务问题即上升为公司法层面的法律问题，需要依赖于组织法进行解决。

资产负债表的会计恒等式反映出公司法范围内的基本利害关系，基于股东与公司利益理论上的一致性，这一基本利害关系应锁定于股东和公司债权人之间的关系。股东与公司债权人之间的利益调和或保护，一般以公司资本作为保障。但是，对于控制权主体利益突出的公众公司而言，实控人操控的控制股东与少数股东之间已经形成异质化利益，而将少数股东推向中小投资者范围，与大众债权人同成为弱势群体。在此情境下，法律对于大众股东与大众债权人则

---

① 曾思:《资产分割理论下的企业财产独立性: 经济功能与法律限制》，载《中外法学》2019 年第 5 期，第 1369 页。

② 赵万一:《公司治理的法律设计与制度创新》，法律出版社 2015 年版，第 317 页。

产生了保护利益优先性选择的问题。①

公司作为法人组织形式，其核心特点在于承担有限责任，该有限责任包括股东以出资为限，公司以其公司财产为限，对债权人承担责任，从而与股东自身财产实现风险隔离。然而现实中，由于实控人、控制股东滥用控制权侵蚀公司财产，给债权人造成重大损失，股东有限责任亦可能被打破。少数股东同债权人主体性质存在根本差异，在某些损害债权人利益的股东决议事项上，中小股东可能是其受益人，从而被动损害债权人的利益；而在其他情形下，中小股东又可能与债权人同为受害主体，尽管二者受损害的程度与性质并不完全一致，且存在一定的利益冲突。控制股东限制少数股东表决权的股东压制行为并不影响债权人利益；累积投票制度、利害关系人表决权排除制度等仅限于对中小股东权益保护；公司破产时，少数股东在剩余财产分配上和债权人亦有冲突。②现有公司治理目标是实现股东利益与公司财产的增值，从而产生正向促进作用，而对于公司债权人而言，其并非公司内部主体，仅在其债权利益被触及时，方才成为公司法关注的重点，这一点与实控人在公司治理中因致损而纳入规制的定位相契合。因此，实控人与债权人因控制权滥用行为造成利益损害而产生利益连接，以民事赔偿责任实现对于债权人利益的修复，应成为公司法对债权人与股东利益平衡保护的必要制度安排。

## 二、控制权滥用之影响及于债权人的场景分析

### （一）实控人损害债权人利益的场景归类

控制权滥用及于债权人的情形可分为主观原因之影响与客观原因之影响。事实上，实控人滥用控制权行为损害公司和股东利益，若影响到公司的偿债能力，即便主观上无损害债权人利益的目的，客观上也损害到债权。此种情形，

① 赵万一：《公司治理法律问题研究》，法律出版社 2004 年版，第 347 页。

② 赵万一：《公司治理的法律设计与制度创新》，法律出版社 2015 年版，第 80 页。

若使实控人对债权人承担责任，则过度扩张了间接损害的范畴。就侵权责任本身而言，实控人若无主观过错却对债权人承担责任，则属于严格责任范畴，而严格责任必须法定，在无法律规定的情形下，不应仅因对债权人造成客观损害要求实控人对债权受损后果承担赔偿责任。事实上，对于实控人损害公司利益客观上影响债权人利益的情形，债权的损害属于附带性损害，应当遵循公司与债权人的相对性关系，将公司作为唯一责任人，避免实控人责任的过度扩张，影响既有的公司责任体系。与之相反，若公司客观上有能力偿还全部或部分债务，但实控人主观上缺乏偿债意愿，通过滥用控制权操纵公司拒不偿还债务，则属于主观故意造成债权人损害，应承担相应的民事赔偿责任，而这种主观故意损害债权人利益的行为即可统称为逃废债。鉴于本书聚焦于实控人民事赔偿责任问题展开讨论，因此，关于实控人损害债权人利益的行为，限于其应承担民事赔偿责任的主观故意场景，即逃废债场景进行具体分析。

### （二）逃废债的场景分析

#### 1. 逃废债方式的多样性

逃废债指企业或个人客观上有能力偿还全部或部分债务，但主观上缺乏偿债意愿而拒不偿还债务的行为。[①] 逃废债并非法律术语，以对行为的客观描述呈现出行为主体出于主观故意、采取欺诈手段改变债的事实或法律状态、进而消灭债务悬空债权的行为效果。逃废债以非法方式逃避债务人自身债务，进而废除债权人的债权，二者呈现出对立统一的关系。[②] 有学者对实务中的逃废债场景进行了分类，对于后续研究债权人保护具有一定的指导意义。逃债指在资产端以欺诈方式转移财产和其他违法违规行为，有学者将具体情形举例列举如下：一是发行人通过合并、分立、重组、增减注册资本等方式降低偿债能力；

---

① 刘原、张凌云：《治理公司信用类债券逃废债的思考与建议》，载《债权》2022 年第 8 期，第 26 页。

② 汪维才：《论恶意逃废债务行为的犯罪化》，载《中国刑事法杂志》2006 年第 1 期，第 53 页。转引自侯太领：《逃债控制与判例评析》，法律出版社 2003 年版，第 8、10 页。

二是通过不法关联交易进行抽逃资金、转移资产、对关联企业进行利益输送，从而减少公司资本；三是以过低价格销售商品，变向减损公司财产；四是伪造法律关系、设立虚假担保或提起虚假诉讼以降低违约主体的偿债能力；五是以隐匿性的方式通过向内部人转让公司财产或者通过核心营业资产转让等方式减少公司资产；六是不经债权持有人会议同意，擅自处理债权的抵 / 质押物，或不经上市公司相关决策流程，增加对外担保等或有债务；七是在公司濒临破产时，对个别债权人提前清偿公司未到期债务或向特定债务人放弃公司债权，或者提前清偿未届期的公司债务或为之提供财产担保等；八是以欺瞒方式隐藏公司实际偿债能力，未如实进行相应信息披露，从而影响债权人利益的实现；九是对控股股东提前兑付股东权益或者过度分红等；十是不配合债权人诉讼，以及拒不执行法院和仲裁机构已生效的法律文书等。废债则是指违反正当程序原则非法废除债务，至少包括如下情形：一是拖延进入破产程序，导致撤销权超过时效，被转移的财产无法追回；二是恶意利用破产程序，在资产负债情形调查、重整方案制订、披露和表决等环节存在欺诈行为，损害债权人利益。[①]尽管逃废债行为手段多样，形式变动不居，但根本性质均为欺诈，在行为后果上均消灭了债务悬空了债权，对债权产生实质损害，从而构成侵犯财产权的行为。[②]

**2. 逃废债的行为归因**

逃废债行为源于发行人的主观恶意动机和蒙蔽欺诈，这不仅对公司债权人造成利益损失，还可能引发投资者的不信任，降低其风险偏好，影响市场预期和债券市场稳定，加剧流动性风险和跨市场风险。逃废债虽然手段多样，但多源于公司控制人的自利动机，体现出发行人公司治理的不完善。股权结构失衡、实控人责权利的不一致、母子公司人格分立与利益捆绑、短期业绩膨胀与债务

---

① 刘原、张凌云:《治理公司信用类债券逃废债的思考与建议》，载《债权》2022 年第 8 期，第 25—26 页。

② 汪维才:《论恶意逃废债务行为的犯罪化》，载《中国刑事法杂志》2006 年第 1 期，第 53—54 页。

积聚均为关联交易、资产转移等逃废债手段提供了便利，市场中信息披露虚假或不充分也为逃废债提供了可乘之机。[①] 信用关系主导着市场经济的有序运行，市场主体受此约束，在行权时，亦应不损及他人利益，维护社会稳定，信用关系因此而具有超出个人法益之价值。公司作为与社会利益密切相关的商事组织，善意取得债权人财产，或因违约或侵权成为债务人，却在实控人、控制股东等控制权主体的操控之下恶意逃废债，该行为使得公司信用危机加剧，影响公司的社会声誉和长远发展，亟待整饬。[②]

**3. 逃废债的理论解析**

资产分割理论作为一项法经济学理论，聚焦于企业财产独立制度的效率，而对其在公平维度上的效果关注不足。[③] 资产分割理论表明企业财产独立制度同时产生社会成本与收益，有待于法律进行相应的调整与纠偏。资产分割有正向与反向之分。反向资产分割亦即有限责任制度，具有重要的社会效益。[④] 有限责任帮助股东降低投资风险，并通过分散投资创造更多的社会价值，同时也使得债权人对于公司用来偿债的资产范围有明确的预期，同时简化了破产程序，即在公司资不抵债时，法院只需要将公司本身资产与债务情况纳入司法考察范围，而不必费时费力关注股东个人资产。正向资产分割由优先权与清算保护两个方面的制度安排构成，申言之，公司资产优先偿付债权人，股东一旦出资于公司，即无法轻易要求返还，这一效果被一些学者称为资本锁定。从公司长远发展来看，清算保护的资本锁定功能比债权人优先受偿更具有深远意义，有利于公司资产的稳定与公司运营的平稳，这也是合伙等“弱资产分割”企业与公

① 刘原、张凌云:《治理公司信用类债券逃废债的思考与建议》，载《债权》2022年第8期，第26—27页。

② 汪维才:《论恶意逃废债务行为的犯罪化》，载《中国刑事法杂志》2006年第1期，第54页。

③ 曾思:《资产分割理论下的企业财产独立性：经济功能与法律限制》，载《中外法学》2019年第5期，第1357页。

④ Easterbrook, FH, Fischel, DR, *Limited Liability and the Corporation,* 52 The University of Chicago Law Review 89, 89(1985).

司等“强资产分割”企业的核心区别。[①] 如果说反向资产分割使偿债资产范围固化从而为债权人提供了明确的预期，恶意的正向资产分割却可能使债权人预期落空，陷于受偿不能的困境。申言之，公司通过再投资的方式将一部分公司资产投向其他公司，由此造成公司资产的减少，削弱了其抗风险能力，降低了偿债能力与赔偿能力，从而变相降低原有的融资成本，使得债权人特别是弱势自愿债权人以及非自愿债权人的正当权益受损或落空。[②] 可见，正向资产分割同样会导致对社会不利的财富分配后果。

**4. 逃废债的法律规制**

实控人、控制股东作为公司行为的实际掌控者与公司收益的最大分享者，与公司债权人之间存在天然的利益冲突，也决定了公司债权人利益受损的可能性。[③] 我国 2023 年《公司法》和 2018 年《公司法》均将债权人与公司、股东并列作为公司法保护主体，明确了债权人合法权益的保护是公司法的宗旨之一。赵万一教授将公司法对债权人的利益保护归类于两方面：一是公司法人人格否认制度，即若公司股东滥用有限责任的保护，满足个人私利而损害公司债权人利益，则需揭开公司面纱，排除公司独立法人制度的保护，而使存在不法行为的股东对债权人承担损害赔偿责任；二是将债权人利益保护区分为事前、事中和事后三个不同阶段。[④] 循此思路，事前阶段体现为公司设立阶段，出资人出资金额及方式若未达法定条件，则需要承担更正及金额补足的责任；事中阶段指公司存续期间，2023 年《公司法》第 11 章和 2018 年《公司法》第 9 章均针对公司合并、分立中的债权人保护进行了专门的规定，包括债权人的及时知情权，以及债权人在特定场景下的请求担保权或就债权的提前受偿权；事后阶段指公司破产清算阶段，该阶段对债权人的保护体现于 2023 年《公司法》第 236

① 曾思：《资产分割理论下的企业财产独立性：经济功能与法律限制》，载《中外法学》2019 年第 5 期，第 1359 页。

② LoPucki, Lynn M, *The Death of Liability.* 106 The Yale Law Journal 1, 1(1996).

③ 王建文：《论我国构建控制股东信义义务的依据与路径》，载《比较法研究》2020 年第 1 期，第 99 页。

④ 赵万一：《公司治理的法律设计与制度创新》，法律出版社 2015 年版，第 326 页。

条和2018年《公司法》第186条的债权人优先于股东受偿权。2023年《公司法》第220条、第222条，2018年《公司法》第173条、第175条还规定了公司合并、分立应当编制资产负债表和财产清单，并以通知和公告的方式送达债权人。2023年《公司法》第236条和2018年《公司法》第236条均规定了公司在清算期间不得开展与清算无关的经营活动，这也进一步为相关债权人利益保护提供了保障。刘俊海教授在事前、事中、事后的三分法基础上，从契约角度对逃废债目的与保护方式进行了更为清晰的划定与分析，其认为，事先保护发生于合同有效成立之前，具体体现为帮助债权人有效识别债权债务合同的稳定性与安全性，并避免与非诚信履约或履约不能的相对人建立合同关系，从而保护债权人的知情权、选择权、公平交易权和担保索取权；事中保护发生于合同有效成立之后、债权清偿期限届满之前，旨在预防实控人、控制股东等控制权人掏空公司资产，进而维持债务人公司的偿债能力，从而确保公司资本维持、资产充实、资本认缴制的期限限制和股东出资义务的履行（含加速到期制度）；事后保护发生于债务人公司违约或未履行偿债义务之后，通过诉讼、仲裁或强制执行等手段，遏制债务人公司及其股东在债务已届清偿期限时通过资本、资产和股权的流转而逃废债务，对于守约债权人提供相应救济以解其被违约之困。①

## 三、债权人向实控人追责的合同法路径

### （一）实控人与债权人的合同关系

#### 1. 合同关系的确认

如前述，2018年《公司法》仅在第21条关于关联交易的规定中体现了实控人对公司承担责任，而未规定对股东和债权人的责任。2023年《公司法》第

① 刘俊海：《债权人友好型〈公司法〉理念和制度重塑》，载《国家检察官学院学报》2022年第3期，第145页。

22 条延续此规定，并在第 192 条中规定了实控人对公司、股东的责任，然而，仍未涉及实控人对债权人的责任。债权人无法通过《公司法》直接追究债务人的责任，而只能迂回通过基本的民法关系寻求规制，合同法路径亦是解决方式之一。① 合同关系在私募股权投资中较为普遍，体现为公司当事人之间的特殊合同或协议约定。股权投资协议双方为私募股权投资人和融资公司，在签订股权投资协议时，一般会对融资公司控股股东和实控人的行为加以限制，但商事实践中大多数封闭型公司实控人并不透明，合同中也未进行规定。对于合同法中未规定实控人滥用控制权的限制条款之情形，亦可考虑另一条合同法路径，即从法理上看，实控人滥用控制权行为给公司造成损害的，公司可追究其损害赔偿责任。由此，二者间形成了债的关系，亦即法定的权利义务关系，这也可视为二者之间产生债务合同关系，抑或实控人与公司间本就存在协议关系，因其滥用控制权而产生违约效果。若公司怠于追究实控人的赔偿责任或放弃其追偿权，债权人可申请合同保全，此即债权人的代位权或撤销权。

**2. 基于代位权的直接受偿**

债权人的代位权，指债权人为保全其债权，在债务人怠于主张其自身债权之时，以自己的名义向相对人主张债务人的债权的实体性权利，代位权是一种法定权利。② 具体而言，债权人可以行使法定代位权，向公司债权的相对人主张相应的公司债权。③ 例如行使合同债权、不当得利返还请求权、以及侵权行为产生之债权；④ 或者代位向债务人的相对人请求其向债务人履行、向破产管理

---

① 周亮:《论滥用公司人格之实际控制人对公司债权人的责任——兼评我国〈公司法〉第 20、21 条》，载《南京大学法律评论》2007 年第 21 期，第 204 页。

② 《中华人民共和国民法典》( 实用版 )，中国法制出版社 2020 年版，第 363 页。

③ 根据《民法典》第 535 条规定，当实控人滥用控制权，阻止公司债权或者与该公司债权有关的从权利的实现，从而使公司债权人利益受到损害时，债权人可以行使法定代位权，向公司债权的相对人主张相应的公司债权。

④ 李敬宜:《实际控制人滥用公司控制力救济——公司法人格否认制度之辨析》，载《中国外资》2022 年第 19 期，第 103 页。

人申报或者作出其他必要的行为。[①]债权人此处行使的实为债务人对他人债务的管理权，即代位于债务人提前主张债权履行，一旦于债权到期之前发现可能影响债权实现的情形，即采取措施提前代债务人保全其债权，此时因债权未届清偿期，只能主张向债务人履行债权。若债务人在债权到期时获得清偿，即可以偿还债权人的债权，由此，债权人在债权到期时，因此前的代位权行使而实现了直接受偿。

《德国股份公司法》中，对于从属公司的债权人也有类似规定，称为独立的代位求偿权。具体是指从属公司债权人可以在从属公司尚未完成清偿的债权金额范围之内，代位从属公司向相对人主张赔偿，即使从属公司决定放弃该债权或与相对人和解，也不影响从属公司债权人代位求偿权的实现。[②]

债权行使的对象可能为实控人，也可能是公司的其他债务人。有学者认为，代位权使债权人获得了直接追索实控人的权利，与公司人格否认具有同等效果。[③]本书认为，代位权行使与否认公司人格具有本质差异，债权人代公司之位以自己的名义行使债权，是以承认公司主体资格为前提从而产生的替代作用，并未否定公司的法人资格，因此，此处不应将两种追责方式相等同。司法判决中也反映出这样的观点与立场。在“杨某与重庆德杰企业管理咨询有限公司合并、合作开发房地产合同纠纷上诉案”中，合议庭对于公司人格否认持审慎态度。合议庭认为，只有人格混同事实明显，该人格混同行为严重损害债权人利益，且债权人所受损失并无其他救济方式可循时，才能考虑否认公司人格。若公司尚有届期未清偿债务，债权人可依据代位权或撤销权主张自身债权受偿，

---

① 根据《民法典》第 536 条的规定，债权人债权到期之前，债务人的债权或者与该债权有关的从权利存在诉讼时效期间即将届满或者未及时申报破产债权等情形，影响债权人之债权实现的，债权人可以代位向债务人的相对人请求其向债务人履行、向破产管理人申报或者作出其他必要的行为。

② 汤欣:《控股股东法律规制比较研究》，法律出版社 2006 年版，第 50—51 页。

③ 李敬宜:《实际控制人滥用公司控制力救济——公司法人格否认制度之辨析》，载《中国外资》2022 年第 19 期，第 103 页。

这种基于法定权利的求偿方式优于法人人格否认。[①]

### 3. 基于撤销权的间接受偿

债权人的撤销权，是指债权人依法享有的为保全其债权，对债务人无偿或者低价处分作为债务履行资本的现有财产，以及放弃其债权或者债权担保、恶意延长到期债权履行期限的行为，请求法院予以撤销的权利。《民法典》第538条对此进行了规定，而且，上述几种情形与实控人滥用对公司控制权的行为高度契合，具有一定约束力。债权人撤销权的制度目的在于保护债务人的财产，进而保障债权人自身债权的实现。撤销权作为一项法定权利而存在，债权人需要向法院提出申请，请求法院撤销债务人影响债务履行的不当民事行为。本质而言，撤销权的有效行使代表了司法上对于债务人不当减持财产行为的否定，进而将不当减持脱离债务人的财产进行状态复原，恢复为债务人所有，从而为债权人利益的实现提供物质保障。[②]

## （二）合同法求偿路径的优势与不足

### 1. 合同法求偿路径的优势

代位权可以实现债权人的直接受偿，受偿方式利于债权的实现；撤销权赋予了债权人撤销诈害行为的权利，以确保债权人之债权到期后可以顺利实现。代位权与撤销权本质上都是由债权人代替债务人行使权利，突破了合同法律关系的相对性原则。梁上上教授认为，法律关系实质为一种权威化的利益关系，以公平、正义为核心的伦理道德准则应当被用于调节人们之间的利益关系，亦应为立法者所关注。[③]一般的债权债务关系基于法律关系的相对性而将第三人排除在外，但传统上对于法律关系的相对性要求在现代社会发展过程中受到挑战，关注当事人之间利益冲突的利益关系概念以其不拘泥于直接法律关联的灵活性而具有了解决现代社会法律纠纷的适应性，从而具有更强的适用性。公司

① 最高人民法院民事判决书，（2020）最高法民终70号。

② 《中华人民共和国民法典》（实用版），中国法制出版社2020年版，第366页。

③ 梁上上：《利益衡量论》，北京大学出版社2021年版，第117页。

法致力于解决不同主体之间的利益冲突，促进公司生存发展，利益相关人并非具有直接法律关系的主体，却因为与公司组织体在利益上密切相关，而成为公司组织法所关注的对象，利益关系概念突破了相对性法律关系的束缚，为公司法中利益主体的规制与保护提供了解决之道。由此，代位权与撤销权突破了合同相对性原则，将债权人接入原有法律关系，赋予其主体地位，这一方式在公司法上是可行的。法律制度需要与具体情境相联系，虽然实控人滥用控制权转移公司资产的行为与债权人之间并不存在直接的法律关系，但存在利益关联，应遵循法律情境主义原则，基于公司正义，突破法律关系的束缚，对相关利益关系加以规范。[①] 合同法求偿路径通过赋予债权人代位权与撤销权维护债权人利益，实现公司正义理念，体现出一定的制度价值。

**2. 合同法求偿路径的不足**

（1）代位权求偿路径的不足

代位权求偿路径具有效率优势，不受入库规则的限制，债权人可直接从债务人处获得清偿，[②] 但行使条件亦极为严格，债权人需要预先举证，证明存在次债务人，并证明债务人与次债务人之间存在债权债务关系，且由于信息不对称，每一事项的证明标准对于身处事外的债权人而言都是极高的，[③] 其难度从相关案例中可见一斑。比如，从“中国银行股份有限公司汕头分行与广东发展银行股份有限公司韶关分行、第三人珠海经济特区安然实业（集团）公司代位权纠纷案”判决中可知，债权人提起代位权诉讼，应以主债权和次债权的成立为条件，债权成立不仅指债权的内容不违反法律、法规的规定，而且要求债权的数额亦应当确定。[④] 从相关案例的判决中看，债权数额确定，不仅指主债权数额确定，

① 梁上上：《论公司正义》，载《现代法学》2017 年第 1 期，第 63 页。

② 虞政平、王朝辉、吴飞飞：《论公司人格否认规则对实际控制人的适用》，载《法律适用》2021 年第 2 期，第 94 页。

③ 王艳丽、张枫波：《法人人格否认制度对公司实际控制人的适用与反思》，载《经济问题》2022 年第 6 期，第 21 页。

④ 最高人民法院民事判决书，（2011）民提字第 7 号。

次债权数额也应确定。[①] 实控人滥用控制权损及公司资产，通常为常态化、持续性的行为，给公司造成的具体损害数额，连实控人自身都未必能够精确计算。若债权人作为代位权人行使债权，即处于与债务人平等的地位，需要对此承担举证责任，而若要令公司之外的债权人对于次债权数额进行精确计算，无异于增加了债权人追责的难度，实际操作性较差。[②]

（2）撤销权求偿路径的不足

债权人的撤销权体现了法律上对于债务人不当处分财产的否定态度。在债权债务关系双方为平等主体的单纯的民事法律关系情形下，债权人向法院提出申请撤销债务人不当处置行为并无特殊困难，然而，对于公司组织体所形成的商事法律关系而言，债权人撤销权的行使存在一定障碍。其一，与代位权情况类似，实控人具有公司控制权，其地位决定了与债权人处于信息不对等状态，实控人控制公司行为、不法处置公司资产的行为本就具有一定的隐蔽性，债权人作为公司外部主体更是无从获知，若要举证证明公司财产被不法转移的事实，极具难度；其二，债权人撤销权旨在撤销恶意损害债权的行为，以确保到期债权顺利实现，当债权人申请法院撤销不当处分公司资产的行为时，如果债权已届清偿期，则追回的公司财产可以用于清偿债务，然而，若债权尚未到期，即便财产被追回，也应归入公司财产，在债权未届期受偿之前，公司财产仍有被不法转移的风险，债权的受偿仍然具有不确定性，如果实控人采取更为隐蔽的方式诈害债权，债权人举证的难度将进一步加剧，难以得到撤销权法律制度的充分保护。[③]

---

① 韩某师与邹城市三亚房地产开发有限公司债权人代位权纠纷案，山东省高级人民法院民事判决书（2015）鲁商终字第 123 号。

② 虞政平、王朝辉、吴飞飞：《论公司人格否认规则对实际控制人的适用》，载《法律适用》2021 年第 2 期，第 94 页。

③ 王艳丽、张枫波：《法人人格否认制度对公司实际控制人的适用与反思》，载《经济问题》2022 年第 6 期，第 21 页。

# 四、债权人向实控人追责的公司人格否认路径

## （一）公司人格否认的渊源

### 1. 公司法人制度的作用

个人人格的取得并不以财产为条件，而团体具有人格则以拥有财产为绝对要件。[①]公司独立人格制度的基石在于公司财产独立以及股东以其出资为限对公司承担有限责任，事实上，股东出资纳入公司财产，二者在逻辑上相互衔接，具有一致性。[②]公司唯有在其股东承担有限责任时方才具备了真正意义上的独立人格。公司法框架之下，以法人为中心形成了法人出资人与法人债权人两大利益群体。法人人格制度赋予公司独立性，在此独立制度安排之下，法人财产独立于出资人财产，亦实现了法人在经营行为和责任方面的独立性，从而获得独立人格以实现其对公平正义的追求。[③]公司法人制度赋予公司独立人格，并使股东得到有限责任的保护，有利于维护商事组织的稳定性和投资者的积极性。但这种独立身份被滥用，从而造成公司利益相关人之间利益失衡，使得维护公司的实体正义成为必须，法人人格否认制度应运而生。这一理论认为，公司股东以其出资额为限对公司承担有限责任，公司以其全部资产为限对债权人承担有限责任，公司独立人格犹如面纱，将股东与债权人相隔离，一旦股东滥用公司独立人格，就揭开这层面纱，由股东向债权人直接承担责任。[④]

---

① 江平:《法人制度论》，中国政法大学出版社 1994 年版，第 13、35 页。

② 王艳丽、张枫波:《法人人格否认制度对公司实际控制人的适用与反思》，载《经济问题》2022 年第 6 期，第 20 页。

③ 高洁、刘耕、何燕、吴越:《“刺穿公司面纱”制度引入的法经济学分析》，载《甘肃政法学院学报》2005 年第 2 期，第 64 页。

④ 赵信忠:《对我国适用公司法人格否认法理的质疑》，载《河北法学》1999 年第 4 期，第 105 页。

**2. 两大法系公司人格否认制度的特点**

英美法系和大陆法系在公司法人人格否认法理的适用上是有差别的。法人人格否认理念在美国并非作为预设情境出现于成文法之中，而是以维护公平正义为适用前提，在司法中进行适用，体现为一种具体的救济原则或称为救济措施，这种较为宽泛的适用原则为法人人格否认提供了较为广阔的适用范围。德国、日本虽然继受了公司法人人格否认的法理，却对其适用范围进行了限缩，即只要能利用其他法律制度如违约、侵权等解决纠纷，则不去适用法人人格否认。德国、日本对于法人人格否认的态度体现出大陆法系重视法律体系的逻辑性与完整性特征，以违反成文法上的诚实信用和禁止权利滥用义务为法人人格否认适用之前提，并力图将公司人格否认法理的适用类型化。尽管英美法系与大陆法系对于法人人格否认在具体适用上存在一定差别，但在适用的根本理念上却是共同的，即以维护公平正义为适用的基本原则。①

英美法系国家判例中最早形成了法人人格否认理念之雏形。②1905 年，美国大法官桑伯恩在“美国诉密尔沃基冷藏运输公司案”中就阐释了“揭开公司面纱”的基本思想：“从先人的权威判例可以归纳出一般性规则，即公司应当被视为一个法律主体，但当法律主体的身份被用于侵害公共利益、掩盖违法行为、保护诈欺或袒护犯罪时，法律应将公司视为数个自然人的联合体。”③1912 年，沃姆舍教授在《揭开公司实体的面纱》一文中首次正式提出了“揭开公司面纱”的概念。④ 法人人格否认制度为美国首创，其后，因适应经济发展的特性而被英国、德国、法国等国家和地区所效仿。⑤ 法人人格否认是衡平性规范，需要

① 朱慈蕴:《论公司法人格否认法理的适用要件》，载《中国法学》1998 年第 5 期，第 73—74 页。

② 梁上上:《论公司正义》，载《现代法学》2017 年第 1 期，第 61 页。

③ United States v.Milwaukee Refrigerator Transit Co.,142F.2d 247,255(C.C.E.D Wis.1905).

④ 刘俊海:《新公司法中揭开公司面纱制度的解释难点探析》，载《同济大学学报（社会科学版）》2006 年第 6 期，第 113 页。

⑤ 南振兴、郭登科:《论法人人格否认制度》，载《法学研究》1997 年第 2 期，第 86 页。

法官以公平正义为原则通过行使自由裁量权而实现。[①] 法人人格否认制度虽然属于衡平法上自由裁量的范畴，英美法系国家却采用审慎适用的原则，维护公司治理的正常结构与公司法人独立人格，坚守传统的法人有限责任原则，而以法人人格否认为例外。[②]《美国示范公司法》第 6 章第 22 节 b 款规定，除非公司章程另有规定，公司股东并不对公司活动和公司债务承担个人责任，除因其自身行为导致才须对上述活动或债务承担责任。[③] 法人人格滥用行为使法人制度之下的公平和正义严重失衡，特定情形下揭开公司面纱具备了正当性，由国家运用公权力，通过追究滥用者的责任，对因滥用法人人格和有限责任而遭遇不利益的债权人或公共利益给予在传统法律制度下无法获得的救济。[④] 法人人格否认与法人人格独立作为制度共存，法人人格独立是法人制度之根本，法人人格否认是法人人格独立制度失灵时的补充性制度举措，以共同维护公平正义。[⑤]

在《德国资合公司法》中，公司人格否认被称为直索责任，涉及公司法的一般问题，但其在有限责任公司和一人公司中具有更重要的意义。广义上的直索责任包括股东依据一般民法规则对公司债务承担责任的情形，比如基于债务承受、保证、担保、缔约过失责任等承担侵权责任。但在公司法领域，则采严格意义上的直索责任，并对如下两种情形进行区分：一方面是归责穿透，即审查是否以及在何种条件下股东的特定属性、认知、表示或者行为方式必须归责于公司，反之亦然；另一方面是责任穿透，即为了突破《德国有限责任公司法》第 13 条第 2 款规定的有限责任，让股东直接在公司的对外关系中承担有限的或

① 雷金牛：《刺破隐名投资人的双重面纱》，载《法学杂志》2014 年第 3 期，第 125 页。

② 南振兴、郭登科：《论法人人格否认制度》，载《法学研究》1997 年第 2 期，第 87 页。

③ Model Business Corporation Act § 6.22(b).

④ 高洁、刘耕、何燕、吴越：《"刺穿公司面纱"制度引入的法经济学分析》，载《甘肃政法学院学报》2005 年第 2 期，第 64 页。

⑤ 陈群峰：《论公司社会责任司法化对利益相关者的保护》，载《法律适用》2013 年第 10 期，第 86 页。

者无限的个人清偿责任，或者在内部关系上承担损失填补责任。[①]

## （二）公司人格否认的本土适用与障碍

### 1. 公司人格否认的本土适用

（1）我国公司人格否认制度的发展

我国于2003年首次适用法人人格否认制度。《最高人民法院关于审理与企业改制相关的民事纠纷案件若干问题的规定》（2020年修正）第34条规定，"因控股企业抽逃资金、逃避债务，致被控股企业无力偿还债务的，被控股企业的债务由控股企业承担"。2005年《公司法》修订，首次以立法方式确立了"法人人格否认"制度，[②]2018年《公司法》第20条亦保留此项规定。2023年《公司法》第23条在此基础上进行了制度改良，增加了"公司股东利用其控制的两个以上公司实施前款规定行为的，各公司应当对任一公司的债务承担连带责任"的规定，把法人人格否认的适用对象范围从公司股东扩大到公司股东和公司股东控制的关联公司。即控制股东同时控制两个以上公司且损害债权人利益的，控制股东及其控制的各公司应对债权人共同承担连带责任。该规定扩大了揭开公司面纱的追责主体范围，由控制股东所控制的另一公司与债务人公司共同承担连带责任，避免控制股东利用关联关系将财产转移至另一公司而恶意制造债务人公司与控制股东自身偿债不能的假象，有利于维护债权人利益，使其充分受偿。此处以股东身份为法律适用的前提，对于非股东实控人的情形并不适用。基于法理上的考量，这一立法安排有其合理性。在广义上的实控人概念中，非股东实控人还包括了外部实控人以及董监高身份的实控人。对于外部实控人而言，公司人格否认并非最适宜路径，后有详论；而对于董监高身份的实控人，因为董监高在公司内部已有相应完备的责权利配置，对于这类主体控

---

① ［德］托马斯·莱塞尔、吕迪格·法伊尔:《德国资合公司法》（上册），高旭军等译，上海人民出版社2019年版，第600页。

② 根据2005年《公司法》第20条第3款规定，公司股东滥用公司独立法人人格特征，减损公司偿债能力，严重损害公司债权人利益的，应当与公司承担债务上的连带责任。

制的关联公司不应再追究责任，否则会导致法人人格否认制度的滥用，从而动摇公司法人制度基础。

在我国，法人人格独立制度是主流性原则，法人人格否认则是在这一主流性原则规制失灵时，为维护公平正义所采取的补充性措施，司法适用也持较为审慎的态度。最高人民法院 2013 年总第 34 辑《商事审判指导》中提出，对于法人人格否认制度的适用应从严掌握，应以当事人主张为前提，并应同时具备 2018 年《公司法》第 20 条规定的主体要件、行为要件和结果要件。2018 年《公司法》第 63 条对于一人有限责任公司也进行了公司人格否认的特别规定。[①] 一人公司因其单一股东的性质而具有特殊性，无权力制衡的内部结构安排决定了适时适用法人人格否认制度的必要性，但这并不代表对其他类型的公司应改变法人人格否认审慎适用的态度。2023 年《公司法》在保留 2018 年《公司法》关于法人人格否认规定的基础上，吸收了《九民纪要》第 11 条第 2 款，增加了"水平"人格否认的规定，即股东滥用其控制地位严重损害债权人利益的，股东及其控制的公司均应对另一公司的债务承担连带责任，这就为公司债权人利益提供了进一步的保障，一定程度上体现了立法的进步。但这一规定的适用性尚待实践检验。

（2）"双重刺破"追责模式的司法实践

为追究实控人的责任，实践中采用了"双重刺破"的追责模式，其推演过程如下，即鉴于《公司法》对实控人滥用控制权损害债权人权益缺乏规制，遂采用扩大解释、类推解释或目的论扩张等路径，直接追究实控人的责任。[②]《九民纪要》倡导运用"穿透式思维"审理案件，但在法人人格否认制度中并未重点关注实控人身份。例如，《九民纪要》第 11 条第 2 款虽对实控人有所提及，

① 《公司法》第 63 条对于一人有限责任公司施以严格要求，即从举证责任上要求公司必须证明其财产独立于股东自己的财产，而且，若公司不能使自己的财产独立，则无需逃避债务的主观意图，而由公司股东直接对公司债务承担连带责任。

② 王艳丽、张枫波:《法人人格否认制度对公司实际控制人的适用与反思》，载《经济问题》2022 年第 6 期，第 18 页。

但核心是对于子公司以及关联公司的人格否认，以及对于控股股东滥用控制权行为的否定，对于实控人连带责任的追究并不明晰。以上公司相关制度并未对实控人滥用公司控制权损害债权人的行为进行明确规制，为“双重刺破”的出现提供了空间。[①] 以下列举“双重刺破”的典型判例进行分析。在“杜某甲、杜某乙买卖合同纠纷案”中，法院均采用目的解释的方式，认为 2018 年《公司法》第 20 条第 3 款的立法目的在于矫正有限责任制度在特定情形下对债权人利益保护的失衡，因此，实控人滥用对公司的控制权损害债权人利益，可以类推适用该款规定。[②] 在“青岛卓迅包装科技有限公司、刁某照民间借贷纠纷案”[③] 中，法院判决更进一步，对 2018 年《公司法》第 20 条第 3 款进行了扩张适用，将公司股东扩充适用于公司实控人控制的公司，实则因实控人对于两个公司的控制所造成的混同而对两个公司的人格进行了否认。这种适用实则对于公司人格否认存在过度适用之嫌。

（3）《公司法》与《证券法》特定法律制度的分析

《证券法》面向公众公司进行规制，对实控人的规制建立在信息披露与审慎监管的基础之上，针对实控人不配合履行披露义务的过错行为进行规制。此时实控人并无滥用控制权控制公司或者滥用公司人格损害公众投资者的主观意图，但因其对信息披露不实负有责任，亦应与其他过错行为主体共同承担连带赔偿责任，即实行多因一果的归责方式。这种规制基于其存在信息披露的违法行为而设定法定义务，与滥用控制权无涉，因此，这种法律责任的规制与公司法人人格否认无关。

值得肯定的是，2023 年《公司法》第 192 条直接规定，实控人对于董事和高级管理人员的行为施加控制性影响进而损害公司和股东利益的，对于造成的损失与董事、高级管理人员承担连带责任，这实际上是将实控人的滥用控制权

---

① 王艳丽、张枫波:《法人人格否认制度对公司实际控制人的适用与反思》，载《经济问题》2022 年第 6 期，第 19 页。

② 中华人民共和国最高人民法院（2019）最高法民申 6232 号。

③ 山东省青岛市中级人民法院民事判决书，（2020）鲁 02 民终 13289 号。

致损的行为直接规定为法定责任，避免了法人人格否认适用上的不确定性，体现了公司法对实控人追责的进步。

**2. 以公司人格否认追责实控人的障碍**

（1）公司人格否认的惩罚性

财产属性的观点将公司视为营利工具，而组织属性的观点认同公司的实体性质和独立人格。[①] 根据 2023 年《公司法》第 1 条规定，其首要的立法目的在于规范公司的组织和行为，保护公司、股东、职工和债权人的合法权益。公司法的私法性质决定了其责任规制应以补偿性责任为主。依前述，实控人追责的侵权法路径与合同法路径以补偿性为原则，与公司法的私法属性更为契合，而法人人格否认作为一种例外规则，其适用本身即是对常态性公司治理规则的打破，体现出一定的惩罚性。[②]

（2）公司人格否认对于实控人主体的非适用性

公司具有独立的法人资格，意味着公司拥有独立于其成员的人格，股东恰是隐藏于公司独立人格面纱背后，仅以其出资额为限对公司债务承担有限责任，此为《公司法》上直接确认的责任配置。然而，股东享受有限责任保护的同时，也将投资风险转移给了公司与债权人。当股东以不法行为损害公司与债权人利益，而试图以有限责任逃避责任时，公司人格否认制度即应发挥应有效用，以衡平正义原则打破有限责任制度的束缚，使股东承担相应的责任，公司人格否认制度此时亦可视为公司与债权人面临的股东投资风险转移的平衡性制度安排。正如“Rosenberg v.DVI Receivables, XIV, LLC 案”中法官所指出的，刺破公司面纱是一项衡平法规则，可基于正义解除公司形式的保护。[③] 法律拟制人格之要义即在于将公司视为法律实体，与股东相分离，也意味着基于正义需要，亦

---

① 李安安、侯子璇：《契约式股权结构的公司法调整：回应型法的一个解释框架》，载《理论月刊》2022 年第 5 期，第 135 页。

② 虞政平、王朝辉、吴飞飞：《论公司人格否认规则对实际控制人的适用》，载《法律适用》2021 年第 2 期，第 97 页。

③ Rosenberg v.DVI Receivables XIV,LLC,No.14–14620 (11th Cir.2016).

可打破法律人格的束缚，追究股东的责任。

然而，实控人与股东地位截然不同，法律适用中涉及的实控人问题根本上是基于外部身份而追责，这与控制股东本身作为内部主体实施控制公司行为具有本质的不同，此时，公司人格否认是否适用有待讨论。申言之，法律为股东配置了有限责任的保护，违法即揭纱实为去除这层法律保护，根本原因在于股东违法行为破坏了公司以其独立身份坚守并承担责任之前提。实控人本无法律上所配置的公司独立性保护，其控制行为获取私益亦非法律上的制度规定，只是资本市场发展过程中出现的经济现象，法律上对其处理实则采用默认的态度，即并未进行否定性评价。因此，实控人作为公司外部主体，应直接对债权人承担侵权责任，而不存在如内部股东追责问题上的公司人格否认制度之需要。

（3）法人人格否认泛化危机

在股东中心主义的公司治理理念之下，公司与股东在利益追求上实为一体，适度使股东承担责任具有一定的必要性。公司人格否认制度实为债权人向股东追责提供制度上的依据，从而避免公司法人制度形成阻碍，进而使股东承担其应有的责任。实控人虽然对公司具有事实上的控制力与支配力，但其并非公司股东，不属于现有公司治理框架下的所有者，股东特有的表决权、选择监督管理者权、剩余索取权不因实控人具有实际控制力而转移，实控人从制度逻辑上不应为公司债务承担直接责任。[①] 实控人的概念在民法中并不当然被“法人之出资人”这一概念所涵摄，因此，若在公司法项下以法人人格否认路径来追责实控人，将会造成民法典与公司法之间体系的混乱，影响法律制度的稳定。公司人格否认制度应有之义在于平衡公司股东与债权人利益，但根据利益相关者理论，公司相关利益主体除股东和债权人之外，还包括其他利益相关者。[②] 公司人格否认的目的在于维护公平正义，使股东失去以出资为责任限制这一有限

---

① 李敬宜：《实际控制人滥用公司控制力救济——公司法人格否认制度之辨析》，载《中国外资》2022 年第 19 期，第 103 页。

② 陈群峰：《论公司社会责任司法化对利益相关者的保护》，载《法律适用》2013 年第 10 期，第 87 页。

责任制度的保护，从而消除公司这一保护屏障，使股东对债权人承担无限责任。[①] 从这一目的效果上分析，实控人不应类推适用股东的公司法人人格否认追责方式。实控人是公司外部主体，其与内部主体具有本源性差异，对适用主体的过度扩张，可能造成法人人格否认泛化，进而将其他利益相关者也纳入被救济主体的范畴，这种“法人人格否认泛化”可能激发股东无限责任危机，导致法人制度名存实亡。[②]

（4）法人独立地位的非绝对性

蒋大兴教授认为，交易信用的维持，除了物的保障与合同保障，还有人格保障，人格本身所产生的主体信用已成为现代产业社会的一种信用资源，[③] 这种资源实际是一种综合性的、[④] 立体性的利益构成。[⑤] 中国公司所独有的发展历史与传统决定了法人独立地位的非绝对性，在公司集团中，控股公司、控制股东与实控人处于控制性地位，母子公司之间存在天然性的不平等，而且，法人独立性的弱化与中国家族文化密切相关，[⑥] 关系企业内部相互支持符合交易理性，这也意味着，法人独立性原则在公司集团内部应有所缓和。[⑦] 梁上上教授认为，公司是多方主体利益交汇的组织体，应当结合利益衡量方法，对于公司组织体利益相关的各方主体进行平衡性的制度安排，进而在公司法上实现分配正义与矫正正义、实体正义与程序正义的融合。[⑧] 我国的公司法律制度尚处于发展过程中，过于强调法人人格否认的效用可能会对公司治理的强化与发展产生阻碍作用。因此，应当缓和公司法人人格否认的制度安排，尤其在公司集团内部，应当明确适度一体化管理是提升公司治理安全、治理绩效的有效措施，对于集

---

① 李敬宜:《实际控制人滥用公司控制力救济——公司法人格否认制度之辨析》，载《中国外资》2022 年第 19 期，第 102 页。

② 蒋大兴:《公司法改革的文化拘束》，载《中国法学》2021 年第 2 期，第 84 页。

③ 蒋大兴:《公司法改革的文化拘束》，载《中国法学》2021 年第 2 期，第 88 页。

④ 刘召成:《人格商业化利用权的教义学构造》，载《清华法学》2014 年第 3 期，第 118 页。

⑤ 张平华:《人格权的利益结构与人格权法定》，载《中国法学》2013 年第 2 期，第 44 页。

⑥ 蒋大兴:《公司法改革的文化拘束》，载《中国法学》2021 年第 2 期，第 100 页。

⑦ 蒋大兴:《公司法改革的文化拘束》，载《中国法学》2021 年第 2 期，第 84 页。

⑧ 梁上上:《论公司正义》，载《现代法学》2017 年第 1 期，第 56 页。

团内部引领和促进整体性发展具有积极作用。[①]

（5）隐名投资人的追责路径

有学者提出，我国应建立“双重刺破”公司面纱制度来追究隐名投资人的责任。[②]这一观点以维护债权人利益为宗旨，有助于实现公司制度的公平正义，但亦有不足之处。双重揭纱原则实际上是对公司法人制度和股东有限责任的全部否定，相当于以由外而内再及外的方式穿透公司法人身份，从而追究公司外部主体的责任。公司法致力于维护公司法人身份，推动其生存发展，也应使公司担负起主体责任。若过度适用公司人格否认制度，可能动摇公司法所努力构建的公司法人制度的基石。公司实控人并不限于隐名股东，二者应当呈现出不完全差别的关系，即掌握公司控制权的隐名股东为二者的交集。从性质上看，实控人与隐名股东均具有公司外部主体的身份特征，若换一种路径，可以考虑其将公司作为工具，不当攫取控制权私益，并损害外部债权人的利益。因此，在公司法上考虑实控人的侵权行为，将之法律化，以此作为法定违法事由，追究实控人的侵权责任，更为直接，也更有利于实现债权人利益的修复。

## 五、实控人对债权人侵权责任的规制路径

### （一）公司正义之下的利益衡量

公司运营过程中，将与第三人产生不同种类的债权债务关系，比如合同之债、侵权之债，分别接受合同法和侵权责任法的调整。但是，只要涉及公司治理问题及相关主体的利益问题，公司法即应作为特别法予以适用，此时，需要以公司正义理念从公司法上寻求解决之道。公司法对于公司运营中的债权人保护主要体现于2023年《公司法》第210条加强公司履行债务能力的公积金制度，以及防止公司债务清偿能力减损的利润分配规则，并体现于《公司法》第

① 蒋大兴:《公司法改革的文化拘束》，载《中国法学》2021年第2期，第102页。
② 雷金牛:《刺破隐名投资人的双重面纱》，载《法学杂志》2014年第3期，第126页。

220、222 和 224 条公司合并、分立和减资情形下，债权人的知情权、求偿权以及向公司提出主张获得担保的权利。《公司法》以及《公司法司法解释（三）》规定的清算制度更是以保护债权人利益为中心展开。这些《公司法》既有的制度安排基于债权人与公司力量对比的悬殊，以公司正义理念实现了利益上的平衡。

**1. 公司治理中的利益关系**

（1）利益关系与法律关系的区分

如前述，公司正义作为公司法的基本理念，需要遵循分配正义与矫正正义的基本路径。具体而言，公司法对于不同利益主体之间的责权利配置与调整需要以分配正义与矫正正义为指引理念，同时，在这一配置与调整过程中，需要以利益衡量的方法去平衡错综复杂的利益关系，真正实现分配正义与矫正正义。[①] 在传统民商法视角下，公司作为市场主体而存在，是具有法人资格的商业实体，但在公司内部视角之下，公司是一个复杂的利益相关方的交汇体。[②] 利益关系与法律关系密切相关而又各具特点，在公司法上引入利益关系概念具有重要意义。法律关系由主体、客体和内容构成，[③]2018 年《公司法》对于相关主体的法律关系已经进行了较为清晰的划定，将利益关系通过清晰的法律关系在法律条文中进行固化，无需通过利益关系进行解释与权衡。例如，2018 年《公司法》第 34 条关于股东分红权和优先认购权的规定体现出公司与股东在利益分配中的法律关系；第 189 条规定了清算组成员的义务，即清算组成员因故意或重大过失给公司或者债权人造成损失的，应当承担赔偿责任。该条规定体现了清算组成员与公司或债权人在原有清算法律关系基础上所产生的新的侵权法律关系，而清算组成员承担赔偿责任则明确了侵权法律关系中的损失补偿原则，此为利益平衡的体现。申言之，法律关系相对具体，利益关系相对抽象，

---

① 梁上上：《公司正义——以公司股东的权责配置为视角展开》，法律出版社 2022 年版，第 17—18 页。

② ［日］落合诚一：《公司法概论》，吴婷等译，法律出版社 2011 年版，第 49 页。

③ 王利明、杨立新、王轶、程啸：《民法学》，法律出版社 2017 年版，第 38 页。

利益关系指向的范畴广于法律关系。

（2）利益关系的层次性

相对性法律关系仅包括双方当事人，而将第三人排除在外，即便第三人与法律关系双方有利益关联，也无法纳入法律关系的调整范围。而利益关系关注点在于各方当事人之间的利益冲突与平衡，即便各方主体之间并无传统意义上的相对法律关系，也应当基于利益关系纳入法律统一调整范畴。实控人并非公司治理体系中既有的主体设置，其与债权人也并非直接相关，在相对法律关系不甚明晰的情形下，若要追究实控人对债权人的赔偿责任，则需要以利益关系作为解释桥梁，从而为责任追究提供法理依据。实控人滥用控制权，对于公司而言，可谓违背了诚信义务，但对于债权人而言，过多的义务解读实为诚信义务的过度扩张。应考虑利益层次性，从公司正义角度考量，认定实控人滥权行为与债权人损害之间的关联性，使实控人直接承担侵权责任，由此，既不触及既有的公司法人制度，又为使实控人承担责任提供了法律依据。

**2. 侵权法路径的合理性分析**

（1）实控人法律规制的目标

应当明确，实控人在《公司法》中缺少法定权利义务，其责任因损害结果而产生，但其拥有的控制权使得对其进行《公司法》上的责权利配置具有必要性与可行性。诚信义务作为公司内部治理制度的基石，对董事、高级管理人员甚至控制股东施以高标准的法定义务，从而为公司等利益相关主体提供倾斜性保护，以促进衡平正义法律价值之实现。[①] 实控人因其控制地位而生，对公司利益的隐性索取权亦应配置相应的义务，以与自身控制权和公司其他利益相关主体相平衡。实控人法律规制的目标应当是维护公司现有治理体系与架构的稳定，由此，应当尽量不触及现有法律对利益主体的预设，而为其责任规制寻求合理化路径。

实控人应适应我国的公司法治环境，对其管制应以责任规制为主，尽量通

① 郭富青:《我国公司法移植信义义务模式反思》，载《学术论坛》2021 年第 5 期，第 74 页。

过事前、事中引导以及内部治理结构的完善对控制权形成有效制约，防止控制权滥用情况的发生，从而维护公司法所预设的主体利益以及各方主体间的利益平衡。公司法对债权人提供了相应的制度保护，其中加强公司内部治理程序的规范化也是避免债权人利益受损的有效措施。如2018年《公司法》第16条和2023年《公司法》第15条关于转投资和提供担保的程序性规定，通过适度提高债务人公司透明度，让债权人在缔约前深度了解和充分理解债务人公司的合作伙伴价值和潜在失信风险，[①]对债权人实现了利益保护。实控人在合理范围内行使对公司的控制权不应为法律所禁止，公司亦应通过规范内部治理实现对实控人的有效规制。2018年《公司法》及2023年《公司法》均未规定实控人适用法人人格否认，《九民纪要》也并未明确法人人格否认对于实控人的适用性，对实控人滥用控制权破坏公司法人人格导致公司债权人利益受损的情形，应考虑回归传统民法上的侵权责任，适用《民法典》侵权责任编的有关规定。《公司法》对于实控人的规制，应立足于《公司法》本身对公司规范治理的引导性与规制性功能，而非以追究责任为终极目的；而且，在追责理念上为保护交易安全和善意相对人的合理期待，应以外观主义为原则，实质追溯主义为补充，明确侵权法在此问题上补缺性救济的性质与功能。

（2）债权人向实控人追责的路径选择

比起公司作为实控人的直接相对方、股东作为公司内部主体与实控人的关联性，债权人与实控人的关系有本质的不同，二者同为公司外部主体。实控人滥用控制权损害债权人利益，实则相当于第三人以公司为工具侵害债权，应基于第三人侵害债权的理论进行判定。第三人侵害债权的构成要件应当包括侵害债权的行为、侵权人的主观过错、债权人利益全部或部分损害的后果以及行为与损害后果之间的因果关系。对于实控人滥用控制权而言，这种行为可能体现为实控人的单独行为、公司与实控人合谋以及公司受到实控人教唆三种情形，而且，“滥用”一词本身即包含了主观故意之意，这一表述在对行为本身性质进

① 刘俊海:《债权人友好型〈公司法〉理念和制度重塑》，载《国家检察官学院学报》2022年第3期，第146页。

行描述的同时，也暗含了对于实控人主观状态的否定性评价，即实控人能够预见到对债权人的损害后果并且希望或放任该结果的发生。[①]债的效力可分为对内效力与对外效力，债权人对公司的请求权属于对内效力，具有本源性与相对性，而实控人滥用对公司的控制权损及债权人利益，为债的对外效力所涵摄，此时实控人属于原始债权债务关系之外的第三人，其滥用控制权损害债权的行为违反了不得加害义务，应对债权人承担侵权责任。[②]对于实控人而言，其与控制股东身份具有本质差异，因此回归侵权法本身，以债权侵权作为主要规制路径以解决滥用公司的控制权损害债权人利益的问题，在应然和实然层面都更值得提倡。[③]

**3. 侵权法求偿路径的优势**

（1）侵权求偿制度的补偿功能

侵权法的求偿路径体现出一定的制度优势，尽管侵权法救济功能与预防功能兼具，但弥补受害人损失，实现实际损害的补偿，是其作为救济法的本源性作用。[④]我国《民法典》侵权责任编采用了以损害赔偿为中心的责任形式，[⑤]为平等民事主体之间的责任划分与有效求偿奠定了法律基础。公司法作为私法性质商事主体的行为准则，在其规制领域内对相关主体进行侵权法上的救济，与《民法典》的制度功能形成有效对接，有利于以补偿功能实现实控人与债权人之间的有效平衡。

---

① 李敬宜：《实际控制人滥用公司控制力救济——公司法人格否认制度之辨析》，载《中国外资》2022年第19期，第103页。

② 李敬宜：《实际控制人滥用公司控制力救济——公司法人格否认制度之辨析》，载《中国外资》2022年第19期，第103页。

③ 王艳丽、张枫波：《法人人格否认制度对公司实际控制人的适用与反思》，载《经济问题》2022年第6期，第24页。

④ 王利明：《我国〈民法典〉侵权责任编损害赔偿制度的亮点——以损害赔偿为中心的侵权责任形式》，载《政法论丛》2021年第5期，第15页。

⑤ 王利明：《我国〈民法典〉侵权责任编损害赔偿制度的亮点——以损害赔偿为中心的侵权责任形式》，载《政法论丛》2021年第5期，第23页。

（2）侵权求偿制度的直索性救济功能

由于侵权法的追责以违反法定义务为前提，实控人在《公司法》中的规制仅体现于对外担保与关联交易的相关法条之中，且规定较为笼统。以2023年《公司法》第22条为例，该条基本延续了2018年《公司法》第21条，规定了实控人利用关联关系损害公司利益给公司造成损失的，应当承担赔偿责任，对于何种赔偿责任以及追责主体身份均未予明确。尽管2023年《公司法》第192条新增了对于实控人关联行为的连带责任，仍不足以涵盖实控人滥用控制权的所有行为类别。过往司法裁判中，损害公司利益纠纷多以公司利益损害赔偿纠纷为案由被提起，[①] 债权人受损仅作为间接损害而无法获得直接赔偿。而且，虽然从理论上而言，公司与实控人是平等主体，但当实控人滥用控制权对公司形成事实上的控制时，公司人格形骸化，难以提起损害赔偿之诉；依照《公司法》规定，公司内部股东也可以提起派生诉讼，但许多情况之下，股东与实控人形成了共谋，派生诉讼路径亦行不通。如此，侵权法路径因复杂的利益关联及滥用控制权对债权人损害的间接性，导致了债权人通过公司或股东提起诉讼获得债权补偿的可能性不足，可以考虑以债权人自己的名义，从侵权法路径上寻求直索性救济的可能性。

## （二）侵权法追责路径的制度不足

### 1. 侵权责任保护之不足

《公司法》对于债权人的利益保护随着控制主体的增加而显得力有不逮，实控人的出现对于《公司法》调整的利益关系提出了新的要求。2023年《公司法》和2018年《公司法》中并无将实控人与债权人直接关联的法律规定，《公司法司法解释（二）》在公司解散清算问题上，对于实控人行为与债权人救济进行了一定的关联性规定，《公司法司法解释（三）》规定了实控人赔偿责任，具体可分为直接侵权与间接侵权两种情形。

① 新疆维吾尔自治区乌鲁木齐市中级人民法院（2017）新01民初648号民事判决书。

（1）直接侵权保护之不足

对实控人科以民事赔偿责任，可以对债权人利益损失进行有效弥补，更好地保护投资人利益，而这一制度有赖于实控人对债权人赔偿责任路径的确立。“浙大海纳财务骗局案”是实控人滥用控制权损害债权人利益的典型事例，[①]虽然法院以“裁定批准债权人会议通过的‘海纳’重整计划”审理终结，债权人也因此获得了高于破产清算条件下的本金清偿率，但是，仅对实控人邱某保从公法上追究责任，对于其个人经济上的惩戒力度显然不及对于债权人承担民事赔偿责任的赔偿额。事实上，该案中实控人的滥权行为对于债权人造成了巨大的经济损失，无论从对实控人的惩戒效用，抑或对债权人的补偿角度，都应追究实控人的民事赔偿责任。本书所提出的债权人向实控人追责的侵权法路径，为此类案件的法律适用提供了一定的解决思路，由此，债权人除可获得公司债务人一定的本金清偿之外，亦应从实控人处获得相应的补偿。

《公司法司法解释（二）》第 19 条规定了实控人恶意处置公司财产的赔偿责任，此行为直接侵害了债权人的债权资产，属于直接侵权性质，因此，应当对公司债务承担相应的赔偿责任。但此规定也未明确实控人的责任究竟为连带责任还是补充性责任。本书认为，虽然《公司法司法解释（二）》第 21 条未就此处责任进行补充性规定，但此处相应责任应当理解为承担补偿责任，且因为恶意处置的公司财产具有可计量性，因此，其补偿责任应以此计量金额为上限。

---

① 首例上市公司破产案落幕：浙大海纳有望新生，https://business.sohu.com/20071128/n253560937.shtml,（最后访问时间：2023 年 5 月 20 日）。浙大海纳财务骗局案中，经证监会立案调查，邱某保及其控制的原公司高管人员滥用控制权挪用巨额资金 2.51 亿元，并擅自以浙江海纳的名义为其掌控的“飞天系”公司向银行贷款或个人借款提供连带保证担保，本金总额高达 3.95 亿元，造成了公司严重的债务危机。2007 年 7 月，债权人袁建华以拥有浙江海纳 2190.43 万元的债权向杭州中院提出破产重整的申请。2007 年 9 月，法院裁定予以受理，并指定重组清算组担任管理人。此后，共有十五家债权人向浙江海纳管理人申报债权，总金额为 5.42 亿元。10 月 24 日，海纳第一次债权人会议通过《海纳破产重整计划（草案）》，由深圳大地公司以海纳资产价值 1.1 亿元为基数提供等值现金，用于清偿债务。债权人可获得 25.35% 的本金清偿，高于模拟破产清算条件下 19.84% 的本金清偿率。剩余债权则一次性豁免。

（2）间接侵权保护之不足

间接侵权方面，《公司法司法解释（二）》第 18 条规定了清算义务人未清算的责任承担问题，即若因实控人的原因，使得公司清算组逾期未成立并清算，或者实控人影响清算组成员按期履行义务，以致公司重要财务文件灭失无法再进行清算的，债权人有权就实控人行为造成的债权损失向其直接主张民事责任；第 20 条第 1 款规定了公司未经清算即办理注销登记的，债权人可以主张实控人承担清偿责任；第 21 条进而对第 18 条和第 20 条第 1 款规定中应当承担责任的包括实控人在内的主体规定了二人以上责任主体的分担方式，即一人或数人依法承担民事责任之后，得主张其他人员按照过错大小分担责任。但综观这三条规定，并未体现出实控人与其他责任主体承担连带责任，也未明确实控人的责任性质。实控人并非现行《公司法》项下的清算义务人，其控制行为需要借助清算组而实施。事实上，债务为公司债务，应以公司为第一责任人，或至少应以公司内部主体作为责任在先的责任人，这是商法外观主义的体现，从而使善意相对人具有稳定的预期。从利益关系上解释，公司及其内部主体与债权人的关系更为直接，而实控人关系较远，相对性不足，因此，若以连带责任追究实控人的责任，容易模糊公司的独立法律人格，亦会造成内部主体作为清算义务人懈怠履职，不利于对公司既有清算制度的维护。但实控人对于清算的干预若造成债务履行不能，也应承担一定的责任。以《公司法司法解释（三）》第 13 条第 2 款关于“公司债权人得请求出资瑕疵股东在未出资本息范围承担补充赔偿责任”的规定为观照，对于以控制清算行为损害债权人利益的实控人，也应当考虑利益关系的层次性，明确规定对于滥用控制权导致的公司无法清偿的债务承担补充赔偿责任，从而使得与债权人相对性关系较弱的实控人责任不强于与债权人相对性关系较强的股东责任。

**2. 法定追责场景的局限性**

《证券法》第 85 条对于证券虚假陈述行为规定了过错责任，并在举证方式上采用了过错推定方式，这体现了资本市场监管中对于投资者的保护，通过举证责任分配实现对投资者的倾斜性保护，但囿于《证券法》适用于公众型公司这一适用范围的有限性，大量封闭性公司的债权人无法以此为依据获得救济，有待于从《公司法》中寻求解决方案。

（1）越权担保的追责路径

2018 年《公司法》第 216 条对实控人作出了概念性界定，除此之外，对于实控人的行为规制仅限于第 16 条关于担保和第 21 条关于关联关系的规定。根据第 16 条的规定，公司为其股东或实控人提供担保的，必须经股东会或者股东大会决议，被担保股东或受实控人支配的股东须对该担保表决事项进行回避。2023 年《公司法》第 15 条沿用此规定。刘俊海教授认为，2018 年《公司法》第 16 条作为总则条款，彰显了公司对外担保制度的极端重要性，绝非倡导性或政策宣示性条款，[①]而应作为效力性规范，对整部法律起到统领与指引作用。[②]因此，实控人违规担保损害到债权人利益的，即违反了法定义务，可以成为实控人承担侵权责任的前提。但该条并未明确法定责任的追责主体，公司债权人能否直接以个人身份追究实控人的侵权责任，从法条表述上看，并不明晰。公司对外担保，产生了另一类债权人，在此法律关系中，公司并非主债务人，对外担保亦非双务有偿性质，债权人相对于作保公司而言，为单纯的受益方，并无义务可言，不应强行攫取不当担保的利益。此时，公司与为之作保的债权人亦因担保而产生合同关系。尽管《民法典》第 61 条第 1 款和第 2 款规定了法定代表人以法人名义从事民事活动，其法律后果由法人承担，但对于公司法定代表人越权担保行为，不应适用，否则不利于保护股东和公司原有债权人的利益。此时，若以债权人保护为目的而认定越权担保合同有效，背离了代表权的合法性，被担保债权人在主债务未能实现时，以合同法路径向公司主张担保协议中的赔偿，不具有正当性。[③]因此，公司对外担保中债权人合同法求偿路径于法

① 刘俊海：《公司法定代表人越权签署的担保合同效力规则的反思与重构》，载《中国法学》2020 年第 5 期，第 228 页。

② 刘俊海：《公司法学》（第 3 版），北京大学出版社 2020 年版，第 293 页。

③ 刘俊海：《公司法定代表人越权签署的担保合同效力规则的反思与重构》，载《中国法学》2020 年第 5 期，第 226 页。

理上行之不通，以下在讨论合同法求偿路径中不再列入考虑范围。因对外担保系公司与主债务人和债权人签订的协议，越权担保原则上无效，因此，债权人若追究实控人控制权滥用的责任，应从侵权责任角度进行追偿。

（2）关联交易的追责路径

根据2018年《公司法》第21条的规定，公司控股股东和实控人不得利用其关联关系损害公司利益，否则应当对公司损失承担赔偿责任。该条对于实控人利用关联关系损害公司利益的行为进行规制，并规定了公司归入权。理论上公司方为直接受害方，与实控人处于信息平等的地位，但事实上控制权滥用状态之下，公司已经形骸化。2023年《公司法》第22条沿用此规定。若实控人已掌握公章，公司很难提起损害赔偿之诉。[①] 考虑到公司受控制而行权困难的事实，《公司法司法解释（五）》第1条、第2条均规定了股东代表诉讼，为公司和股东利益的维护提供了相应的法律手段，却未提及债权人的诉讼地位以及对债权人的损害赔偿。

公司资本充足是对债权人实现债权的保证，或者说，资本充实原则与资本维持原则是股东享有有限责任的对价。[②] 公司关联交易与对外担保制度均与公司生存发展、股东权益及债权人利益紧密相连。[③]《公司法》对于逃废债的规定场景仅限于对外担保与关联交易行为，而对于其他情形下向实控人直接追责缺乏公司法项下的请求权基础。

**3. 间接损害的因果证成**

因果关系是损害行为与损害结果之间引起与被引起的关系，因果关系是赔偿损失的一般侵权责任必备的条件，原因与结果之间存在发生时间上的先后性以及客观上的内在关联性，且原因对于结果而言是近因并符合"相当因果关系"

---

① 虞政平、王朝辉、吴飞飞：《论公司人格否认规则对实际控制人的适用》，载《法律适用》2021年第2期，第93页。

② 李敬宜：《实际控制人滥用公司控制力救济——公司法人格否认制度之辨析》，载《中国外资》2022年第19期，第102页。

③ 刘俊海：《公司法定代表人越权签署的担保合同效力规则的反思与重构》，载《中国法学》2020年第5期，第233页。

的检验标准。[1]实控人滥用控制权，其不良影响通常直接作用于公司，间接作用于股东，若损及债权人利益，则损害行为与损害结果间的因果关系证成存在一定的困境。从形态上看，控制权滥用行为可能产生多重损害结果，即一因多果，如何证明所有结果均为损害行为所造成，且应由行为人进行赔偿，是因果证成的难点之一。英美法系侵权责任法将因果关系分为具有事实关联性的因果关系和符合法律标准的因果关系，二者的界定标准有所不同。具有事实关联性的因果关系的成立需要满足侵权行为与损害结果之间存在客观内在关联性的标准，符合法律标准的因果关系指原告提出的主张与某种特定侵权诉因之间的适配性，若不相匹配，被侵权人即使遭受损害，也得不到法律救济。[2]由于因果关系远近不同，无限制地扩张因果关系的适用，也会对实控人造成一定的困扰，近因理论可为这一问题提供解决方案。近因理论更多是指法律上的近因，即从公平公正的角度在损害结果与侵权行为之间进行归因。[3]基于以上分析，债权人处于公司外部，实控人滥用控制权的行为应优先考虑对公司和内部股东的影响，而债权人的债权资产是否因滥权行为而受损，由于《公司法》在对外担保和关联交易规定中对债权人损害赔偿主张的缺失以及对其他逃废债行为方式规定的不足，难以寻求近因规则或法律上的因果关系对间接损害进行证明，因此，关于实控人滥用控制权行为而致债权人受到的间接损害存在着因果关系证成的困境。

该困境的纾解亦有赖于配套措施的实行，以为债权人提供便利，平衡公司、股东与债权人的利益。例如，关于公司为非关联方作保的情境，刘俊海教授指出，债权人须索要章定机关的担保决议，但基于人民主权思想，法无禁止皆可为。如果公司章程明确规定董事会有权决定对外担保，则债权人索要董事会担保决议或股东会对外担保决议均为有效。若章程未明确规定对外担保的

---

① 张新宝:《侵权责任法》，中国人民大学出版社 2020 年版，第 29—30 页。

② 虞政平、王朝辉、吴飞飞:《论公司人格否认规则对实际控制人的适用》，载《法律适用》2021 年第 2 期，第 93 页。

③ 张新宝:《侵权责任法》，中国人民大学出版社 2020 年版，第 30 页。

决议机关，则股东会与董事会均可决议，但谨慎债权人应优先索要股东会决议。① 这种以债权人保护为导向的情境设置与担保决议的有效性认定对债权人施以倾斜性保护，有利于间接损害因果关系的证成。上述思路具有重要的借鉴意义。

**4. 侵权损害赔偿之诉的举证责任分配**

在我国公司法上，实控人与控股股东概念相对应，立法方式上将实控人作为一类单独的主体，其责任规则也应与其他主体有别。有学者认为，实控人滥用公司人格行为若适用侵权法规则，对于债权人而言，具有程序法上的障碍，不易实现保护目的。② 这种顾虑确有一定的合理性。实控人损害债权人利益，并非法定无过错责任原则适用之事由，应采过错责任原则，这就涉及举证责任分配的问题，而过错推定之适用范围为法律事实上的事项，不能交由法官裁量或当事人主张。③ 这种侵权损害赔偿之诉的举证责任分配法则，明显对债权人不利，并特别体现于如下场景之中。

（1）破产场景

破产机制实施不畅使得逃废债行为认定难度增加，股东与债权人利益冲突难以化解，具体体现在如下两方面。第一，破产程序难以启动，这一难题根源于各方当事人之间不同的利益考量，即债权人担心债务人借破产逃废债务，自身债权难以得到充分偿还，而股东则出于公司进入破产程序即丧失控制权的考量，均对启动破产程序有所顾虑，持消极态度。第二，部分破产重整执行不够公允，具体体现为债务人公司实行选择性合并破产，将优质资产与不良资产进行区分，损害债权人利益；以股抵债的价格显著高于市场公允价值；债券持有人会议决议执行性较弱；企业重整信息披露不充分等。《企业破产法》和《证券

① 刘俊海：《公司法定代表人越权签署的担保合同效力规则的反思与重构》，载《中国法学》2020 年第 5 期，第 233 页。

② 虞政平、王朝辉、吴飞飞：《论公司人格否认规则对实际控制人的适用》，载《法律适用》2021 年第 2 期，第 94 页。

③ 张新宝：《侵权责任法》，中国人民大学出版社 2020 年版，第 17 页。

法》均未针对重整计划草案表决的信息披露进行规定，债权人在表决重整计划时无法获得相关的充分信息，频现股权优先于债权的不公平案例。[①]

（2）越权担保场景

越权担保情形下的举证责任分配有待考量。如前述，恶意的正向资产分割属于逃废债行为，会损害债权人利益，越权对外担保的情形更为复杂。若实控人以逃废债为目的恶意操控公司法定代表人越权对外担保，不仅损害原有债权人利益，亦可能因担保瑕疵而损害被担保债权人的利益。而越权担保因涉及被担保债权人的利益，举证责任分配需要更为慎重。根据《民法典》第 171 条第 3 款和第 4 款的规定，越权签署的担保合同未被追认的，善意相对人有权请求行为人履行担保责任或赔偿损失，但赔偿范围不得超过公司追认时相对人所能获得的利益；相对人明知或应知越权代表事实的，相对人和行为人按各自过错担责。公司的不予追认阻断了担保行为与公司的相关性，因越权担保所生的责任与损失需要由相对人与行为人根据各自的过错程度进行承担，并且无权向公司追偿。[②]依《民法典》第 504 条的规定，越权代表签订的合同，原则上有效，除非相对人并非善意，并将善意标准确定为“不知道且不应知其超越权限”。这两条规定体现出的立法意图是一致的，即原则上保护善意相对人对于公司担保的合理期待，维护担保合同的有效性，保障商事交易稳定，但就举证责任分配而言，被担保债权人举证的目的在于证明自身善意，从而证明对外担保的有效性，方能实现自身利益，而公司原有债权人若将公司此行为认定为逃废债行为，需要证明公司越权代表行为无效，从而维护公司资本的稳定，保障自身债权受偿。应当说，对于原有债权人而言，因其外部性和非参与性，对于公司逃废债行为的监督与察觉是有难度的，对其影响是间接的，而被担保债权人是担保合同的相对方，直接受到越权对外担保行为的影响。过错责任原则，对于两类债

① 刘原、张凌云:《治理公司信用类债券逃废债的思考与建议》，载《债权》2022 年第 8 期，第 27 页。

② 刘俊海:《公司法定代表人越权签署的担保合同效力规则的反思与重构》，载《中国法学》2020 年第 5 期，第 240 页。

权人同等适用，实现了形式上的公平，但也应看到，公众公司承载着大量的公众债权人利益，逃废债的负面影响远大于无效担保对被担保债权人利益的影响。因此，对于以这两类自愿债权人为原告的诉讼，应在举证责任上进行一定区分，对于原有债权人应实行举证责任倒置，以此平衡其与公司实质地位的不平等，若被担保债权人以未被简化的举证责任证明了自身的善意，则表见代表行为应被认定为有效。在债权人与公司之间，在考虑双方地位不对等的同时，债权人的审慎义务也应作为考察重点，从而防止债权人因过失而忽视越权代表的行为。两方债权人利益冲突，需要通过司法举证责任分配进行调和，并以实质上的责任承担为补充。

《九民纪要》第 17 条也强调依据债权人签订合同时是否善意来认定合同的效力，债权人善意的，合同有效；反之，合同无效。但表见代表制度本身并未对善意的具体标准进行界定。[①] 裁判者援引《民法典》第 504 条时不能脱离《公司法》的担保规则，否则会错配相对人是否善意的举证责任分配规则与证据判断标准，无法公平确认越权担保合同效力。最高人民法院在“敬业公司诉圣帝隆公司等追偿权纠纷再审案”中也注意到两大制度联系：“在判断公司法定代表人违反该规定越权签订担保合同是否对公司有效时，还应考察该行为是否构成《合同法》第 50 条规定的表见代表，相对人是否尽到了合理的审查义务，是否为善意”，“谢某在代表圣帝隆公司向敬业公司出具《反担保保证书》时未提供《公司法》第 16 条第 1 款规定的圣帝隆公司董事会或股东会决议等相关文件，而敬业公司作为专门从事担保业务的专业机构，本应对谢某是否越权尽到更为谨慎的审查义务，但其并未进行形式上的审查，因此不构成善意”。[②] 刘俊海教授认为，在审理法定代表人越权对外担保案件时，应当以公司对外担保制度为主，表见代表制度为辅，将二者共同作为裁判依据，以确保审判的一致性，

① 刘俊海:《公司法定代表人越权签署的担保合同效力规则的反思与重构》，载《中国法学》2020 年第 5 期，第 236 页。

② 最高人民法院民事裁定书，（2016）最高法民申 2633 号。

避免以表见代表制度排斥或弱化公司对外担保制度乃至公司法体系。[①] 这也体现出对于公司原有债权人利益保护的明确主张。

## 六、以立法方式实现对债权人的专项制度救济

### （一）立法视角下的债权人救济

#### 1. 债权人向实控人追责的法律逻辑

在传统上，公司治理解决公司内部决策权的分配问题，进入 20 世纪以后，随着资本市场的发展，原本少数人投资成立的公司，开始面向公众投资者募集资本，在这一过程中，外部投资者产生了参与公司事务的诉求，公司内部结构开始发生变化。克拉克曼和汉斯曼教授在《公司法剖析：比较与功能的视角》中将当今公司治理中面临的现实问题总结为三大代理问题，其中之一即为公司及股东与缔约伙伴（债权人、雇员和客户）之间的关系，主要难点在于确保公司不实施压榨债权人、剥削雇员或误导消费者等行为，[②] 因此，实现公司债权人的利益保护，实为公司社会责任问题。

公司治理作为一种社会秩序和现象，可以有多重观察角度。以公司机关角度观之，公司治理的首要任务是协调公司内部机关之间以及公司与外部相关者之间的利益关系，因此，可以把公司治理描述为一种利益调整机制，公司机关及公司法均应发挥出公司及相关利益主体之间的利益调整功能；由外部管制角度观之，公司治理中的管制主要体现为周边因素对公司治理的约束，外部治理是公司为适应外部市场环境与要求在公司治理方面进行的外部性制度安排，债权人与公司主要通过资本市场连接，由此，实控人问题实为公司外部治理

① 刘俊海：《公司法定代表人越权签署的担保合同效力规则的反思与重构》，载《中国法学》2020 年第 5 期，第 236 页。

② ［美］莱纳·克拉克曼，等：《公司法剖析：比较与功能的视角》，［美］亨利汉斯曼著，罗培新译，法律出版社 2012 年版，第 37 页。

问题。[①]

我国2018年《公司法》和2023年《公司法》第1条均采用了保护债权人的表述，将债权人作为与公司、股东相并列的利益保护主体，对于债权人在《公司法》上的重要地位具有宣示性作用，其他条款则散乱规定了债权人利益保护内容。《公司法》在体系结构上以公司机关为逻辑进行责权利的规定，却未对债权人的利益进行体系化的规定。有学者认为，公司法本身承担着维护公司和股东利益的功能，如果过于强调对公司债权人利益保护，易导致法律功能的错位。[②]民事普通法关注的是交易关系中的债权人保护，而对于与公司这一组织形式相关的债权人利益保护，却力有不逮。债权人保护不仅是民事普通法的任务，也是我国《公司法》的重要使命，《公司法》的组织法性质恰与公司债权人的组织性因素相契合，因此，在《公司法》框架下寻求对于公司债权人的组织法上的特殊保护，亦应成为立法考虑的重要因素。2005年《公司法》增设了第20条，其第1款和第3款均涉及债权人保护，将原本的公司偿债逻辑发展成为股东连带偿债的崭新逻辑，形成了保护债权人利益的特殊公司法机制，在不满足第20条给定的条件时，债权人保护则需要回归民法规范的范畴。实控人问题作为公司这一组织体系在外部治理中的特殊经济现象，其滥用控制权对于债权人的影响亦属于公司法这一组织法所应特殊关注的问题，应在公司法项下予以明确规制。

**2.《公司法》中实控人与债权人连接的不足**

对于董事这一在公司常态下享有控制权的一般主体，《公司法》预设了明确的权利义务与责任，而对于不具备股东身份的实控人，《公司法》的规制却是不足的。2023年《公司法》第192条规定："公司的控股股东、实际控制人指示董事、高级管理人员从事损害公司或者股东利益的行为的，与该董事、高级管理人员承担连带责任。"根据该条规定，实控人对于滥用控制权的行为应与董事、

① 叶林:《公司治理制度：理念、规则与实践》，中国人民大学出版社2021年版，第7—12页。

② 叶林:《公司治理制度：理念、规则与实践》，中国人民大学出版社2021年版，第23页。

高管承担连带责任，这一规定将实控人与公司内部主体等同对待，确定了对其责任追究的外观主义与实质穿透主义兼顾的原则，可谓实控人立法上的重大进步。然而，此处规定的受损主体仅限于公司和股东，未涉及债权人。侵权责任法对于侵权行为的普适性以及对于受损权益的补偿性修复功能为实控人对债权人的民事赔偿责任提供了理论基础。实控人损害公司利益情形之下，若这种损害不足以影响公司偿还债务，则不涉及债权人问题，但是，当实控人对于公司利益造成的损害使其陷入偿债不能之时，即对债权人利益产生影响，此种情况下，则涉及实控人滥权行为对于债权人的赔偿责任问题。实控人的责任形态，以及实控人与债权人之间的举证责任分配，将作为下文的讨论重点。

## （二）责任形态的辨识与选择

### 1. 侵权法中的责任形态辨识

按份责任是指责任人为多数时，依法或依约承担各自份额的责任承担方式，若法律或合同中对于多人责任承担份额未作明确规定，则应当推定责任人承担均等的责任份额。连带责任指当事人依据法律规定或合同约定，连带向权利人承担责任，[①] 具体表现为如下主要特征：第一，连带责任为法定责任，数个责任人不得通过内部约定改变共担责任的性质；第二，连带责任对外是一个整体责任，每一责任人对外承担责任数额的多少依受损主体主张而定，与责任人自身过错程度无关；第三，连带责任赋予受损人更多的选择权，他可以选择偿付主体，也可以主张责任承担数额。[②] 补充责任则不然。补充责任是一种与连带责任、按份责任相对应的新型责任，[③]《侵权责任法》的立法者明确认为补充责任为我国特有的责任承担方式。[④] 具体而言，补充责任是指在责任人财产不足以

① 王利明、杨立新、王轶、程啸：《民法学》，法律出版社 2017 年版，第 234—235 页。

② 梁上上：《公司正义——以公司股东的权责配置为视角展开》，法律出版社 2022 年版，第 165 页。

③ 张新宝：《我国侵权责任法中的补充责任》，载《法学杂志》2010 年第 6 期，第 1 页。

④ 全国人大常委会法制工作委员会民法室编：《侵权责任法立法背景与观点全集》，法律出版社 2010 年版，第 669 页。

承担其应负的民事责任时，由相关人对不足部分予以补充的责任。[①]从责任分配的目的上看，按份责任的本质在于对多数人各自承担的责任份额进行一定的限制，补充责任目的不在于明确责任额度，而在于进行兜底性救济。事实上，在对公司债务的清偿顺序上是存在顺位的，这种清偿顺位的责任形态与连带责任存在显著区别。补充责任的顺位补充性使之与连带责任的第一顺位性质相区分，二者之关系可以一般保证与连带保证之区分为观照。我国关于补充责任的规定滥觞于1995年《担保法》第17条关于一般保证的规定，[②]《民法典》第687条第2款延续了1995年《担保法》第17条第2款之规定，即一般保证的保证人在主合同纠纷未经裁判或者仲裁，并就债务人财产依法强制执行仍不能履行债务前，对债权人可以拒绝承担保证责任。《民法典》第688条第2款沿续了1995年《担保法》第18条第2款之规定，即连带责任保证的债务人不履行到期债务或者发生当事人约定的情形时，债权人可以要求债务人履行债务，也可以要求保证人在其保证范围内承担保证责任。由是观之，补充责任与一般保证责任在责任顺序上是一致的，即都为第二顺位的责任。

**2. 实控人对债权人责任形态的选择**

（1）实控人责任的追溯思路

有学者认为，在实控人滥用控制权损害公司独立人格致使债权人受损的情形下，因目标公司受实控人操纵丧失了独立人格，故只能由实控人对公司债权人单独承担责任，而不应由实控人与公司承担连带责任。[③]事实上，公司治理不足为控制权滥用预留了空间，公司亦应对此承担责任，而且，公司作为债务人，是债权债务法律关系中的相对方，以公司资产进行赔付无可厚非。但是，

---

① 魏振瀛:《民法》，高等教育出版社2000年版，第48页。

② 梁上上:《公司正义——以公司股东的权责配置为视角展开》，法律出版社2022年版，第165页。

③ 陈洁:《实际控制人公司法规制的体系性思考》，载《北京理工大学学报（社会科学版）》2022年第5期，第3页。

公司背后的实控人亦应因其行为而受到道德评价，承担相应的行为后果。[①]

我国台湾地区“公司法”的相关规定也有一定的启示作用。依该法第369条之4第2项规定，控制公司负责人使从属公司为前项之经营者，应与控制公司就前项损害负连带赔偿责任，其目的在于加重控制者责任，并保护从属公司。[②]以此立法例为观照，我国《公司法》中应规定实控人与公司对债权人承担赔偿责任。公司作为债务人，应在责任承担上体现出债务人的直接性地位，而且，实控人之所以得以滥用对公司的控制权并最终影响债权人利益的实现，根本原因在于公司内部治理存在缺陷，由此，以公司作为第一责任人具有合理性，但责任的承担顺位有待斟酌。我国《公司法司法解释（三）》第13条和第14条规定了隐名股东瑕疵出资与抽逃出资的后果是对公司的债权人承担补充赔偿责任，体现出公司作为债务偿还第一责任人的立法确认，明确了实控人的责任形态，对于实控人滥用控制权损害债权人利益的其他情形也应循此追责思路。

（2）实控人的补充赔偿责任

补充赔偿责任是一种独立的多数人之债的责任形态，与一般的连带责任相区别，其本质特点在于责任主体居次的“非首要性”与“补充性”。[③]实控人作为公司外部主体，对公司债务承担责任更应当从特性上进行限定，避免打破公司既有责任体系的平衡，这种特性体现为：第一，责任的例外性，即实控人并非债权债务法律关系的主体，只有当其滥用控制权行为影响到债权实现之时，方才涉及债务责任承担的问题，其本质是对公司自己责任原则的突破，并非基于原始法律关系，而是基于更为抽象的公司利益衡量所产生的特别责任；第二，责任的补充性，即公司作为真正的债务人处于其自身债务责任的第一顺位，而

① ［美］约翰·马丁当·费舍、马克·拉维扎：《责任与控制——一种道德责任理论》，杨绍刚译，华夏出版社2002年版，第5页。

② 陈月端：《“公司法”“关系企业”章立法争议之探讨》，载赖源河：《商事法争议问题研究》，清华大学出版社2005年版，第107页。转引自叶敏、周俊鹏：《公司实际控制人的法律地位、义务与责任》，载《广东行政学院学报》2007年第6期，第52页。

③ 梁上上：《公司正义——以公司股东的权责配置为视角展开》，法律出版社2022年版，第25页。

实控人处于第二顺位，只有当公司无法清偿其自身债务之时，才对实控人滥权行为导致的债务履行不能追究补充性赔偿责任。

实控人并非真正的债务人，但其控制行为却导致了公司的偿债不能，影响了债权人利益的实现，从公司正义原则出发，这种补充责任的形式较好地平衡了实控人、公司与债权人之间的关系，建议我国《公司法》未来发展过程中，明确规定实控人对于债权人的补充责任，并将之与实控人对公司和股东的连带责任相区分，从而体现出公司中利益保护的层次性，以及实控人与债权人关系的相对疏离。由于实控人与债权人利益关系相隔较远，并非组织法上预设的相对性主体，因此，将实控人对债权人规定为法定责任，有利于债权人追责，也避免实控人对债权人利益的忽视与损害。

虽然最高人民法院第 15 号指导性案例中对于实控人滥用关联企业控制权造成企业混同，丧失独立人格的，确立了“横向否认”原则，但对上诉人主张实控人承担连带责任的诉讼请求并未支持。[①] 在“青岛卓迅包装科技有限公司、刁某照民间借贷纠纷案”中，二审法院认定，金某军为金龙公司和卓讯公司的实控人，其滥用控制权，在两公司之间进行利益输送，并造成两公司财务和财产的混同状态，两公司实质上已丧失独立法人地位，这种控制权滥用行为已经严重损害了公司债权人的利益。一审法院参照 2018 年《公司法》第 20 条第 3 款的规定，否认卓讯公司的独立人格，并判令卓讯公司对金龙公司的债务承担连带清偿责任，并无不当。[②] 本书认为，该案判决实则通过法官说理对于 2018 年《公司法》第 20 条第 3 款进行了扩张适用，将公司股东扩充适用于公司实控人控制的公司，实则因实控人对于两个公司的控制所造成的混同而对两个公司的人格进行了否认。这种适用实则对于公司人格否认存在过度适用之嫌。实控人

---

① 在第 15 号指导性案例中，上诉人诉请实控人以及目标公司背后的所有自然人股东（包括出纳）均承担连带责任，但合议庭并未支持该诉讼请求，而是以人格横向混同将各关联公司一并适用法人人格否认制度。参见江苏省高级人民法院民事判决书，（2011）苏商终字第 0107 号。

② 山东省青岛市中级人民法院民事判决书，（2020）鲁 02 民终 13289 号。

金某军作为与金龙公司平等的责任主体，应对其所控制的金龙公司债权人承担补充赔偿责任，卓迅公司的连带责任实则因金某军的补充赔偿责任而起，应与金某军共担连带性的补充赔偿责任。

**3. 归责原则**

基于实控人对于公司债权人补充赔偿责任的规定，应进一步考虑实控人对于债权人损失承担责任的归责原则。实控人作为一类主体产生，实则体现了企业家与立法者之间的博弈，即以此作为规避公司人格否认制度对股东追责的新措施，也有可能成为滥用控制权损害债权人利益的新工具。[①] 但考虑到实控人游离于公司治理之外的特殊身份特征，实控人掌握公司控制大权，攫取公司利益动机强烈；身份隐蔽，债权人确定其身份具有一定难度；侵权行为以及行为与损害后果间的因果关系证明难度大，一般性的举证责任分配不利于债权人利益保护，[②] 应当从公司的社会责任出发，在《公司法》上有针对性地进行制度安排上的改良处理。2018 年《公司法》第 20 条和 2023 年《公司法》第 21 条关于股东滥用权利应对公司债务承担连带责任的情形，规定了债权人的举证责任，具体包括：（1）股东实施了滥用公司法人独立地位和股东有限责任的行为，且构成逃避债务之行为；（2）债权人利益受到严重损害，而非一般损害；（3）股东的滥权行为与债权人所受损失之间存在因果关系。然而，实控人毕竟不同于股东，其身份更为隐蔽，控制行为相对间接且复杂，若使债权人承担较重的举证责任，则容易造成公司各方利益的失衡。因此，从公司正义原则出发，应当弱化债权人的举证责任，将负担转由实控人承担。再以《证券法》第 85 条关于违反信息披露义务的责任承担之规定观之，实控人若无法证明其没有过错，则需要对投资人承担责任，此处投资人即包括了股东与债权人在内，体现了资本市场中对于广大投资者同等保护的监管态度。对于债权人施加一定的举证责任有

---

① 周亮：《论滥用公司人格之实际控制人对公司债权人的责任——兼评我国〈公司法〉第 20、21 条》，载《南京大学法律评论》2007 年第 21 期，第 206 页。

② 叶敏、周俊鹏：《公司实际控制人的法律地位、义务与责任》，载《广东行政学院学报》2007 年第 6 期，第 50 页。

利于维护公司的独立法人地位，将举证责任在相对主体间进行分配，从而对双方均产生一定约束作用，亦避免债权人滥诉影响公司组织体的稳固。

鉴于《公司法》项下实控人相对于债权人的信息不透明性以及滥用对公司控制权从而造成对债权人隐性侵权的可能性，债权人较之股东可能处于更为弱势的地位，对于实控人对债权人的责任实行过错推定原则，在坚持过错责任原则的基础上，从损害事实中推定实控人有过错，从而免除债权人对于实控人主观过错的举证责任，使债权人作为被侵权人处于更为有利的诉讼地位，加重实控人的责任，切实保护债权人的合法权益。由于过错推定之适用范围为法律规定事项，因此，有必要在《公司法》中进行具体规定。有学者建议，应当对2018年《公司法》第20条所称“股东”进行扩张解释，从而将实控人（包括实质股东）涵盖在内。这一观点以保持《公司法》的稳定架构为原则，以实控人与股东的共同特性为基础，将实控人对债权人的责任问题纳入既有法律条文的规定，对于实控人的规制思路具有借鉴意义。[①]然而，本书讨论的实控人与股东分属公司外部与内部治理中的不同主体，二者在身份与性质上均存在实质差异，追责路径亦应有别。对于股东追责可采公司人格否认路径，而实控人与债权人同为公司外部主体，用侵权法追责路径更符合二者的身份关联性，并可以抑制公司人格否认的过度运用，从而维护公司组织体的稳定。

自愿债权人主要指公司债券持有人，其为公司运营所预设的主体，受到一定的专有制度保护。[②]公司债券持有人会议是由同次发行的公司债券持有人组成，就涉及公司债券持有人的共同利益事项依法作出决策的临时合议机构，其并非公司内部机关，而是在公司外部讨论和决定事关债权人利害关系的重大事项。[③]虽然我国《公司法》未规定公司债券持有人会议，但2019年《证券法》第92条要求公开发行债券公司设立债券持有人会议，且《公司债券发行与交易

① 刘俊海:《公司法学》（第3版），北京大学出版社2020年版，第288页。

② 被担保债权人具有偶发性与个别性，且较之其他债权人在信息获取等方面具有地位优势，不纳入此处自愿债权人范畴进行讨论。

③ 刘俊海:《公司法学》（第3版），北京大学出版社2020年版，第387页。

管理办法》第 62 条要求公司债券发行人在债券募集说明书中约定债券持有人会议规则。这些都为自愿债权人提供了相应的保护。相对而言，非自愿债权具有偶发性，因而并无专项制度预设情形，而仅在民法等一般性法律规定中有所体现。非自愿债权人较之自愿债权人信息透明度不足，往往处于更为弱势的地位，因此，应当进一步降低非自愿债权人的举证责任配置，在必要时将侵权行为以及与损害相关性的证明责任转移给实控人，以维护公司正义。

公司有序发展是对债权人利益最为有效的保护。即便公司因对中小股东承担赔偿责任而丧失偿债能力，债权人亦可诉请以侵权路径追究控制权人的补充性责任。综上，对于实控人滥用对公司控制权损害债权人利益，使债权部分或全部无法实现的情形，建议采用侵权法路径追究实控人的民事赔偿责任。至于责任形态上，应以公司作为第一责任人，实控人承担补充赔偿责任，从债权相对性的角度实现公司和股东与外部实控人的区分。

结合第五章关于实控人对股东的民事赔偿责任，现行《公司法》第 192 条仍有发展的空间，可以修改为“公司的控股股东、实际控制人指示董事、高级管理人员从事损害公司或者股东利益的行为的，与该董事、高级管理人员承担连带责任，实际控制人、董事、高级管理人员在造成损害的范围内对公司承担直接责任，对于公司债务不能清偿的部分向股东和债权人承担补充赔偿责任，但是能够证明自己没有过错的除外，其他举证事项应根据债权人类别之不同，在诉讼相对人之间进行合理分配”。由此，通过举证责任的差异性分配在不同类别债权人之间实现利益保护上的平衡。

# 第七章
# 结论

促进公司长远发展和加强投资者保护是资本市场稳健运行的关键所在。市场主体的行为由利益驱动，而公司及中小投资者的合法权益往往会被侵犯，在法律、监管及资本市场实践中，制约更多的是有可能滥用权利的一方，从而保护公司及利益相关者利益。从法律上而言，这种保护之本质即在于通过制度设计与法律适用实现各主体间利益的制约与平衡，从而实现公司治理框架的稳定。我国《公司法》范式应由自治型法转向回应型法，认清并肯定实控人对公司利益的隐性索取权，将实控人的责任规制适度纳入公司治理体系之中，通过制度设计探求各方利益主体实质平等的解决方案，使其在不触及公司及其他相关主体利益的情况下，合理发展，方为正解。

实控人作为公司发展进程中产生的主体形态，不同于既有的公司内部治理主体，实控人缺少既有的责权利配置，但其攫取控制权私益的逐利性本质需要法律予以充分关注，实控人滥权问题的法律适用对于从公司法上寻求相应的权利义务基础以及责任追究路径提出了要求。为实现不破坏既有公司法权结构的目标，本书做了两方面的努力：其一是将实控人概念进行广义和狭义的区分，将狭义实控人作为本书研究主体，避免实控人问题与公司内部主体相混同；其二是在研究过程中，并非通过对公司内部既有主体范畴进行扩充解释的方式将实控人纳入既有责权利体系之中，而是将实控人作为一类独立的主体进行专门性的研究，以免影响既有公司法权结构的稳定性。应当说，实控人问题是典型的经济现象与法律规制相结合的实务性问题，而解决这一问题之根本在于从民商法理论以及公司法解释与完善视角进行深入研究，并最终落脚于法律适用中需要解决的实控人的民事赔偿责任问题。

实控人拥有的控制权性质是公司治理架构之外的私权，该控制权游离于法律和章程配置的权力之外，区别于公司内部治理固有的法权形态。实控人正当行权，自我控制行为边界，并不会进入法律规制的视野，只要未损及相关人利益，是为法律所容忍的，一旦造成损害，则应当纳入法律规制的范畴。实控人入公司法，以维护原有的法定及章定公司治理架构与权力分配机制为前提，且以在公司原有内部治理结构中追究责任为原则，兼及追究实控人责任，进而维护商事交易的安全与相对人的合理预期，使终极性的责任制度能够合理构建与有效实施，进而对实控人滥权行为进行规制。

本书以控制权为理论起点讨论实控人的法律界定问题，从主体特征与行为外观考量，实控人应与有控制权的显名股东、形式董事、事实董事、形式法定代表人与事实法定代表人相区分，应涵盖有控制权的隐名股东、影子董事以及操纵法定代表人行权的外部隐性主体，在多重身份竞合时，对于控制权滥用的行为，实控人应以其外部主体身份承担法律责任。本书以基础法律关系、所处层次与主体性质为不同的分类标准，对实控人进行了类型化区分，增强了实控人的辨识度，为法律适用中的实控人认定提供一定依据。

本书将实控人的义务确定为诚信义务与禁止权利滥用义务，并将追责的请求权基础确定为违约责任和侵权责任，基于违约责任的信赖利益与期待利益保护目的和侵权责任对于直接损失与间接损失的补偿功能，认为民事赔偿责任能够更好地实现违约责任与侵权责任的损害修复功能，从而保护民事主体的私权。本书依据赔偿责任相对人的性质差异，将实控人问题落脚于实际控制权对公司、股东与第三人的民事赔偿责任，进而展开研究。在实控人责任追溯问题上采外观主义兼及实质穿透主义的追溯思路，实际上将实控人滥用控制权的损害结果与公司内部治理的规范程度进行绑定，从而有利于激励公司内部机关更好地履行职责、防范实控人滥权行为损害公司利益，避免实质穿透主义优先之下公司内部治理机关懒政的行为，而规范的公司内部治理也在客观上对外部控制人的控制行为形成有效监督，这也有利于维护公司内部治理架构的稳定，进而为公司的生存发展打牢根基。

本书研究了实控人对公司的民事赔偿责任，将实控人对公司的义务进行纵向与横向划分，纵向上包括增益性的诚实信用义务以及作为根本性义务的禁止权利滥用义务，横向上包括体现于积极场景的勤勉义务以及主要体现于消极场景的忠实义务，积极义务的行为标准作用突出，而消极义务的道德标准作用突出。本书认为，应根据公司内部所体现出的资合性与人合性差异，将公司类型化为资合性明显的公众公司与人合性较强的非公众公司，进而研究实控人相应的法律规制问题。《公司法》对于实控人控制的主要形式，即股权代持进行了有针对性的限制规定，有必要在公司法上补充义务和责任方面的限制性规定作为向实控人进行民事追偿的法律适用基础。此外，对于尚处于《公司法》与《证券法》规制盲区的非公众型股份公司的股权代持等问题也应加强相应的法律规制。建议发挥《公司法》的商事基本法功能，从《公司法》上对实控人明确诚信义务和相应的责任安排，弥补《证券法》对于实控人行为监管功能的不足，也为闭锁型公司内部契约从内容上提供指引，以防范肆意滥权行为。本书提出以“本身违法式”的行为类别提高对公司利益保护的确定性，应建立并完善更为客观的公司行为评估体制以抑制关联交易中的控制权滥用行为，将实控人纳入禁止篡夺公司机会主体范畴，考察实控人滥权担保的违法性和债权人的形式审查义务，从而严控公司对外担保行为。本书认为，实控人对公司民事赔偿责任的请求权基础涵盖了违约责任和侵权责任，违约责任情形下，应基于信赖利益赔偿理念和效率理论，向实控人主张恢复原状的损害赔偿或者基于期待利益的损害赔偿；侵权责任情形下，应以利益平衡为归责理念，发挥诚实信用原则的功能。在举证责任安排上，应以“谁主张，谁举证”为原则，以“侵害公司机会”等特定场景实行过错推定责任为例外。本书将公司损失区分为直接损失与间接损失，并考虑引入获益损害赔偿理论解决可得利益损失救济问题。本书亦讨论了实控人对公司赔偿的免责事由，提出了对公司违反不真正义务范围内的损失应予免责，在公司与有过失、实控人已经为公司提供合理补偿或根据商事判断规则正当行使控制权的情形下，应对实控人免责。

本书研究了实控人对股东的民事赔偿责任。通过分析认为，单层股权结构之下，一股一票的资本多数决原则能够对控制权产生有效制约，实控人与中小股东的正向利益关联更为紧密，同时，股权利益分配的无差别化也催生了控制人外部化的动机；而在双层股权结构中，一方面实控人与中小股东的利益异质化明显，另一方面通过强化内部控制力而弱化了实控人外部化的动机，从而在一定程度上解决实控人外部滥权问题。本书认为，应以客观上的利益损害标准作为控制权致损归责的判断依据，并将实控人的禁止权利滥用义务限定于具体事项而非常态性义务。可考虑从《民法典》中的诚信原则入手，寻求控制权致损情形下的中小股东权益维护与救济，并对双层股权结构的控制权问题进行特别规制，如规定公司章程中引入“燕尾条款”，规定双层股权结构上市公司并购时，不同类别股东同等对待，从而抑制外部实控人通过操纵双层股权股东获取超额利益的动机。应以公司正义作为股东对实控人追责的理念，基于双方实际地位的悬殊实行举证责任倒置，建议我国《公司法》第 192 条增加“但是能够证明自己没有过错的除外”，以实现对于过错推定原则的法律确认。应当清晰划分股东直接损失与间接损失的边界，将因公司价值降低而受到的损失认定为间接损失。股东实际损失的计算，应以资产负债表上的股东权益为基准数据。在法律救济上，股东间接损失应纳入公司利益损害范畴，由公司直接诉讼或股东代表诉讼予以救济，而股东直接损失则由股东直接诉讼予以救济。建议在立法上规定有限责任公司的中小股东直接诉讼的权利，拓宽中小股东的利益保护途径。应本着股东利益保护原则，在公司不具有理性自治及持续运营可能性，或者控制权人侵害公司权益后以低价受让股权使前股东利益受损，或者股东损害类型存疑时，将股东利益损害均识别为直接损害。当公司因同一滥权行为兼具侵权主体和受损主体两种身份时，公司应与侵权共同体共担责任，对于自身损失，则有权另行诉讼主张损害赔偿，且公司利益受损时，不得以弃权方式行使权利，因为这种消极不作为客观上也构成对投资者的侵权。在侵权共同体的内部追偿上，若公司内部治理设计规范、权力分配合法合理，则应排除于侵权共同体之外；若公司因自身治理问题而助长了滥权行为，则公司亦应共同担责，但考虑到其拟制人格法律特点及受人操控的事实特征，应比照其他侵权人的赔偿责任酌减公司的赔偿责任；控制权人与董监高、中介机构等勾连各方应承担相同的侵权责任。

本书研究了实控人对第三人的民事赔偿责任。将第三人范围限定于公司债权人，其中包括了自愿债权人与非自愿债权人。无论实控人有无主观过错，其滥用控制权行为均有可能损害债权人利益，应避免过度拉长间接损害链条，将实控人对债权人影响的滥权行为限定于主观过错形成的逃废债行为。我国《公司法》上对实控人损害债权人利益规制不足，相较于合同法路径债权人的举证困难、公司人格否认路径的泛化和影响公司独立性之危机，侵权法路径为最优选择。考虑到实控人利用公司损害债权人利益的行为，二者实为侵权法律关系中的相对人，应丰富《公司法》关于实控人对债权人责任的规定，为实控人对债权人承担侵权责任奠定法律基础。本书认为，应当在《公司法》中明确规定实控人对于债权人受到损害的过错推定责任，同时，虑及债权人类别上的差异，进一步降低非自愿债权人的举证责任配置，在必要时将侵权行为以及与损害相关的证明责任转移给实控人。应明确公司是自身债务的第一责任人，实控人承担补充性责任，以此体现法律对于实控人滥用控制权行为的否定性评价，从而贯彻公司正义原则。

本书研究实控人的民事赔偿责任，并提出可行性解决方案。应从立法上完善对于实控人的法律规制，在不破坏既有公司治理框架的前提下，将实控人纳入《公司法》规制之中，与《证券法》相呼应，为实控人行为提供基础性法律指引；同时，应在公司法律制度缺失的情况下，从法律适用的角度为实控人追责提供入法路径。立法与司法相呼应，方为实控人民事赔偿责任问题的解决之道。

# 参考文献

## 一、中文著作


［1］梁上上:《公司正义——以公司股东的权责配置为视角展开》，法律出版社 2022 年版。

［2］徐明:《公司法诸问题研究》（上下册），中国金融出版社 2022 年版。

［3］张铁薇:《侵权法的哲学基础》，法律出版社 2022 年版。

［4］杨立新:《债法总则研究》，中国人民大学出版社 2021 年版。

［5］叶林:《公司治理制度：规则、理念与实践》，中国人民大学出版社 2021 年版。

［6］郑永宽:《侵权法过失相抵制度研究》，厦门大学出版社 2021 年版。

［7］黄辉:《现代公司法比较研究——国际经验及对中国的启示》，清华大学出版社 2020 年版。

［8］刘俊海:《公司法学》（第 3 版），北京大学出版社 2020 年版。

［9］施天涛:《商法学》（第 6 版），法律出版社 2020 年版。

［10］张新宝:《侵权责任法》（第 5 版），中国人民大学出版社 2020 年版。

［11］刘俊海:《现代公司法》（上册），法律出版社 2019 年版。

［12］韩世远:《合同法总论》（第 4 版），法律出版社 2018 年版。

［13］王利明、杨立新、王轶、程啸:《民法学》，法律出版社 2017 年版。

［14］徐来:《实际控制人法律制度研究——以上市公司为中心》，知识产权出版社 2016 年版。

[15] 汪青松:《股份公司股东权利配置的多元模式研究》，中国政法大学出版社 2015 年版。

[16] 叶敏:《公司控制人的法律分析》，中国政法大学出版社 2015 年版。

[17] 张维迎:《企业理论与中国企业改革》，上海人民出版社 2015 年版。

[18] 赵万一:《公司治理的法律设计与制度创新》，法律出版社 2015 年版。

[19] 邓峰:《代议制的公司——中国公司治理中的权力和责任》，北京大学出版社 2015 年版。

[20] 王利明:《合同法研究》，中国人民大学出版社 2015 年版。

[21] 张培尧:《国有控股权行使法律制度研究》，中国法制出版社 2014 年版。

[22] 傅穹:《重振公司资本制原理》，法律出版社 2004 年版。

[23] 刘家安，周维德，郑佳宁:《债法：一般原理与合同》，高等教育出版社 2012 年版。

[24] 周小明:《信托制度：法理与实务》，中国法制出版社 2012 年版。

[25] 杨立新:《请求权与民事裁判应用》，法律出版社 2011 年版。

[26] 周友军:《侵权法学》，中国人民大学出版社 2011 年版。

[27] [德] 托马斯·莱塞尔、吕迪格·法伊尔:《德国资合公司法》(上下册)，上海人民出版社 2019 年版。

[28] [美] E. 博登海默:《法理学：法律哲学与法律方法》，邓正来译，中国政法大学出版社 2017 年版。

[29] [美] 莱纳·克拉克曼、[英] 保罗·戴维斯等:《公司法剖析：比较与功能的视角》(第 2 版)，刘俊海、徐海燕等译，北京大学出版社 2007 年版。

[30] [英] 约翰·米克勒斯维特、阿德里安·伍尔德里奇:《公司的历史》，夏荷立译，时代出版传媒股份有限公司 2012 年版。

[31] [美] 斯蒂芬·M. 贝恩布里奇:《理论与实践中的新公司治理模式》，赵渊译，法律出版社 2012 版。

[32] [日] 落合诚一:《公司法概论》，吴婷等译，法律出版社 2011 年版。

［33］［德］U. 马格努斯、（西班牙）M. 马丁－卡萨尔斯主编:《侵权法的统一：共同过失》，叶名怡、陈鑫译，法律出版社2009年版。

［34］［美］哈特:《企业、合同与财务结构》，费方域译，上海三联书店、上海人民出版社2006年版。

［35］美国法律研究院:《公司治理原则：分析与建议》上下卷，楼建波等译，法律出版社2006年版。

［36］（马来西亚）罗修章、（香港）王鸣峰:《公司法：权力与责任》，杨飞等译，法律出版社2005年版。

［37］［美］阿道夫·A. 伯利、加德纳·C. 米恩斯:《现代公司与私有财产》，甘华鸣、罗锐韧、蔡如海译，商务印书馆2005年版。

［38］［美］弗兰克·伊斯特布鲁克、丹尼尔·费希尔:《公司法的经济结构》，张建伟、罗培新译，北京大学出版社2005年版。

［39］［美］麦克尼尔:《新社会契约论》，雷喜宁、潘勤译，中国政法大学出版社1994年版。

［40］［法］孟德斯鸠:《论法的精神》，张雁深译，商务印书馆1982年版。

［41］［德］海因·克茨:《德国合同法》（第2版），叶玮昱、张焕然译，中国人民大学出版社2022年版。

［42］最高人民法院民事审判第二庭:《全国法院民商事审判工作会议纪要理解与适用》，人民法院出版社2019年版。

［43］全国人大常委会法制工作委员会民法室编:《侵权责任法立法背景与观点全集》，法律出版社2010年版。

## 二、中文论文

［44］蒋大兴、沈晖:《公司利益不确定性的控制机制》，载《北京理工大学学报（社会科学版）》2022年第6期。

［45］王艳丽、张枫波:《法人人格否认制度对公司实际控制人的适用与反

思》，载《经济问题》2022 年第 6 期。

［46］梁上上:《人合性在有限公司中的终结》，载《中国社会科学》2022 年第 11 期。

［47］李敬宜:《实际控制人滥用公司控制力救济——公司法人格否认制度之辨析》，载《中国外资》2022 年第 19 期。

［48］刘俊海:《论上市公司双层股权架构的兴利除弊》，载《比较法研究》2022 年第 5 期。

［49］郑佳宁:《信义关系视角下公司董事地位与职能构造》，载《湖北社会科学》2022 年第 9 期。

［50］冯珏:《我国民事责任体系定位与功能之理论反思》，载《政法论坛》2022 年第 4 期。

［51］刘原、张凌云:《治理公司信用类债券逃废债的思考与建议》，载《债权》2022 年第 8 期。

［52］陈洁:《实际控制人公司法规制的体系性思考》，载《北京理工大学学报（社会科学版）》2022 年第 5 期。

［53］刘俊海:《债权人友好型〈公司法〉理念和制度重塑》，载《国家检察官学院学报》2022 年第 3 期。

［54］周恒宇:《关于〈民法典〉情势变更制度的若干重要问题》，载《中国应用法学》2022 年第 6 期。

［55］李安安、侯子璇:《契约式股权结构的公司法调整：回应型法的一个解释框架》，载《理论月刊》2022 年第 5 期。

［56］刘贵祥:《从公司诉讼视角对公司法修改的几点思考》，载《中国政法大学学报》2022 年第 5 期。

［57］王利明:《论禁止滥用权利——兼评〈总则编解释〉第 3 条》，载《中国法律评论》2022 年第 3 期。

［58］徐海燕:《表见代理构成要件的再思考：兼顾交易安全和意思自治的平衡视角》，载《法学论坛》2022 年第 3 期。

［59］刘俊海:《论控制股东和实控人滥用公司控制权时对弱势股东的赔偿责任》，载《法学论坛》2022 年第 2 期。

［60］孙鹏:《上市公司合并的商誉风险与防范》，载《中国外资》2022 年第 4 期。

［61］杨峰:《商法一般条款的类型化适用》，载《中国社会科学》2022 年第 2 期。

［62］郭富青:《论公司实际控制权：性质·渊源·法律导向》，载《甘肃政法学院学报》2011 年第 1 期。

［63］王毓莹、辛海平:《控股股东违信责任的价值肯认与体系构筑》，载《学习与探索》2021 年第 11 期。

［64］张亮、孙恬静:《案外人执行异议之诉中债权人与隐名股东保护的价值衡量——兼论商事外观主义在强制执行程序中的运用边界》，载《法律适用》2021 年第 8 期。

［65］杨姝玲:《隐名出资人法律地位之辨》，载《河北法学》2021 年第 8 期。

［66］郑丁灏:《论公司债券治理的组织法构造：以〈公司法〉修订为进路》，载《证券市场导报》2021 年第 8 期。

［67］刘俊海:《论上市公司治理的股东中心主义价值观》，载《甘肃社会科学》2021 年第 6 期。

［68］吴至诚:《违法无效合同不当得利返还的比例分担——以股权代持为中心》，载《中外法学》2021 年第 3 期。

［69］张赫曦:《特别表决权股东信义义务构建》，载《中国政法大学学报》2021 年第 3 期。

［70］赵玲:《我国类别股创设的法律途径》，载《法学杂志》2021 年第 3 期。

［71］郭富青:《我国公司法移植信义义务模式反思》，载《学术论坛》2021 年第 5 期。

[72] 刘斌:《重塑董事范畴：从形式主义迈向实质主义》，载《比较法研究》2021年第5期。

[73] 刘俊海:《论股权代持的法律性质和效力》，载《河北大学学报（哲学社会科学版）》2021年第5期。

[74] 王利明:《我国〈民法典〉侵权责任编损害赔偿制度的亮点——以损害赔偿为中心的侵权责任形式》，载《政法论丛》2021年第5期。

[75] 陈景善:《商事自由中的行政监管与司法判断的界分》，载《行政法研究》2021年第4期。

[76] 傅穹:《公司利益理念下控制股东诚信义务的本土治理与重构》，载《学术论坛》2021年第4期。

[77] 胡改蓉:《〈公司法〉修订中国有公司制度的剥离与重塑》，载《法学评论》2021年第4期。

[78] 刘俊海:《新〈公司法〉的设计理念与框架建议》，载《法学杂志》2021年第2期。

[79] 宋佳宁、高闯:《实控人所有权能否抑制商誉泡沫？——基于内部控制视角的解释》，载《财贸研究》2021年第4期。

[80] 翁小川:《商业判断司法谦抑规则研究》，载《政法论丛》2021年第4期。

[81] 赵旭东:《中国公司治理制度的困境与出路》，载《现代法学》2021年第2期。

[82] 郑彧:《上市公司实际控制人法律责任的反思与构建》，载《法学研究》2021年第2期。

[83] 杨姗:《封闭型公司股东权益保护的立法完善——以“股东直接诉讼”为切入点》，载《现代法学》2021年第3期。

[84] 冯果:《整体主义视角下公司法的理念调适与体系重塑》，载《中国法学》2021年第2期。

[85] 傅穹、陈洪磊:《商业判断规则司法实证观察》，载《国家检察官学院

学报》2021 年第 2 期。

［86］蒋大兴:《公司法改革的文化拘束》，载《中国法学》2021 年第 2 期。

［87］虞政平、王朝辉、吴飞飞:《论公司人格否认规则对实际控制人的适用》，载《法律适用》2021 年第 2 期。

［88］崔建远:《论中国〈民法典〉上的债权人代位权》，载《社会科学》2020 年第 11 期。

［89］李燕:《双层股权结构公司特别表决权滥用的司法认定》，载《现代法学》2020 年第 5 期。

［90］章道润、张宇润、蒋辉宇:《双层股权结构上市公司普通股东权益保护制度研究》，载《财贸研究》2021 年第 8 期。

［91］赵旭东:《公司治理中的控股股东及其法律规制》，载《法学研究》2020 年第 4 期。

［92］刘迎霜:《公司债券受托管理的信托法构造》，载《法学评论》2020 年第 3 期。

［93］王毓莹:《股权代持的权利架构——股权归属与处分效力的追问》，载《比较法研究》2020 年第 3 期。

［94］刘俊海:《公司法定代表人越权签署的担保合同效力规则的反思与重构》，载《中国法学》2020 年第 5 期。

［95］赵万一:《合规制度的公司法设计及其实现路径》，载《中国法学》2020 年第 2 期。

［96］邓峰:《公司合规的源流及中国的制度局限》，载《比较法研究》2020 年第 1 期。

［97］王建文:《论我国构建控制股东信义义务的依据与路径》，载《比较法研究》2020 年第 1 期。

［98］邹海林:《关于公司法修改的几点思考》，载《法律适用》2020 年第 1 期。

［99］曾思:《资产分割理论下的企业财产独立性：经济功能与法律限制》，

载《中外法学》2019 年第 5 期。

［100］杨大可:《德国法上的公司利益及其对我国的启示》，载《清华法学》2019 年第 4 期。

［101］冯辉:《“维护公司价值及股东权益所必需”而回购的法律规制》，载《东方法学》2019 年第 6 期。

［102］刘敏:《论未实缴出资股权转让后的出资责任》，载《法商研究》2019 年第 6 期。

［103］刘俊海:《代持股权作为执行标的时隐名股东的异议权研究》，载《天津法学》2019 年第 2 期。

［104］潘林:《优先股与普通股的利益分配——基于信义义务的制度方法》，载《法学研究》2019 年第 3 期。

［105］朱大明、［日］行冈睦彦:《控制股东滥用影响力的法律规制》，载《清华法学》2019 年第 2 期。

［106］万国华、张崇胜:《公司利益类型界定与保护法律问题研究》，载《南开学报（哲学社会科学版）》2019 年第 3 期。

［107］王利明:《论公序良俗原则与诚实信用原则的界分》，载《江汉论坛》2019 年第 3 期。

［108］荣明潇:《股权代持行为效力的司法认定》，载《法律适用（司法案例）》2019 年第 2 期。

［109］王艳梅、祝雅柠:《论董事违反信义义务赔偿责任范围的界定——以世界银行〈营商环境报告〉“董事责任程度”为切入点》，载《北方法学》2019 年第 2 期。

［110］吴超鹏、薛南枝、张琦等:《家族主义文化、“去家族化”治理改革与公司绩效》，载《经济研究》2019 年第 2 期。

［111］曾祥生、苏沂琦:《论隐名股东资格认定法律制度之重构》，载《江西社会科学》2019 年第 1 期。

［112］刘凯湘:《股东资格认定规则的反思与重构》，载《国家检察官学院

学报》2019 年第 1 期。

［113］李晓露:《资本多数决的异化与控制股东的信义义务》，载《河南广播电视大学学报》2018 年第 1 期。

［114］胡晓静:《公司破产时董事对债权人责任制度的构建——以德国法为借鉴》，载《社会科学战线》2017 年第 11 期。

［115］黄辉:《对公司法合同进路的反思》，载《法学》2017 年第 4 期。

［116］蒋大兴:《公司法中的合同空间——契约法到组织法的逻辑》，载《法学》2017 年第 4 期。

［117］许德风:《论公司债权人的体系保护》，载《中国人民大学学报》2017 年第 2 期。

［118］梁上上:《论公司正义》，载《现代法学》2017 年第 1 期。

［119］赵万一:《资本三原则的功能更新与价值定位》，载《法学评论》2017 年第 1 期。

［120］范加庆:《执行中民事优先规定的适用——以民事责任执行结案后财产刑的执行为视角》，载《人民司法（应用）》2016 年第 10 期。

［121］郭富青:《论公司债权人对未出资股东及利害关系人的求偿权》，载《北方法学》2016 年第 4 期。

［122］刘承韪:《获益损害赔偿制度的中国问题与体系构建》，载《陕西师范大学学报（哲学社会科学版）》2016 年第 6 期。

［123］葛伟军:《有限责任公司股权代持的法律性质——兼评我国〈公司法司法解释（三）〉第 24 条》，载《法律科学》2016 年第 5 期。

［124］商鹏:《双重股权结构的制度价值阐释与本土化路径探讨——以阿里巴巴集团的“合伙人制度”为切入点》，载《河北法学》2016 年第 5 期。

［125］王延川:《执行程序中权利外观优先保护之检讨——以名义股东股权被执行为例》，载《法学杂志》2015 年第 3 期。

［126］李明发:《论民事赔偿责任优先原则的适用——我国〈侵权责任法〉第 4 条第 2 款规定之解读》，载《南京大学学报（哲学·人文科学·社会科学）》

2015 年第 2 期。

[ 127 ] 徐晓松、徐东:《我国〈公司法〉中信义义务的制度缺陷》, 载《天津师范大学学报(社会科学版)》2015 年第 1 期。

[ 128 ] 刘燕:《公司法资本制度改革的逻辑与路径——基于商业实践视角的观察》, 载《法学研究》2014 年第 5 期。

[ 129 ] 赵磊:《公司自治的限度——以有限公司股东资格取得与丧失为视角》, 载《法学杂志》2014 年第 10 期。

[ 130 ] 赵旭东:《资本制度变革下的资本法律责任——公司法修改的理性解读》, 载《法学研究》2014 年第 5 期。

[ 131 ] 胡田野:《公司资本制度变革后的债权人保护路径》, 载《法律适用》2014 年第 7 期。

[ 132 ] 甘培忠、周游:《公司利益保护的裁判现实与理性反思》, 载《法学杂志》2014 年第 3 期。

[ 133 ] 雷金牛:《刺破隐名投资人的双重面纱》, 载《法学杂志》2014 年第 3 期。

[ 134 ] 李明发:《民事赔偿责任优先的理论基础及其法律构建》, 载《江淮论坛》2014 年第 6 期。

[ 135 ] 樊云慧:《从"抽逃出资"到"侵占公司财产": 一个概念的厘清——以公司注册资本登记制度改革为切入点》, 载《法商研究》2014 年第 1 期。

[ 136 ] 周林彬、文雅静:《公司高管违反信义义务责任的司法适用现状与完善》, 载《求是学刊》2014 年第 4 期。

[ 137 ] 陈群峰:《论公司社会责任司法化对利益相关者的保护》, 载《法律适用》2013 年第 10 期。

[ 138 ] 胡绪雨、朱京安:《论股东资格的取得和确认》, 载《法学杂志》2013 年第 9 期。

[ 139 ] 朱慈蕴、沈朝晖:《类别股与中国公司法的演进》, 载《中国社会科

学》2013 年第 9 期。

［140］常健、张强:《商业判断规则：发展趋势、适用限制及完善——以有限责任公司股利分配为视角》，载《法商研究》2013 年第 3 期。

［141］曾洋:《公司控制权私人利益的法经济学解释》，载《江海学刊》2013 年第 5 期。

［142］甘培忠、周淳:《隐名出资纠纷司法审裁若干问题探讨》，载《法律适用》2013 年第 5 期。

［143］高桂林、李帅:《责权利效相统一是经济法的总原则——论刘文华教授为代表的人大经济法学派对经济法基本原则的理论贡献》，载《广西社会科学》2013 年第 4 期。

［144］贾少杰:《违约责任中的可得利益损失》，载《现代交际》2012 年第 6 期。

［145］胡晓静、崔志伟:《有限责任公司隐名出资法律问题研究——对〈公司法解释（三）〉的解读》，载《当代法学》2012 年第 4 期。

［146］梁上上:《制度利益衡量的逻辑》，载《中国法学》2012 年第 4 期。

［147］唐旗:《论对“协议控制”模式的监管》，载《证券市场导报》2012 年第 4 期。

［148］康玉梅:《公司治理结构与投资者利益保护》，载《科技管理研究》2012 年第 3 期。

［149］胡吕银:《现代物权思维下对公司财产权利结构的新解析》，载《法学》2012 年第 2 期。

［150］崔建远:《债权人代位权的新解说》，载《法学》2011 年第 7 期。

［151］傅穹、王志鹏:《公司控制权滥用规制的法理基础与司法判断》，载《社会科学战线》2011 年第 5 期。

［152］郭富青:《论控制股东控制权的性质及其合理配置》，载《南京大学学报（哲学·人文科学·社会科学版）》2011 年第 2 期。

［153］冯果:《“禁止篡夺公司机会”规则探究》，载《中国法学》2010 年

第1期。

[154] 任秀芳:《论我国公司归入权的适用规则及其完善》，载《政治与法律》2009年第4期。

[155] 宋从文:《公司控制权正当行使的实证分析》，载《法律适用》2009年第4期。

[156] 刘凯:《控制股东的信义义务及违信责任》，载《政法论坛》2009年第2期。

[157] 梅夏英:《侵权法一般条款与纯粹经济损失的责任限制》，载《中州学刊》2009年第4期。

## 三、英文著作

[158] Carsten Gerner-Beuerle&Michael Anderson Schillig, Comparative Company Law, Oxford University Press, 2019.

[159] Alan Dignam&John Lowry, Company Law(11th ed.),Oxford University Press,2016.

[160] Tamar T.Frankel, Fiduciary Law, Oxford University Press, 2010.

[161] Paul L. Davies, Gower and Davies' Principles of Modern Company Law, Sweet&Maxwell, 2003.

[162] Paul L. Davies, Introduction to Company Law, Oxford University Press, 2002.

## 四、英文论文

[163] Leon Anidjar, A Macro-level Investigation of Transatlantic Controlling Shareholder's Fiduciary Duty, 42 Legal Studies(2022).

[164] Zapata C P,Hayes-Jones L C.The Consequences of Humility for Leaders:

A Double-edged Sword,152 Organizational Behavior and Human Decision Processes (2019).

[ 165 ] Bernard S. Sharfman, A Private Ordering Defense of a Company's Right to Use Dual Class Share Structures in IPOs, 63 Villanova Law Review (2018).

[ 166 ] Tamara Belinfanti&Lynn Stout,Contested Visions: The Value of Systems Theory for Corporate Law,166 University of Pennsylvania Law Review (2018).

[ 167 ] Wang L,Owens B P,Li JC,She LH, Exploring the Affective Impact, Boundary Conditions, and Antecedents of Leader Humility,103 Journal of Applied Psychology (2018).

[ 168 ] Zoe Condon,A Snapshot of Dual-Class Share Structures in the Twenty-First Century: A Solution to Reconcile Shareholder Protections with Founder Autonomy,68 Emory Law Journal (2018).

[ 169 ] Alexander Lewitt,The Debt-Equity Labyrinth: A Case for the New Section 385 Regulations,74 Washington and Lee Law Review (2017).

[ 170 ] Brian Studniberg, The Uncertain Scope of the De Facto Director Doctrine, 75 University of Toronto Faculty of Law Review (2017).

[ 171 ] Douglas G.Baird, Priority Matters: Absolute Priority,Relative Priority,and the Costs of Bankruptcy,165 University of Pennsylvania Law Review (2017).

[ 172 ] Owens B P,Hekman D R.How Does Leader Humility Influence Team Performance? Exploring the Mechanisms of Contagion and Collective Promotion Focus,59 Academy of Management Journal (2016).

[ 173 ] Brandon L.Garrett,The Constitutional Standing of Corporations,163 University of Pennsylvania Law Review (2014-2015).

[ 174 ] Gabriela M. Engler Pinto, Why They Persist: An Analysis of Dual Class Structures and the Unification Process in the U.S. and Brazil,10 Revista Direito GV (2014).

# 后 记

人生即旅程，每一段路都有不同的风景。每一次选题、研究、写作、成稿，直至刊印出版，都是一场思想的洗礼，也是一次酣畅的攀登。我始终以一颗虔诚的研究之心，面对我挚爱的法学事业，也很庆幸，自己能够持续实现对于学术研究的追求。

本书写作过程得到多方大力支持，在此深表感谢与敬意。

感谢我敬爱的导师徐海燕教授。徐老师博学多识、谦和低调，才学与品行令人敬仰。老师治学严谨、科研丰硕，言传身教无不令学生体会到教书育人的典范与潜心学术的风骨。读博期间，承蒙徐老师悉心指导与大力支持。老师常对我说，博士期间扎实的研究与写作将为未来的学术道路打下坚实的基础。我在老师的帮助与鼓励下一步步实践、成长，潜心研究、深入思考，写出扎实而有创新性的博士学位论文，顺利通过答辩并获得博士学位；追随老师研究的步伐，学习体会其中的学术思想，感受学术研究的魅力，发表多篇学术论文，也深深体会到法律人的使命与荣光。

感谢法学院院长梅夏英教授。梅院长勤于科研、引领成长，经常与我分享写作体会，鼓励我持续研究，亦对本书的写作给予大力支持。感谢各位师友的关心与帮助，学术研讨中激发的灵感，以及本书成稿过程中给予的肯定与建议，都成为我写作此书源源不断的动力。

感谢对外经济贸易大学出版社与法学院联合创建“经贸法律文库”，为贸法教师提供高水平的学术平台。《论公司实际控制人的民事赔偿责任》付梓作为文库的第一本专著，我倍感荣幸，亦深受鼓舞。感谢出版社文法部邸蓓蓓主任和法学编辑代凤洁老师对于书稿的悉心指导与专业审校，使得本书得以顺利出版。

研途漫漫，每一份关爱与帮助都铭记于心；也深深相信，热爱与坚持之中，学术理想终将绽放。

姜婷婷

2024 年 3 月于惠园